"十三五"国家重点出版物出版规划项目
国家出版基金资助项目
新时代生态文明建设法律制度体系研究
总主编 陈晓景 李国敏

绿色金融法律制度研究

李志强 著

图书在版编目(CIP)数据

绿色金融法律制度研究 / 李志强著. —上海：立信会计出版社，2021.12
(新时代生态文明建设法律制度体系研究)
ISBN 978-7-5429-7106-7

Ⅰ.①绿… Ⅱ.①李… Ⅲ.①绿色经济—金融法—研究—中国 Ⅳ.①D922.280.4

中国国家版本馆 CIP 数据核字(2023)第 089466 号

策划编辑　窦瀚修
责任编辑　郭　光

绿色金融法律制度研究
Lüse Jinrong Falü Zhidu Yanjiu

出版发行	立信会计出版社				
地　　址	上海市中山西路 2230 号		邮政编码	200235	
电　　话	(021)64411389		传　　真	(021)64411325	
网　　址	www.lixinaph.com		电子邮箱	lixinaph2019@126.com	
网上书店	http://lixin.jd.com			http://lxkjcbs.tmall.com	
经　　销	各地新华书店				
印　　刷	常熟市人民印刷有限公司				
开　　本	710 毫米×1000 毫米	1/16			
印　　张	16.75		插　　页	4	
字　　数	266 千字				
版　　次	2021 年 12 月第 1 版				
印　　次	2021 年 12 月第 1 次				
书　　号	ISBN 978-7-5429-7106-7/D				
定　　价	68.00 元				

如有印订差错，请与本社联系调换

总　序

目前,我国已进入中国特色社会主义新时代,人们对美好生活的向往越来越强烈,对美丽环境的期待也越来越迫切。如果说经济富足、身体健康、享受良好的教育、游览名山大川等都是人们对美好生活的具体需求,那么在解决社会分配领域可能存在的问题之后,社会经济发展水平应该与这些需求的满足程度呈正相关关系。也就是说,社会经济发展水平越高,人们的收入水平也会越高,人们可享受的教育资源和教育条件会越好,游览名山大川的机会会越多,会越注重休养生息和身体健康。但实际上,社会经济发展水平与人们追求的美好生活及美丽环境之间不存在必然的正相关关系。从经济学家所说的负外部性、政治学家所说的绝不走先污染后治理的老路以及法学家所说的普遍环境责任等可知,人们在追求美好生活和美丽环境的过程中,曾经并且还在继续受一些经济活动所释放的负外部性的影响。新发展理念的贯彻在很大程度上消解了经济活动的负外部性后果,而美好生活和美丽环境的实现仍需人们付出巨大的努力。

由陈晓景和李国敏担任总主编的本套丛书,凝聚了我国生态文明建设法律制度理论研究者与实务工作者的智慧和汗水。本套丛书的策划和出版既是学术盛事,也是为实现人们对美好生活的向往所做的一件实事。

古人云:"君子务本,本立而道生。"本套丛书立足我国生态文明建设法律制度研究的实际需求,致力于生态文明建设法律制度核心问题的研究,实现了生态文明建设法律制度体系理论研究的创新发展。迄今为止,国内尚未见到以"新时代生态文明建设法律制度体系研究"为主题的系列学术著作。本套丛书填补了我国该领域学术著作出版上的空白,它将给环境保护理论界,尤其是环境法学理论界带来巨大的知识冲击和学术冲击;或将掀起新时代生态文明建设法律制度研究的热潮,带动更多的学者为实现人们对美好生活的向往以及对美丽环境的期待而贡献智慧和力量。

  本套丛书各分册的内容主要围绕环境法学研究的两个重点领域展开:一是沿着已经建立的环境法律制度,研究如何进一步提高制度建设的水平,如《新时代环境法律制度建设研究》;二是对生态文明建设和环境法制建设做出应然选择的尝试,研究在新时代生态文明建设法治任务面前,如何构建相关环境法律制度,如《中国流域生态系统管理法律制度研究》《企业环保信用评价法律制度研究》《新时代环境财政制度研究》《绿色金融法律制度研究》。这两个重点研究领域都是我国环境法学理论界和环境保护实务界高度关注的领域。因此,本套丛书的出版有望对环境法学理论研究和环境保护实务研究起到双重推动作用。

徐祥民

前　言

党的十八届五中全会审议通过的"十三五"规划正式提出了"创新、协调、绿色、开放、共享"五大发展理念。绿色成为我国社会经济发展的底色。绿色发展包含几个鲜明的特征：第一，环境保护和经济发展同为目标。绿色发展成为新时期的重要发展理念，以牺牲生态环境为代价换取经济发展的做法被坚决摒弃。我国对经济发展质量的要求并没有降低，以加强生态环境保护为契机，推动经济发展模式成功转型，已成为迫切的时代命题。第二，绿色生产方式和绿色生活方式共为支撑，即从供需两端、从企业和公民两个层面推动绿色发展，彻底摆脱过多依赖物质资源消耗、粗放扩张、高污染、高能耗、高排放的生产方式，走创新发展之路，强化公民的环保意识，推动形成节约适度、绿色低碳的生活方式和消费模式。第三，市场机制和政府作用相互配合。绿色发展一方面鼓励企业和公众自发行动，积极参与；另一方面要求更好地发挥政府作用，为市场机制顺畅运行创造良好的条件，形成政府、企业、公众共治，有为政府、有效市场并存的绿色发展行动体系。第四，国内责任和国际责任共同担当。绿色发展将建设绿色家园视为全人类的共同梦想，在建设美丽中国的同时，积极承担与我国基本国情、发展阶段和实际能力相符的国际责任，大力推动全球绿色发展合作，向世界输送更多绿色发展的先进理念、技术和公共产品。

绿色发展为绿色金融提供了肥沃的土壤，绿色金融是绿色发展的有力推手。发展绿色金融是实现绿色发展的重要措施，也是供给侧结构性改革的重要内容。绿色金融要求通过创新性的金融制度安排，引导和激励更多社会资本投入绿色产业，同时有效抑制污染性、生态破坏性的投资。

本书顺应绿色发展的时代背景，着眼于我国绿色金融法律的具体制度，在研究绿色金融基础理论的前提下，梳理分析我国当前主要的绿色金融制度实践,包括绿色信贷、绿色债券、绿色证券、绿色保险、绿色发展基金等。本书旨在通过对绿色金融的发生机理、法律制度原理、基本原则、基本理念、法律调整手段与方式等问题的研究,为绿色金融法律的运行提供宏观指导与具体制度建议。

全书分上、下两篇。上篇为绿色金融的基础理论篇,主要研究绿色金融的起源与发展,分析有关绿色金融的不同观点及其背后的原因,探讨绿色金融的社会学、金融学、经济学和法学的理论基础及价值取向,并进一步梳理绿色金融实践中存在的个别化、碎片化等问题,厘清绿色金融的制度运行模式与法律调整手段。下篇为绿色金融的制度实践篇,主要研究我国绿色金融的各项具体制度,包括绿色信贷、绿色债券、绿色证券、绿色保险、绿色发展基金等方面的法律制度。主要研究内容包括:(1)探讨绿色信贷的一般制度框架,研究绿色信贷资产的证券化与绿色债券,梳理绿色信贷与绿色债券的评价与约束机制,比较绿色信贷与绿色债券的国际经验,提出完善我国绿色信贷与绿色债券法律制度的构想。(2)研究建立健全绿色证券制度的意义,并在借鉴绿色证券的比较法经验的基础上,提出完善我国绿色证券法律制度的建议。(3)研究绿色保险制度的建立与发展,分析绿色保险的功能与作用,比较绿色保险的国际经验,梳理我国绿色保险法律制度存在的问题并提出完善建议。(4)研究我国绿色发展基金的设立与运作实务成果,梳理建设绿色发展基金的比较法经验,分析我国绿色发展基金目前存在的问题,并提出健全我国绿色发展基金制度的建议。

总体而言,我国的绿色金融实践虽然有了长足的发展,但相关研究还处于初期阶段,如何更好地梳理和总结实践中的经验和教训,更好地指导绿色金融的法律制度建设与实施,依然是摆在理论与实践工作者面前的一项艰巨的任务。

"道阻且长,行则将至。"相信在业界同仁的共同努力下,我国绿色金融事业的明天一定会更加美好!

李志强

2021 年 3 月

目 录

上篇 基础理论篇

第一章 绿色金融概论 3
第一节 绿色金融的缘起与发展 3
第二节 绿色金融的界定 22

第二章 绿色金融的理论基础——多学科解释的展开 35
第一节 绿色金融制度的理论基础 35
第二节 绿色金融制度的价值取向 55

第三章 绿色金融法律制度的现状和问题 71
第一节 绿色金融法律制度的现状 71
第二节 绿色金融法律制度构建中的问题梳理 76
第三节 厘清绿色金融制度的运行模式 82
第四节 确定绿色金融的法律调整手段 88

下篇 制度实践篇

第四章 绿色信贷与绿色债券法律制度 103
第一节 绿色信贷的一般制度框架 103
第二节 绿色信贷资产的证券化与绿色债券 112
第三节 绿色信贷与绿色债券的评价与约束机制 125

第四节　绿色信贷与绿色债券的国际经验 …………………… 131
第五节　我国绿色信贷与绿色债券法律制度的现状及构想 …… 148

第五章　绿色证券法律制度 …………………………………… 154
第一节　绿色证券法律制度的理论基础与实践经验 …………… 154
第二节　绿色证券法律制度的比较法经验 ……………………… 172
第三节　绿色证券法律制度的完善 ……………………………… 185

第六章　绿色保险法律制度 …………………………………… 192
第一节　绿色保险法律制度的建立与发展 ……………………… 192
第二节　绿色保险法律制度的比较法经验 ……………………… 211
第三节　完善我国绿色保险法律制度的建议 …………………… 220

第七章　绿色发展基金制度 …………………………………… 226
第一节　绿色发展基金 …………………………………………… 226
第二节　绿色发展基金制度的比较法研究 ……………………… 241
第三节　健全我国绿色发展基金制度 …………………………… 251

上篇 基础理论篇

第一章　绿色金融概论

第一节　绿色金融的缘起与发展

一、人类社会的发展与环境危机

（一）环境危机的起源

在人类追求生存和发展的过程中，人类的活动造成了环境的污染与破坏，严重时甚至会导致整个生存环境的退化和资源、能源的枯竭，这就是环境危机。环境危机的实质是由于人地系统内部的人类社会要素与自然环境要素之间不协调，人地系统偏离了原有的稳定状态，系统内部自然环境要素出现退化。人类要应对资源短缺、环境污染及生态破坏等环境危机，应以系统科学的理论与方法为指导，从协调人类与自然的相互关系着手，促进人类与自然和谐相处。

从人类与环境关系的角度讲，人类社会在历史发展过程中有三种经济发展模式，分别代表了三种不同的发展阶段与发展水平。[①] 在不同的阶段，人类对环境的认知、开发与改造自然，以及对待自身所处环境的理念与方式均有不同，后果也截然不同。第一个阶段是，人类发展的早期采用的经济模式是"传统经济模式"。这种模式对人类与环境关系的处理方式是：人类从自然中取得资源，又不加任何处理地向环境排放废弃物，是一种"资源—产品—污染排放"的线性单向度经济过程。在这个阶段，由于人类对自然的开发能力有限，以及环境本身的自净能力还较强，所以人类

---

① 冯之浚.论循环经济[J].福州大学学报(哲学社会科学版),2005(2):5-13,112.

活动对环境的影响并不明显。随着近现代工业的发展、生产规模的扩大、产品能耗的增加和排放总量的升高,环境的自净能力急剧削弱甚至完全丧失。这种粗放的发展模式导致环境问题日益严重,资源短缺的危机也越发突出。这也是人类发展不计环境代价的必然结果。第二个阶段是,在人类认识到前一个阶段传统经济模式的弊端后采取"生产过程末端治理"的模式。这种模式开始尝试解决环境问题,但具体做法是"先污染,后治理",强调在生产过程的末端采取措施治理污染。不幸的是,这种模式对技术水平要求很高,实际治理难度太大,不但治理成本过高,而且往往是只注意局部治理、阶段性治理,缺乏统一、全局治理的视野与安排,导致生态恶化难以遏制,经济、社会、生态效益都难以达到预期的目标。第三个阶段是,在总结前两个阶段、前两种治理模式经验教训的基础上,人们又尝试了第三种经济发展模式,即循环经济模式。这种模式要求人类尊重环境生态规律,合理利用自然资源,遵守环境容量限制,在物质能源循环利用的基础上发展经济,将人类的经济系统有机协调地纳入自然生态系统的物质循环过程中,实现经济活动的生态化。这种模式本质上是一种生态经济,倡导一种与环境和谐相处的经济发展方式,遵循"减量化、再利用、资源化"的原则,采用全过程处理机制,以减少进入生产流程的物质量,并以各种方式重复使用资源和将废弃物资源化。它是一个"资源—产品—再生资源"的闭环反馈式循环过程,实现从"处理废物"到"净化废物"再到"利用废物"的转变,达到"最佳生产、最适消费、最少废弃"的状态。

有学者指出,环境危机的本质是人类在发展过程中出现的理解自然、面对自然、面对环境问题所发生的理性危机。我国学者王凤珍提出,人类理性的发展历程大体上经历了三个阶段:第一个阶段,以柏拉图、亚里士多德为代表的客体性形而上学的本体论化的思维方式,可归结为自然中心主义的思维方式。第二个阶段,以笛卡尔、康德等为代表的主体性形而上学的认识论化的思维方式,可归结为人类中心主义的思维方式。第三个阶段,即马克思主义哲学的实践论的思维方式,可归结为马克思主义哲学的人类中心主义的思维方式。这三种思维方式与环境危机有着不同的关系。[①]

---

① 王凤珍.环境危机的实质:人类理性的危机[J].东北师范大学学报,2003(6):47.

经济发展与环境恶化之间矛盾的爆发,激励着人类变革自身看待自然、看待自己与自然关系的视角与方法,从而寻求解决之道。从众多国家或地区的发展过程来看,一方面,加速发展经济可能导致环境和生态气候的恶化;另一方面,保持生态平衡也可能导致经济发展受限甚至停滞,这一恶性循环在全球范围内普遍存在。众多学者试图通过研究循环经济、绿色经济等可持续发展方式来寻找打破这一恶性循环的解决方案。

现代政治经济学关注资本化大生产对社会生态的影响,产生了两个相互竞争的理论,即生态现代化和生产跑步机理论。生态现代化理论比较乐观,认为即使社会发展和全球化造成了环境退化,最终也能够通过政策制定和市场运作,设计激发出提高环境质量的政策和项目。新技术与企业家结合的产业革新就是未来生态经济、可持续经济的表现。① 生产跑步机理论认为,整个市场经济体系运转起来就像一台"大量生产—大量消费—大量废弃"的跑步机,而且这台跑步机一旦开启就无法停止。因此,市场经济、资本主义经济的发展必然伴随着生态退化与环境恶化,这是资本主义市场经济固有的、不可克服的宿命。②

生态现代化理论与生产跑步机理论之间的争论主要在于工业社会和现代化能否为生态可持续发展提供支撑。两者都从人类对生态系统的破坏方面进行了分析,但均未能详细分析自然的整个生态过程,也没能够对社会生态问题作出解释。总之,政治经济学视角只是将人类社会与生态系统之间的矛盾限定在经济与生态之间,可能失之过偏。③

经济发展与生态环境恶化的恶性循环现象同样存在于我国,有关的理论争论也发生在我国学者之间。改革开放以来,我国经济实现了质的飞跃,成为世界经济发展史上的一个奇迹,但同样引人关注的是我国的环境和气候问题。中国气象局数据显示,2013年全国雾霾天数为历年之最,仅12月6日当天就有104个城市出现空气重度污染的情况,当天上海的

---

① SONNENFELD D. Contradictions of Ecological Modernization: Pulp and Paper Manufacturing in Southeast Asia[J]. Environmental Politics,2000,9(1):235-256.
② SCHNAILERG A. The Environment: from Surplus to Scarcity[M].New York:Oxford University Press,1980.
③ 大卫·佩罗,霍莉·布雷姆,柴玲.理论与范式:迈向21世纪的环境社会学[J].国外社会科学,2017(6):131.

PM2.5达到602.5,刷新历史纪录和世界纪录。① 同样值得关注的是,中国环境经济核算研究报告的数据显示,中国的生态环境退化成本约占GDP的3.3%。② 可见,世界第一大能源消费国是建立在严峻的气候问题和资源的巨大浪费的代价之上的。雾霾天气的不断出现,野生动植物的不断灭绝,大气污染、水污染、固体废弃物污染不断加剧,生态环境治理成本高企。这些现象对我国经济发展的制约也逐步显现。在过去几十年,中国经历了城市化、房地产、基建投资、外贸出口等几个重大历史需求峰值。峰值过后,支撑经济持续增长的全球技术扩散红利、人口红利、资源环境红利、法律红利等逐步衰退,经济进入周期性下行阶段,资源环境承载接近临界点。种种问题都说明我国亟须转变经济发展方式,向新的发展模式转变。随着党的十八大的召开和"十三五"规划、"十四五"规划的相继提出与实施,环境优化的经济增长战略被提出和践行。在这样的政策支持和引导下,中国发展绿色经济、循环经济成为必然选择。

(二)环境危机的特征

环境危机本质上是人类不合理的活动在局部地区或全球范围内导致的生态系统结构与功能损害、生命维持系统瓦解,最终危及人类利益、威胁人类的生存和发展的现象。因此,在一定意义上,环境危机也可称为生态危机,生态环境危机的实质是人类生存的危机。引发环境危机的根本原因是什么?人类经过痛苦反思与实践摸索后发现,危机的总根源就存在于人类自身的行为与活动中,是人类观念、人类思维、人类欲望、工业社会发展、现代科学技术以及自由市场机制等多方面因素相互关联和共同作用的结果。

有学者通过研究认为,环境危机具有全球化、综合化、高技术化、极限化等特征。③ 后来,其他学者又补充了环境危机的代际化和持久化两个重要特征。总体来看,环境危机表现出以下特点。

---

① 贺莉丹.上海遭遇严重雾霾 "好空气"的神话被击碎[N].21世纪经济报道,2013-12-10.

② 生态资源与环境部环境规划院当年完成了《中国环境经济核算研究报告2013》,报告显示,2013年环境退化成本和生态破坏损失合计20 547.9亿元,比2012年增加了13.5%,约占当年GDP的3.3%。

③ 陈泉生.环境法学[M].厦门:厦门大学出版社,2008:33-35.

第一,环境危机的全球化。人类社会早期环境危机的影响范围、危害对象及后果,主要集中于污染源附近或特定的生态环境里,呈现局部性和区域性特征。当前的环境危机则超越国界,表现出全球化的特点。温室效应、臭氧层破坏、海平面上升、气候变化异常、酸雨等,其影响范围不只集中于人类居住的地球陆地表面和近地面大气空间,还扩展到高空和海洋。一个国家的大气污染,特别是二氧化硫排放量过大,可能导致相邻国家或地区受到酸雨的危害。全球气候变暖、海平面不断升高,可能对沿海国家和地区造成毁灭性打击。

第二,环境危机的综合化。20世纪50年代以来,人们最关心的环境危机还是"废水、废渣、废气"对人类健康的危害。但是,当前环境危机已经远远超出了这一范畴,涉及人类生存环境的各个方面,包括森林锐减、草原退化、沙漠扩大、土壤侵蚀、城市拥挤等诸多领域,甚至各种污染因素叠加,造成更严重的危害结果,呈现出综合化的特征。

第三,环境危机的代际化。将20世纪上半叶的环境危机与目前的环境危机对比,我们会发现清晰的恶化趋势:①危害区域逐渐扩大。从区域性小范围扩展到全球范围,环境污染从少数工业城市扩展到整个世界,从发达国家扩展到发展中国家。其中的原因之一是发达国家把高污染的产业向发展中国家转移。同时,发展中国家为了自身的发展,过度开发,导致了经济发展和环境破坏之间的恶性循环。②由于危害后果的长期性与严重性,危害的代际也不断扩大。环境破坏从第一代环境问题扩展到第二代环境问题,从宏观损害扩展到微观损害。第一代环境问题主要是区域性小范围的环境污染,第二代环境问题则是全球性环境问题。宏观损害是指肉眼看得见的环境问题,如污浊的河流、浓密的黑烟、遍地工业废物等;微观损害是指肉眼看不见的环境问题,如化学污染物质排放到大气后,污染物通过呼吸或食物链危害人类健康。

第四,环境危机的高技术化。人类军备竞赛的恶果——核武器、洲际导弹试验、核反应堆事故等都会对环境产生严重影响。1986年4月26日,苏联切尔诺贝利核电站发生爆炸,核污染造成31人当场死亡、273人受到放射性伤害,十余万居民紧急疏散。事故产生的放射性尘埃随风飘散,欧洲许多国家受到污染,受害人数不少于30万人。2011年3月

11日,日本福岛核电站发生的核泄漏事故,更是一场生态灾难,短期内对日本政治、经济、社会产生了严重的影响,长期影响更是不可估量。核能发电是现代技术服务人类的典型体现。现代科技越发展,发生意想不到的风险的概率也就越高。

第五,环境危机的持久化。人类已进入现代文明时期,进入后工业化、信息化时代,但历史上不同阶段产生的环境问题,在当今世界依然存在。同时,现代社会又滋生出一系列新的环境问题,造成人类社会出现各种环境问题共存于地球上而形成的积累、组合、集中爆发的复杂局面。所有这些环境问题都需要很长时间才可能解决,有的甚至永远都无法得到解决。

第六,环境危机的极限化。有学者认为,当前人类生存的环境已达到地球支持生命能力的极限。环境污染加剧,各种有害化学物质对大气、水体、土壤、植物的污染,造成不利影响;二氧化碳等物质的肆意排放,造成温室效应、臭氧层破坏等全球性环境危机;可再生资源受到破坏,不可再生资源已过度使用;农业用地退化面积已达到35％。事实上当前的环境危机都从不同层次、不同途径,并互相作用形成一股推进环境恶化的合力,把环境承载容量推向边沿,使当前环境危机呈现出极限化特征。[①]

(三)环境危机是人类失范行为的结果

环境危机主要是人类在与自然互动过程中人类失范行为的结果。自近代西方文艺复兴以来,为了将人类从中世纪的蒙昧状态中解放出来,培根、洛克等思想家把人放在可以与自然平等对话的位置,康德更是将人类的地位放在第一位。思想上矫枉过正,辅以飞速发展的近现代科学技术与工业化的生产机制、提倡过度消费的商业文化,最终造成了人类社会自身所处环境的飞速恶化。可以说,人类既是环境危机的制造者,又是环境危机的承受者,也必须是环境危机的最终解决者。

1. 环境危机是人类失范行为的结果,人类是环境危机的制造者

人类与自然关系的发展与变化,表现为人对自然的依赖性和能动性。从人类进化的角度来说,人类是自然历史演化的产物,人类属于自

---

① 范纯.环境危机与环境安全[M].北京:国际文化出版公司,2014:53.

然。从另一个角度看,人类具有社会属性,人类既依赖自然而生存,又是改变自然的主体。人类改造自然不但要受自然条件的制约,同时也要受当时生产力发展水平的制约。因此,人类与自然的关系随着人类社会的发展而发生变化,在不同时期有着不同的具体内容。在人类社会发展的初期,生产力水平低下,人类对自然认知和改造的能力较弱,基本上处于狩猎和采集阶段,人类对自然的依赖性强,受自然环境的制约明显。进入农业社会,人类生产活动直接作用于自然客体,人类对自然的开发能力大大提高,开发和破坏活动相伴而生。但是,当时人类改造自然的活动还没有对自然造成大规模的破坏,人类与自然的关系基本上处于相对和谐的"自然中心主义阶段"。进入工业社会,人们认知自然、改造自然的能力得到极大提高。这一时期的自然已不再是人类眼中不可侵犯的"神圣客体"。人类以自然的统治者自居,认为"人是万物的尺度"。然而,自然规律是客观的,是不以人类意志为转移的。人类只有正确地认识和把握自然规律,充分发挥主观能动性,才能认识和改造客观环境,并使之趋向于人类自身;反之,人类对自然界的种种唯主观意志的失范行为,就会造成整个生态系统的巨大破坏,从而遭到自然界的报复。严酷的现实要求人类冷静地审视人类社会的发展历程,在尊重自然规律及其内在价值的基础上来规范人类的活动,违背规律而去苛求自然界"为我"服务,必然导致环境危机,从这个意义上说,人类是环境危机的制造者。

2. 环境危机是人类利己本位思想意识的结果

人类从群体本位发展到个体本位,逐渐地形成了一切从自我出发的利己的思想意识。这种自利价值观正是导致环境危机的直接思想根源。因此,人类要克服环境危机就必须改变这种一切从自我出发的利己本性。人类的本性不是天生的,是由社会实践所决定的。社会实践又是不断发展变化的,所以人类的本性也必将随着社会实践的发展而发展。今天,人类社会之所以产生了环境危机,是因为人类正处于个体本位主导的时代,即人类的本性从过去的群体本位发展到现在的个体本位。现在人类的个体本位在充分显示出人类的活动的主体性,即个人的积极性、创造性和自主性的同时,也暴露了个体本位思想的严重弊端,并已严重阻碍了人类社会的继续向前发展,威胁到人类的生存。因此,必须变革人类的这种个体主体性的主导地位。由于人类的本性是可变的,人类社会已经实现了从群体本位的主导地位向个体本位的转变,这是人类自身发展所必须遵循的规律。这个转变也不可能自然而然地实现,要实现这个转变,就必须提高人类自身的素质。

3. 环境危机是人类文明发展到一定阶段的必然产物

生态环境危机是人类社会发展到一定阶段的必然产物。工业革命不仅是一场技术革命,也是一场深刻的社会变革,对人类社会的各个方面都产生了极其深远的影响。工业革命明显提高了社会生产力,同时也加速了生态环境危机的出现。工业革命是具有利弊二重性的"双刃剑",不论对自然界还是对人类自身都是如此。工业革命推动人类文明更加迅猛地发展,同时也加速了对自然的破坏。关于工业革命与生态环境危机的关系,有学者认为,生态环境危机归根结底不是由工业化引起的,而是由资本主义制度造成的。对此,也有学者持相反观点,认为工业革命造成了生态环境危机,与社会制度和经济体制无关。社会主义同样存在生态环境危机。生态环境危机是人类文明发展到一定阶段的必然结果,在这个阶段中,人类的科技和生产力发展到一定水平,但还没有达到可以正确认识自己与自然的关系并与自然和谐共处的高度。这种不充分的智慧可以使人类获得足以伤害自然的力量,却不足以避免对自己的伤害。当然,生态环境危机不只出现在工业革命之后,只要人类的活动超出生态系统的自我恢复限度,这种危机就会出现,只是工业革命引发的生态危机更加迅猛、更加广泛。

人类社会早已对工业社会的发展、资本主义的发展进行了反思,即工业资本主义是欧洲带给整个世界的,是我们无法抗拒的现实。在工业资本主义不到两百年的历史里,它已经制造了足够毁灭人类文明的武器,导致了环境的日益恶化。部分学者甚至对工业资本主义能否长久维持下去持强烈的怀疑态度。①

---

① 赵鼎新.国家、战争与历史发展:前现代中西模式的比较[M].杭州:浙江大学出版社,2015:65.

二、绿色金融的缘起——社会发展范式修正的需求

绿色金融的概念源于绿色文明和绿色经济。绿色文明是一种追求环境和人类和谐共存、发展的文明。自第一次工业革命以来,人类的工业文明达到前所未有的高度,但是与此同时,环境污染、资源枯竭、生态失衡等问题出现。面对严峻的事实,人类开始意识到单纯以经济增长为目的的生产方式的危害性。1987年世界环境与发展委员会在《我们共同的未来》报告中提出了可持续发展的概念。1992年联合国环境与发展大会以可持续发展为方针制定并通过了《21世纪议程》,确立了可持续发展战略,倡导"绿色金融"与经济的可持续发展观念逐渐被人们认可。①

金融是现代经济的核心,要在经济建设中坚持可持续发展,兼顾经济、社会和环境的协调进步,就必须倡导绿色金融。对于绿色金融的内涵,学术界还没有一个完全统一的界定。有观点把绿色金融视作"碳金融",如中国人民银行在2011年的研究中指出:绿色金融是指在金融部门实施环境保护和节能减排政策,通过金融业务运作来促进经济发展方式转变和产业结构转型升级,并实现金融可持续发展的一种金融发展战略。②但实际上,从内涵及外延的范畴上讲,碳金融只是绿色金融的重要组成部分,是指由《京都议定书》而兴起的低碳经济投融资活动,即所有服务于限制温室气体排放的金融活动,包括碳排放交易、直接投融资和银行信贷等方面。

较有代表性的观点是:金融部门把环境保护这一基本国策,通过金融业务的运作来体现可持续发展战略,从而促进环境资源的保护和经济的协调发展,并以此来实现金融可持续发展的金融营运战略。③这种观点的接受范围较为广泛,它突出了"金融业务的运作体现可持续发展战略"这一核心。

(一)发展绿色金融的极端迫切性

发展绿色金融在当下的中国具有极其迫切的意义。有学者指出,绿

---

①③ 何建奎,江通,王稳利.绿色金融与经济的可持续发展[J].生态经济,2006(7):78.
② 中国人民银行杭州中心支行办公室课题组.绿色金融:国际经验、启示及对策[J].浙江金融,2011(5):20-25.

色金融的发展主要有以下四点意义①。

第一,发展绿色金融是绿色发展的迫切需要。我国推行改革开放后,经济实现了跨越式发展,国内生产总值增速甚至超过西方发达国家。我国虽然迎来了发展机遇,然而在社会经济发展过程中也面临着很多严峻的问题:①资源开发过度,资源使用率较低;环境恶化日益严重,经济增长和环保存在的矛盾和冲突越发明显。②很长时间以来,先污染后治理这一传统的生产方式,造成环境保护面临巨大的难度。因此,需要树立绿色发展观念,加强忧患意识,将节省能源和减少排放作为重中之重,构建完善的制约体制,推动社会实现全面快速发展。习近平同志提出,要将环境保护与经济发展相统一,缓解两者之间的矛盾。现阶段国内运用的环保方式还非常单一,在整治环境污染时,过分依赖行政手段,采用的方式大多为收取排污费或责令工厂整改或关闭,运用经济方式与法律方式来处理环保问题的能力较弱。即使运用了经济方式,也基本上是财政部门注入资金用来发展环保事业,金融具备的杠杆效应难以发挥出来,导致节能减排成效大打折扣。一些公司在上缴了排污费之后,面对环境问题并未有效管理,甚至扩大污染范围,使环境遭到了更大的破坏。如果由财政部门下发环保资金,那么国家财政将承受巨大的负荷,国家资金也将匮乏,最终制约环保事业的可持续发展。

如今,绿色发展理念已经深入人心,成为全社会的普遍共识,世界许多国家也已经意识到绿色金融的重要性。与早期的金融观念有所差别,绿色金融将社会群体生活所需的环境利益视为重中之重,要求金融行业也参与环保事业。绿色金融非常重视指导金融单位合理分配资金,将资金更多投入节能减排事业中。这一模式一方面能够规避企业先污染后整治这一传统运作方式的弊端,另一方面提高了企业违背环保相关法律的成本,能够真正从源头上处理好环境污染问题。

第二,发展绿色金融是"稳增长"的迫切需要。我国金融管理机构为实现节能减排目标,采取了行之有效的举措来发展绿色金融,这体现了国

---

① 龚斯闻,赵国栋,马晓盈.绿色金融的发展逻辑与演进路径:基于要素解构的视角[J].经济问题研究,2019(10):189.

家行政单位在开展生产运营活动中对环保与环境治理的重视,能够指导企业对资源进行合理分配,促使资金由高消耗、污染大的产业流入绿色环保产业。推动绿色金融的发展是确保社会经济平稳增长的实际需求。如今,经济架构存在的矛盾严重制约了经济的健康增长。协调发展是我国各项工作的重中之重,也是社会发展的重要目标。如果想缓解就业压力,提高社会群体的生活品质,增加财政收入,就必须将经济增速控制在合理的范围内。企业是"稳增长"必不可少的推动力,如果企业能够承担自身的环保职责,对技术手段进行推陈出新,增加环保设施的投入,那么必然可以使环保事业更上新台阶。清洁产品与低碳技术需求量非常大,附加值较高,也是经济发展的重要推动力。因此,发展绿色金融、提升低碳经济的竞争实力,可以推动经济平稳快速增长。

第三,发展绿色金融是实行供给侧结构性改革的迫切需要。将能源消耗量较大、污染程度较高的产业转变成资源环保型、能源节约型产业,有利于推动社会的快速发展。从实质上来说,大力发展绿色金融是供给侧改革的现实需求。供给侧改革是指通过改革的方式来推动产业架构的优化调整,使供给架构对需求变动的敏感性与适应性有所加强。在发展绿色金融过程中,特别要重视扶持低碳经济的发展,这是产业架构优化调整的推动力。要想获得预期的改革成效,一方面要采用行之有效的政策举措来推动技术推陈出新,刺激经济增长,改善民生;另一方面也要重视金融扶持。绿色金融对经济增长与社会发展的作用非常突出,从企业视角来看,企业运用资源节约型、能源环保型的新型设施、技术手段可以推动产业结构的优化和调整,使新能源产业获得快速发展,拉动生产朝着绿色化的方向发展。这一战略的优势颇为明显:其一,能够使企业、金融单位、环保部门实现多赢,对整个社会未来的发展极为有利;其二,可以增进国内外企业的沟通与协作。长期以来,很多西方国家打着"环境零容忍"这一旗号打压中国产品,导致我国面对的国际市场竞争压力越来越大。推行绿色金融以后,产品的绿色附加值越来越高。国内的产品可以满足西方国家的营销标准,一方面能够拓展公司的营销渠道,另一方面能够提升企业的国际影响力与知名度。对社会而言,绿色金融可以推动国家经济的增长与社会发展,增强社会群体的环保观念,营造良好的环保事业氛围,在国际舞台上彰显大国形象。此外,绿色金融还能够推动关联产业的发展,提供更多的就业岗位,改善民生,为公众谋福利。

第四,发展绿色金融是提高银行业绩效的迫切需要。对金融单位而言,积极推动绿色金融的发展能够扩充金融单位的业务空间,扩大资产规模,满足社会群体对金融产品的需求,提高自身风险防御和应对能力。经济和金融转型具有密不可分的关系,两者彼此约束,共同作用于社会的发展。金融转型建立在经济转型的基础上,是经济转型必不可少的推动力。如今,金融转型逐渐成了金融行业变革的方向。如果想优化和调整金融理财产品架构、金融行业架构、市场架构等,使金融行业凸显推动经济增长的效应,就必须重视绿色金融的发展。依据发展低碳经济的实际需求,对金融行业架构、产品架构、业务架构进行优化和调整,增强金融单位的整体竞争实力。总体来说,中国需要将绿色金融发展提上行动日程,扶持配套产业发展,将环保与金融行业发展融合起来,利用政策导向,对资源节约型与能源环保型项目进行支持,将社会力量加入其中,减轻财政部门的资金压力,推动产业结构的优化和调整。现阶段,我国绿色金融正处于关键发展期,社会群体对这一概念的认知具有局限性。因此,政府需要进行引导,调动社会群体参与的积极性,将环保政策落实到位。金融机构大力发展绿色金融,一方面能够将国家出台的政策落到实处,确保资金绿色分配;另一方面能够获得巨额的利润,推动社会经济全面、快速、健康发展。

发展绿色金融就是指按照资本市场规律,利用各种金融衍生工具,以发展绿色产业为导向,以实现可持续发展为最终目标的发展路径。从绿色金融的规模、增速、福利以及成本等层面着手,不断优化完善金融服务的功能结构,遵循绿色金融自身发展逻辑和演化路径,提升绿色金融服务实体经济的能力,助力经济增长和生态保护共生式发展。

(二)绿色金融的特征

绿色金融具有可持续性、盈利性、市场主导性和政府引导性四个方面的特征。

1. 可持续性

绿色金融的可持续性特征包含人类社会发展的可持续性与金融本身

的可持续性两部分内容。

（1）从人类社会发展的可持续性角度来看，可持续发展把环境建设作为实现发展的重要内容，因为环境建设不仅可以为发展创造出许多直接或间接的经济效益，而且可以为发展保驾护航，为发展提供适宜的环境与资源。可持续发展把环境保护作为衡量发展质量、发展水平和发展程度的客观标准之一，因为现代的发展与现实越来越依靠环境与资源的支撑，环境保护可以保证可持续发展最终目的的实现，发展不仅限于物质财富的满足，同时也包括建设舒适、安全、清洁、优美的环境。可持续发展观认为，在环境保护方面，每个人都享有环境权利，也负有相应的环境义务，人们的环境权利和环境义务是有机统一的。可持续发展观要求人们及时改变传统的不可持续的生产方式和消费方式。可持续发展观一方面要求人们在生产时尽可能地少投入、多产出，另一方面要求人们在消费时尽可能地多利用、少排放。人们必须纠正过去那种单纯靠增加投入，加大消耗实现发展和以牺牲环境来增加产出的错误做法，从而使发展更少地依赖资源，更多地与环境容量有机地协调。

（2）绿色金融的可持续性是指金融本身的可持续性，这涉及金融理念的变化与更新。传统经济学、金融学往往将资本和资金简单地视为一种生产要素，这是一种原始的、狭隘的、静态的金融资源观。通过进一步研究，学者们丰富了对金融的理解，认为金融不仅是要素，也是一种稀缺资源，是一国基本的战略性资源。金融资源有三个层次：第一层次为基础性核心金融资源，即广义的货币资产；第二层次为实体中间性资源，即金融组织体系和金融资产体系；第三层次为整体功能性高层金融资源。金融资源还具有二重性，从其自然属性上看，它是一种稀缺的社会性战略资源，这种一般属性使得金融资源自动进入可持续发展函数之中；从社会属性来看，它又是一种可以对其他所有资源包括自然资源和社会资源具有配置功能的资源，这一特殊属性使金融资源构成了经济发展的生态环境——金融生态环境。这就决定了要实现经济和社会的可持续发展，必须首先实现金融本身的可持续发展。由此，金融资源的永续利用和金融生态环境的保护和维持构成了金融可持续发展的两个根本问题，这种整体的、动态的金融资源观构筑了金融可持续发展理论的坚实基础。①

金融可持续发展理论通过对金融的资源属性的揭示,赋予了全新的金融效率观。

首先,金融的资源属性意味着金融发展是一个不断开发金融资源、扩大金融资源基数,以及改善金融资源利用效率的过程,并且这个过程的直接结果就是促进和推动经济的发展。金融效率强调金融发展与经济增长的协调发展,即金融发展既不超前于经济发展,又不滞后于经济发展。这既要着力于金融效率的提高,又必然要求降低金融资源所固有的脆弱性。

其次,金融资源学说强调协调,经济金融为一复杂的复合系统。由于复合系统由相互关联的各子系统构成,因此,其可持续发展的关键在于各子系统之间的良好协调。金融可持续发展主要从动态的时序上强调系统的发展能够不间断、不崩溃。

最后,金融资源使一个经济系统的经济关系深化为金融关系的同时,也不可避免地提升了这个系统的风险程度,从而使得经济与金融的内在安全性和稳定性变得非常脆弱,即金融脆弱性为金融资源所固有,金融效率的研究内在包含金融脆弱性的研究。

综上所述,在充分考虑资源的长期有效利用和金融资源的脆弱性的前提下,通过金融效率的提高和降低金融资源的脆弱性来推动金融发展,维护金融生态的良性循环,以此实现金融和经济的可持续发展,这些都构成了金融可持续发展理论的目标体系。②

2. 盈利性

盈利性是指绿色金融应该实现盈利目标,通过盈利性的活动获得可持续经营的资金保障,从而更好地促进生态环境保护事业发展。盈利是一切金融企业共同追求的目标,是金融企业经营的内在动力。一般来说,普通金融机构将利润最大化作为主要目标,而绿色金融不仅要追求生态环境的改善,也要讲求盈利性,以实行绿色金融的自我循环、自我发展。

---

①② 陈晓枫,叶李伟.金融发展理论的变迁与创新[J].福建师范大学学报(哲学社会科学版),2007(3):52-57.

首先,追求盈利是绿色金融机构创立经营的根本目标之一。金融机构的本质是企业,金融企业的投资人投资组建金融机构的根本原因是金融机构的经营活动能够给他们带来收益。如果金融机构的经营不能给投资人或股东带来利润甚至导致他们亏损,那么股东就会把资金转移到其他利润或收益比较丰厚的金融企业,甚至转向投资工商企业。因此,绿色金融如果不以盈利为其根本目标之一,那么它本身就无法维持生存。

其次,盈利性是绿色金融进行业务选择的基本标准之一。金融主体一般是自主经营、自负盈亏、自求平衡、自担风险、自我约束、自我发展的金融企业,正因为此,包括商业银行在内的金融企业对业务的开拓、业务的发展所持的态度是绝对审慎的,要经过严格的成本与效益的论证,从而决定业务的取舍,绿色金融的实践也不例外。如果一项新业务不能给绿色金融企业的经营带来收益,那么该项业务就不可能长久地被接受,至少要被搁置。无论如何,盈利始终是绿色金融企业进行业务选择的基本标准之一。当然,国家可以通过税收、财政等政策促进绿色金融机构盈利性的实现。

再次,盈利性是绿色金融机构具体业务操作的基本准则之一。具体业务活动是绿色金融企业经营的基础,如果绿色金融企业对具体业务不注重盈利,那么其整体的盈利目标就如空中楼阁,绿色金融长期可持续开展的目标就不可能得到保证。因此,与其他银行、金融机构相比,绿色金融企业更重视资产负债的综合管理,尤其是对风险的防范与管理更需要谨慎,他们对每一资产业务都要进行严格、规范的多方面审查,旨在真正实现资产的流动性、安全性、效益性和绿色性的协调统一。

最后,利润是绿色金融发展的基础。绿色金融企业盈利的大小,不仅决定其资本的扩张与收缩,而且还会对其持续发展产生多方面的影响。盈利能力的大小标志着绿色金融企业经营管理水平的高低,从而对投资人的信心产生影响。盈利能力的大小直接表现为绿色金融企业利润的增减,关系到员工的薪资和福利水平,是绿色金融与传统金融业间争夺人才的重要手段和有力武器。此外,虽然国家可以在财政贴息、税收减免等方面给予绿色金融企业一系列的优惠待遇,但练好内功、发掘自身盈利潜力才是绿色金融可持续发展的根本所在,利润是绿色金融经营业绩的基本评价手段之一。

3. 市场主导性

人类社会的发展归根结底是要将人力、资本、技术、土地等资源进行有效的配置,以生产出满足自身生存和繁衍所需要的商品和服务。在漫长的历史过程中,经验的总结、知识的积累使我们明白,只有利用市场的手段才能高效、科学地调配资源,满足人类不断增长的各项需要,即资源配置的市场主导性。党的十八届三中全会明确把市场在资源配置中的作用由之前的"基础性作用"修改为"决定性作用",这是进一步深刻认识经济规律的结果。

对于金融这种现代市场经济不可或缺的资源而言,市场的主导也是充分发挥其有效性的前提。具体来讲,市场主导性金融体系与政府引导性金融体系是相对应的,这两种金融体系都有其历史发展的过程,其选择是一个内生过程,而这一内生过程在很大程度上取决于各国的实际情况,包括各国的文化、习俗、制度及经济发展状况等方面。其中,政府引导性的金融体系可以追溯到18世纪初期的法国。当时,约翰·劳在出任法国财政部部长等要职期间,通过国家权力刺激信用扩张的方式促进经济增长。短时期内,法国的资本市场得到了飞速的发展。但与此同时,资本市场泡沫也不断积聚,尤其以密西西比公司为甚。急剧膨胀的泡沫给法国的资本市场带来了毁灭性的打击。与法国相对应,20世纪经济大萧条后,美国颁发了《Q条例》,严格限制银行的经营范围,直到20世纪90年代中期才逐渐得以缓解。这在很大程度上抑制了银行的发展,最终使美国的金融体系发展成为以市场为主导的金融体系。

市场主导性金融体系具有明显的规模经济效应和范围经济效应,相对容易解决投资过程中所面临的信息不对称问题,同时它还能为成熟的传统产业提供强有力的资金支持。但对于一些新兴产业,尤其是一些还未成熟并且风险极大的产业来讲,这种金融体系就显得无能为力了。从最重要的金融主体——银行的运作情况来看,其信贷原则主要建立在安全与盈利的预期之上,风险较大的新型产业与项目很难得到银行的贷款。然而,相比较而言,在这方面政府引导性的金融体系则具有优势。

市场主导性的金融体系与政府引导性的金融体系在金融效率、风险配置及兼顾公平等方面各有独特的优势,尤其是对于新型产业、绿色产业。也正因为如此,不同的金融体系也就导致了不同的产业结构。

从金融体系的历史背景看,由于其发展都是内生的,因此中国似乎没有必要对此做过多的制度安排。但若如此想的话,可能就把问题看得过于简单了。自1984年中国人民银行的商业银行业务分离后,中国才真正有了严格意义上的金融体系。但不管从银行的成立还是从市场的诞生来说,我国金融体系的建立都具有很强的外生性。也正是这种外生性,使得我国金融业迅速发展。证券业也是如此,短短数十年我国走过了发达国家上百年所走的路。就我国目前情况来看,由于我国经济改革具有很大程度的外生性,金融业改革也具有很强的外生性,因此在当前改革的关键时期,金融体系的外生性建立也就变得至关重要了。

就目前我国金融体系现状来看,我国的金融效率非常低。一般而言,金融的基本功能就是储蓄向投资转化,若储蓄向投资转化顺畅,则资本供给将不会出现很大的问题,那么经济发展就能得到保证。我国是一个发展中国家,资金需求较大,金融制度亟须完善,如城市建设、企业改造等,无不需要大量资金。但目前除了北京、上海等大城市公共设施体系比较完善,其他中小城市尤其是中西部地区的城市,公共设施还比较落后。我国人均住房面积也低于世界平均水平。要改善这一状况,必须有大量的资金供给。但令人费解的是,我国竟然是一个资本净输出国。我国虽然有外商投资源源不断地流入,但外汇储备及金融部门的存贷差却不断创历史新高,这一现象令人深思。一边是巨额的资金需求,另一边却是大量资金投资海外(如巨额的外汇储备就主要投资美国政府债券),其中的原因是什么呢?仔细分析就不难理解,出现当前这种情况的主要原因就是金融制度的不完善使得储蓄向投资转化不畅。目前我国很多金融机构都出现"泛银行化"的现象,同时我国银行业本身效率却较低。另外,由于缺乏完善的资本市场,投融资工具创新不足,而美国等发达国家拥有大量的金融创新工具,允许发行市政债券并对经济主体不采取歧视性政策,因而它们的金融效率非常高。这也就是美国这样资本极为丰富的国家却仍然不断有大量资本流入的根本原因。从这里可以看出,我国金融效率低下的主要原因就在于我国不发达的资本市场和金融市场。

因此,市场主导型的金融体系应该成为我国的战略选择。从目前的情况来看,主要原因有:①目前资本市场实力相对银行来讲,不管是在融资额还是在规模方面,都很弱。②目前资本市场缺陷仍然较多,如制度性缺陷——股权分裂仍然没有完全解决。这一制度性缺陷导致同股不同权、同股不同利及同股不同成本,并造成市场信息披露不充分。③资本市场的过快发展也会对银行的持续经营产生巨大的冲击。各种历史原因导致了当前我国商业银行,尤其是国有商业银行都存在着一定规模的呆坏账的情况。若资本市场以一种超常规的速度发展的话,将会分流大量的银行存款,这势必对银行的经营产生影响。因此,尽管我国金融体系的选择很明确,即选择以市场为主导的金融体系,但我们还必须充分认识到,要真正建立以市场为主导的金融体系,仍需要一个漫长的过程。

4. 政府引导性

绿色金融的政府引导性是指政府对绿色金融的产业方向和产业建设进行引领和指导,从而促进绿色金融体系建立,完善绿色金融制度,实现绿色金融的可持续、健康发展。政府引导性体现在以下几个方面。

(1) 坚持金融企业的主体性。在绿色金融投资领域充分发挥市场在资源配置中的决定性作用和政府引导性作用,以企业为主体、市场为导向,按照商业原则和环境保护原则开展绿色金融业务,绿色金融企业在政府引导下自主决策、自负盈亏、自担风险。

(2) 通过深化改革创新体制机制,提高绿色金融便利化水平,深入推进政府服务改革,坚持以信息披露为主的绿色金融管理方式,在资本运营中实行有管理的市场化运行机制,按"鼓励发展+负面清单"模式引导和规范绿色金融企业投资方向。

(3) 坚持互利共赢。引导绿色金融企业充分考虑投资项目的生态环境效益和经济效益,注重政府与绿色金融企业互利合作,促进各方合作共赢。

(4) 坚持防范风险。坚持绿色金融运营的稳中求进基调,统筹经济、社会、生态环境整体战略,坚持依法合规,合理把握绿色投资重点和节奏,积极做好绿色投资事前、事中、事后监管,切实防范各类风险。

(5) 明确绿色金融投资的限制目录和禁止目录等负面清单。限制绿色金融企业开展与国家和平发展外交方针、互利共赢开放战略以及宏观调控政策不符的境外投资,如我国的未建交国、发生战乱国以及受到我国缔结的双多边条约或协议限制的敏感国家和地区;在境外设立无具体实业项目的股权投资基金或投资平台;使用不符合投资目的国技术标准要求的落后生产设备开展的境外投资;不符合投资目的环保、能耗、安全标准的境外投资项目。

(6) 禁止绿色金融企业参与危害或可能危害国家利益和国家安全等的投资项目。例如,涉及未经国家批准的军事工业核心技术和产品输出的境外投资;运用我国禁止出口的技术、工艺、产品的境外投资;赌博业、色情业等境外投资;我国缔结或参加的国际条约规定禁止的境外投资;其他危害或可能危害国家利益和国家安全的境外投资。

(7) 明确绿色金融的保障措施。例如,可以实施分类指导,对鼓励开展的绿色金融投资,要在税收、外汇、保险、海关、信息等方面进一步提高服务水平,为金融企业创造更加良好的便利条件。对限制开展的绿色金融投资,要引导企业审慎参与,并结合实际情况给予必要的指导和提示。对禁止开展的绿色投资,要采取切实有效的措施予以严格管控。

(8) 完善管理机制。加强绿色投资真实性、合规性审查,防范虚假投资、洗钱行为等;建立绿色投资"黑名单"制度,对违规投资行为实施联合惩戒;建立部门间信息共享机制;建立健全绿色投资决策、财务管理和违规责任追究制度;建立国有企业绿色投资资本金制度,完善国有金融企业绿色投资审计制度,维护绿色投资的国有资产安全。

(9) 提高绿色服务水平。制定绿色投资经营行为规范,引导金融企业建立健全绿色投资合规经营风险审查、管控和决策体系;加强与有关国家在绿色投资保护等方面机制化合作;支持绿色资产评估、法律服务、会计服务、税务服务、投资顾问、设计咨询、风险评估、认证、仲裁等相关中介机构发展,为金融企业绿色投资提供市场化、社会化、国际化的商业咨询服务,降低金融企业绿色投资经营风险。

第二节 绿色金融的界定

一、国内外学术界关于绿色金融的不同观点

绿色金融一般是指金融部门把环境保护作为一项基本政策,在投融资决策中考虑潜在的环境影响,把与环境条件相关的潜在的回报、风险和成本都融入日常业务中,在金融经营活动中注重对生态环境的保护以及环境污染的治理,通过对社会经济资源的引导,促进社会的可持续发展。简言之,绿色金融就是各类金融机构将环境评估纳入流程,在投融资行为和企业活动中注重对生态环境的保护,注重绿色产业发展制度及相关机制的建设。

绿色金融的实践始于20世纪80年代初美国的《超级基金法案》。该法案要求企业必须为其引起的环境污染负责,从而使得信贷类银行高度关注和防范由潜在环境污染造成的信贷风险。随后,美国、日本、欧洲各国政府和国际组织进行了多种尝试和探索,积累了一些经验。如1991年美国银行为避免环境债务风险而进行的贷款程序变革,美国进出口银行出台的环境评估政策;英国金融创新研究中心的环境风险评级;日本促进节能技术发展的信贷支持政策等。2003年7个国家的10家主要银行宣布实行"赤道原则"(the equator principle),即根据国际金融公司和世界银行的政策和指南建立的,旨在判断、评估和管理项目融资中的环境与社会风险的一个金融行业基准,以增加银行业的社会责任,改进压力越来越大的环境和社会问题。自2007年以来,我国环境保护主管部门会同银监会、保监会、证监会,相继出台有关"绿色信贷""绿色保险"和"绿色证券"的一系列政策性规定,旨在掀起一场保护环境的"绿色金融"风暴。从国

内外的发展实践看,作为环境经济政策一部分的绿色金融,其主要框架包括:①绿色信贷,即金融机构依据国家环境经济政策和产业政策,对研发、生产治污设施,从事生态保护与建设,开发、利用新能源,从事循环经济生产、绿色制造和生态农业的企业或机构提供贷款扶持,并实施优惠性的低利率。对污染生产和污染企业的新建项目投资贷款和流动资金进行贷款额度限制,并实施惩罚性高利率的政策手段。例如,2007年7月,环保总局、中国人民银行、银监会联合发布了《关于落实环保政策法规防范信贷风险的意见》,标志着绿色信贷这一金融手段全面进入我国的生态环境治理领域。②绿色保险,主要以"环境污染责任保险"为代表。它是国际上普遍采用的制度,以企业发生污染事故对第三者造成的损害依法应承担的赔偿责任为保险标的的保险。例如,2007年12月4日,环保总局出台《关于环境污染责任保险工作指导意见》,标志着我国已经正式建立了环境污染责任保险制度的路线图。③绿色证券,即以上市公司环保核查制度、环境信息披露制度和环境绩效评估制度为核心,通过调控社会募集资金投向,遏制"三高"(高能耗、高污染、高排放)企业过度扩张,防范资本风险,并促进上市公司持续改进环境。例如,2008年2月22日,环保总局发布《关于加强上市公司环保监管工作的指导意见》,标志着我国已经正式建立了环境污染责任保险制度的路线图。④绿色风险基金,即把资金投向蕴藏着较大市场危险的资源节约型企业和环境友好型导向的高新技术开发领域,以期成功后取得高资本收益的一种商业或者公益投资行为。此外,绿色金融还包含诸如绿色指数编制与绿色信息披露等一系列配套机制与软硬制度设施的制定与完善。

关于绿色金融的确切定义与内涵,社会公众和学术界还没有一个完全统一的认识。政府相关部门从不同角度对绿色金融进行解释。其一,按照中国人民银行的解释,绿色金融是指在金融部门实施环境保护和节能减排政策,通过金融业务运作来促进经济发展方式转变和产业结构转型升级,并实现金融可持续发展的一种金融发展战略。绿色金融与"碳金融"这一概念紧密联系,从内涵及外延的范畴上讲,碳金融是绿色金融的重要组成部分。碳金融是指因《京都议定书》而兴起的低碳经济投融资活动,即所有服务于限制温室气体排放的金融活动,包括碳排放交易、直接投融资和银行信贷等方面。① 其二,2016年8月31日,中国人民银行等七部委发布的《关于构建绿色金融体系的指导意见》指出,绿色金融是为支持环境改善、应对气候变化和资源节约高效利用的经济活动,即对环保、节能、清洁能源、绿色交通、绿色建筑等领域的项目投融资、项目运营、风险管理等所提供的金融服务。②

  以上两种看法是我国政府主管部门的观点,学术界对此看法也各有不同。例如,有学者认为,绿色金融又称低碳金融、环境金融或可持续金融,是旨在减少温室气体排放的各种金融制度安排和金融交易活动的总称。③《美国传统词典》(2000年第四版)将绿色金融称为"环境金融(environmental finance)"或"可持续融资(sustainable financing)"。其基本内涵为,如何使用多样化的金融工具来保护生态环境,保护生物多样性。还有学者认为,绿色金融是指金融业在贷款政策、贷款对象、贷款条件、贷款种类和贷款方式上,将绿色产业作为重点扶持项目,从信贷投放、投量、期限及利率等方面给予优先和倾斜的政策。另有学者认为,绿色金融是指金融部门把环境保护作为基本国策,通过金融业务的运作来体现"可持续发展"战略,从而促进环境资源保护和经济协调发展,并以此实现金融可持续发展的一种金融营运战略。还有观点将绿色金融作为环境经济政策中金融和资本市场手段,如绿色信贷、绿色保险。有学者强调,绿色金融的基本内涵是遵循市场经济规律的要求,以建设生态文明为导向,以信贷、保险、证券、产业基金以及其他金融衍生工具为手段,以促进节能减排和经济资源环境协调发展为目的的宏观调控政策。④ 这几种观点各有侧重,从不同视角反映了绿色金融的一些本质。

  其他的观点还有:绿色金融意为金融机构和组织运用相关的金融产品和服务,支持环境保护与改善、能源有效利用与开发等促进经济社会可

---

① 中国人民银行杭州中心支行办公室课题组.绿色金融:国际经验、启示及对策[J].浙江金融,2011(5):20-25.
② 中国人民银行,财政部,发展改革委,等.关于构建绿色金融体系的指导意见[Z/OL]. http://www.pbc.gov.cn/goutongjiaoliu/113456/113469/3131687/index.html.
③ 王元龙.中国绿色金融体系:构建与发展战略[J].财贸经济,2011(10):38.
④ 安伟.绿色金融的内涵、机理和实践初探[J].经济经纬,2008(5):156.

持续发展的一系列金融活动,所以又称"低碳金融""环境金融""可持续金融",旨在运用多样化的金融工具和手段来保护生态环境、保持生物多样性,通过引导社会经济资源分配,促进经济社会可持续发展。[1] 绿色金融是指金融业在投融资活动中必须自始至终体现绿色,即金融机构无论是面向企业、团体的借贷行为,还是个人的零售业务,都要注重对环境的保护、治理和对资源的节约使用,促进经济与生态的可持续、协调发展,从而促进人类自身的可持续发展。进一步而言,绿色金融包含两层含义:第一,绿色金融的目标是帮助和促使企业降低能耗,节约资源,将生态环境要素纳入金融业的核算与决策之中,转变企业污染环境、浪费资源的粗放发展模式,避免陷入先污染、后治理,再污染、再治理的恶性循环。第二,金融业应密切关注环境保护产业、生态产业等的发展,注重人类的长远利益,以未来的良好生态经济效益和环境反哺金融业,促进金融与生态的良性循环。[2] 绿色金融是指金融机构在经营时考虑环境与社会风险,遏制资本流向污染领域,并积极实施有利于环境保护的金融创新,实现经济效益与社会效益的双赢。通俗来讲,绿色金融就是对环保、节能、清洁能源、绿色交通、绿色建筑等领域的项目或者企业进行投融资,并且对后续的项目运营、风险管理等提供一系列金融服务。[3]

理论界较为精练的观点是:广义上的绿色金融是金融部门把环境保护这一基本国策,通过金融业务的运作来体现可持续发展战略,从而促进对环境资源的保护和经济的协调发展,并以此实现金融可持续发展的金融营运战略。[4] 有学者认为,这种观点被接受的范围较为广泛,因为它突出了"金融业务的运作体现可持续发展战略"这一核心。[5]

二、绿色金融概念的厘清

社会公众、学术界和政府部门关于绿色金融的认识各有其可取之处。有关绿色金融最直观的理解可以是"以绿色发展、低碳经济为目标,以可

---

[1] 苏宝梅.金融业成为"环境经济人"的伦理思考[J].齐鲁学刊,2013(6):97.
[2] 熊学萍.传统金融向绿色金融转变的若干思考[J].生态经济,2004(11):61.
[3] 王文彦.广东省绿色金融不同模式发展状况比较[D].广州:暨南大学,2017:7.
[4] 王军华.论金融业的"绿色革命"[J].生态经济,2000(10):45-48.
[5] 何建奎,江通,王稳利."绿色金融"与经济的可持续发展[J].生态经济,2006(7):78-81.

持续发展为依托的金融理念、金融活动的思想、制度、信息、评价等机制的总和",或者说是"给金融插上绿色的翅膀,披上绿色的新衣,也受到绿色的制约"。绿色金融概念应从以下三方面理解。

首先,绿色金融是一种新型金融战略,即将生态环境保护和节能减排理念融入金融部门,通过金融业务运作来促进经济发展方式转变和产业结构转型升级,并实现循环经济、低碳经济、金融可持续发展的一种金融发展战略。

金融战略一般是指如何利用各种金融工具、金融手段建立适合的金融架构,以满足一国金融以及社会利益发展的需求。发展金融战略要考虑战略利益,战略利益则有不同的层面。中国人民银行前行长周小川指出,从国际金融角度来看,发展中国家在国际金融体系中的战略利益大致可以分为三种类型[①]:第一种是吸引外资。采取这种战略的国家,其经济发展的主要瓶颈是资金短缺,且国内储蓄不足,因此要努力争取各种形式的外资。第二种是保障金融体系稳定。由于自身金融环境、人才、监管薄弱,金融行业案件迭出、损失惊人,甚至不断孕育危机,这时的金融战略利益不是谋求强有力的金融服务,而是以少出差错,减少风险为主。一般来说,越是封闭的经济体,越有这种想法。第三种是扶持本国金融业成为强势产业。全面提高本国金融业的素质和能力,提高在国际金融规则中的制定权和在国际金融机构中的话语权,是一国在该阶段的主要战略利益。在我国,发展绿色金融,引进国际绿色金融战略投资者,不仅可以吸引外资进入我国尚显薄弱的生态环境保护领域,也可以在这些方面培育我们急需的金融行业人才,为进一步建设绿色金融储备服务。

其次,绿色金融是一种新型金融服务,即为支持环境改善、应对气候变化和资源节约高效利用的经济活动,包括为环保、节能、清洁能源、绿色交通、绿色建筑等领域的项目投融资、项目运营、风险管理等所提供的金融服务。

广义上的金融服务,是指整个金融业发挥其多种功能以促进经济与社会的发展。狭义的金融服务,是指金融机构运用通货、支付工具等手段

---

① 夏斌,陈道富.中国金融战略 2020[M].北京:人民出版社,2011.

融通商品与服务,向金融活动参与者和顾客提供的获取收益、满足需求的活动。具体来说,金融服务是指金融机构通过开展业务活动为客户提供包括融资投资、储蓄、信贷、结算、证券买卖、商业保险和金融信息咨询等多方面的服务。绿色金融服务的主要功能就体现在通过各种工具与途径将包括金融资源在内的社会资源引向生态环境绿色产业,为改善环境、实现可持续发展提供资金和金融保障。

绿色金融服务通常包括建立绿色金融标准体系,即将绿色金融标准的顶层设计与具体实践相结合,逐步建立和完善绿色金融标准。第一,充分参考国际标准,在完善绿色金融架构、建立绿色金融专项统计制度、市场化激励约束机制等方面,进行大胆探索实践。第二,以金融创新推动传统产业转型升级,发挥政府引导作用,通过市场化方式,推动符合发展方向的传统产业实施数字化、智能化、高端化、绿色化改造提升。第三,探索多种组合途径拓宽绿色产业融资渠道,引导社会资本创立各类绿色产业发展基金,支持企业上市和发行债券进行融资,开展环境权益抵质押融资探索等,为绿色产业发展提供资金保障。其中,构建绿色金融服务平台也是非常重要的内容之一,包括搭建绿色金融信息共享发布服务平台,建立绿色金融信息共享发布机制,设立绿色项目备选库,加强数据库建设和信息化管理;搭建绿色金融风险模拟平台,建立健全绿色金融风险预警机制,做好风险识别、预判、预警、防范、化解和处置工作,强化新型金融风险防范化解和妥善处置等。

中国再生资源回收利用协会于2017年12月成立的绿色金融服务中心提出,其计划联合中再融、中民国信、招商证券、国开证券等金融机构作为共同发起人,打造一站式绿色金融服务平台,为再生行业中小微企业提供贷款、股权投资、信托、资金撮合、IPO策划与辅导、企业财务顾问等金融服务以及大数据信息服务。

中国农业银行于2018年出台的《关于支持浙江、江西、广东、贵州、新疆绿色金融改革创新试验区建设相关意见》提出,绿色金融服务包括四个方面:一是健全绿色金融管理机制,把五个绿色金融改革创新试验区省、自治区行确定为绿色金融创新试点行,完善机构岗位设置及专业人员配置,精准对接绿色金融改革创新区发展战略,提升绿色金融项目专项营销能力。二是加强绿色金融产品和服务创新,结合不同地区绿色产业类型、技术特点和资金规律设计专业化、多元化、差异化的绿色金融产品序列,在不突破监管要求和有效控制风险的前提下,允许绿色金融创新试点行自主创新或借鉴同行业先进做法,快速创新市场需求强烈的绿色金融产品,农行为试点分行的绿色金融产品创新提供政策和智力支持。三是加强绿色金融的银政合作,积极参与各绿色金融改革创新试验区绿色企业(项目)认定标准、绿色信用评级体系、金融支持绿色转型发展指导意见等政策办法制定工作,创新绿色金融发展增信机制。积极参与绿色信息体系建设,与政府合作完善联动协调机制,实现银、政、企环境信息共享。四是强化对绿色金融创新的支持保障,加强对绿色金融创新试点行的信贷政策支持,在经济资本、信贷规模、战略费用等方面给予倾斜和优惠。重点绿色项目可以享受总行重大项目战略经济资本配置相关政策。

最后,绿色金融倡导一种新型的经济活动与社会生活方式,旨在减少温室气体的排放、保护生态环境、保护生物多样性、实现循环经济与可持续发展。

人类的经济活动都是在一定的社会组织与秩序下展开的,是为追求生存和更好的生活质量而经由劳动过程或付出适当代价以取得及利用各种生活资料的一切活动的总和。经济活动以满足人的需求为目的,主要以劳动力和资源等换取商品和服务。社会生活方式通常是指个人及其家庭的日常生活的活动方式,包括衣、食、住、行以及闲暇时间的利用等。广义的社会生活方式是指人们一切生活活动的典型方式和特征的总和,包括劳动生活、消费生活和精神生活(如政治生活、文化生活、宗教生活)等活动方式。社会生活方式一般由生产方式所决定,生产方式不仅是生活必需资料的生产和人们肉体存在的再生产,而且在更大程度上是这些个人的一定的活动方式,是他们表现自我生活的一定方式。

绿色金融所倡导的新型经济活动与社会生活方式包括减量化、节约化、高效率、低排放、低污染、低能耗等,强调在满足人类自身需要的同时,要注意保护生态环境,实现生产与社会的可持续发展。这些主张与要求是从人类社会的长远利益出发,为达到社会的永续存在、可持续发展而提出的唯一正确策略,是站在人类命运共同体的高度,为破除市场经济条件下原子化的个体自利行为造成的因徒困境而提出的有效方法,对于指导人类社会的经济活动,合理利用金融手段调节社会个体与组织的行为,都有不可替代的作用。

以我国为例,发展绿色产业,不仅可以有效地解决当前所面临的能源短缺、生态环境恶化等问题,而且对我国在后金融危机时代中抢占绿色发展先机、形成持久的国际竞争力更具有决定性意义。因此,低碳、节能、减排等绿色产业的发展已成为决定中国经济产业升级和增长模式转变的关键所在。目前,我国在绿色产业方面的发展实践不容乐观。世界银行2018年的研究显示,我国环境损失约占当年 GDP 总量的 3%。绿色产业发展需要大量资金的长线投入,因此服务绿色产业发展的绿色金融就成为关键环节。鉴于我国绿色金融的发展刚刚起步,下阶段的主要工作应不断建立和完善我国的绿色激励机制,从制度上保障绿色金融的顺利进行。第一,要从宏观上制定出我国绿色产业的发展规划,特别是关于绿色金融如何支持绿色产业发展的政策细则。针对不同行业的具体情况,提出不同行业的绿色融资指南、国家绿色金融的指导目录以及绿色标准审批机制。第二,针对我国目前绿色金融在具体操作中还没有统一规范的现状,可借鉴国际上通用的"赤道原则",结合我国商业银行在绿色信贷方面的实践,建立符合我国国情的环境信用评级标准、政府贴息分级标准以及绿色信贷判别指标。绿色金融业务还要特别关注新兴环保项目以及相关的环保技术,从利率优惠和信用担保等方面,制定出面向中小型企业的绿色环保项目金融激励手段与政府支持的制度安排。通过差异化定价的方法引导资金投向新兴的环保项目和技术,从而有效地促进经济社会可持续发展。第三,为了更好地发挥绿色金融对经济发展和环境保护的促进作用,国家应建立面向金融机构的环境风险评价指标体系和管理体系,设计出基于金融机构、央行征信系统以及国家环保部等部门的信息共享平台,以实现绿色金融资产全过程评价和风险监控,从制度上确保绿色金融的有效实施。[①]

[①] 韩立岩,等.政府引导下的绿色金融创新机制[J].中国软科学,2010(11):12-13.

三、绿色金融的制度框架

关于绿色金融的制度建设方面,中国人民银行的相关专家早在 2015 年就已指出①,当前资源环境压力加大,建立一个较为系统的绿色金融体系,通过贷款、私募投资、债券和股票发行、保险、排放权交易等金融服务将社会资金引入绿色产业尤为迫切。我国 2015 年的《政府工作报告》也提出,要实施"中国制造 2025",坚持创新驱动、智能转型、强化基础、绿色发展。当前资源环境压力加大,建立鼓励绿色投资、抑制污染性投资的体制机制,是推动我国经济发展模式向绿色转型的关键。其中,建立一个较为系统的绿色金融体系,通过贷款、私募投资、债券和股票发行、保险、排放权交易等金融服务将社会资金引入环保、节能、清洁能源、清洁交通等绿色产业尤为迫切。我国通过一系列政策、制度安排和相关基础设施构建绿色金融体系,引导社会资本投入绿色产业,不仅能创造新的经济增长点,提升经济增长潜力,而且有助于加速经济结构的绿色转型,从而达到稳增长和调结构的双重目标。

有学者估计,要达到国家规划的改善环境的目标,我国绿色产业(包括环保、节能、清洁能源和清洁交通)所需年均投资额至少为 2 万亿元。以治理空气污染为例,未来几年,仅脱硫脱硝设备、天然气运输设备、天然气发电设备、环境监测仪器 4 类产品就有 5 000 多亿元的市场需求。另外,构建绿色金融体系有助于加速产业结构、能源结构和交通运输结构的绿色转型,提升经济的技术含量。绿色金融体系通过改变不同类型项目的融资成本与可获得性,引导社会资本逐步进入环保和低污染的服务型行业,有助于缓解我国产业结构"过重"的问题。多数清洁技术、节能技术、新能源技术和相关的设备制造与服务业属于高科技产业,通过绿色金融支持这些产业的发展也符合转方式、调结构的要求。

近年来,有关部门在引导绿色信贷方面做了许多卓有成效的工作,但建立绿色金融体系的努力还停留在碎片化的状态,我国亟须建立推动

---

① 马骏.加快构建绿色金融体系[N].人民日报,2015-05-18(7).

绿色金融体系发展的总体思路和政策框架。具体而言,第一,应该由相关部门发布绿色债券有关指引,允许、鼓励银行和企业发行绿色债券,为绿色贷款和绿色投资提供较长期限、较低成本的资金来源。绿色债券在国际上发展很快,2014年发行总量已近400亿美元,其好处包括减少期限错配风险、降低融资成本、为绿色投资者提供新的投资工具等。建议政府出台税收优惠政策,并在贷存比和贷款风险权重等方面为绿色债券提供政策支持。第二,应该鼓励各级政府以多种形式发起或参与发起PPP(政府和社会资本合作)模式的绿色产业基金。总体而言,我国环保产业尚处于起步阶段,利润较低、风险较大,政府有必要通过PPP等模式来推动绿色产业基金发展。地方政府在操作细则中可通过放宽准入、减免税收、补贴和土地政策等措施来支持绿色产业基金的发展。第三,应该加大财政对绿色贷款的贴息力度。为撬动更多的社会资本,应该加大财政贴息的运用力度,健全财政对绿色贷款的高效贴息机制。建议逐步放开贴息标准限制,合理划定贴息期限,简化审批流程,试点财政部门委托政策性银行、绿色银行或商业银行的生态金融事业部管理绿色贷款贴息。

兴业银行首席经济学家鲁政委认为,2016年可以被称为中国绿色金融元年。[①] 在中国人民银行等七部委发布的《关于构建绿色金融体系的指导意见》(以下简称《指导意见》)指引下,绿色金融体系建设获得了突破性的进展。2017年,绿色金融在多个具体领域继续突破,标准体系和环境信息披露等基础制度的完善,推动市场规模迅速增长,绿色金融支持绿色经济的力度不断加强。在绿色金融体系中,绿色信贷占据明显的主导地位,其他绿色产品,如绿色债券、绿色股票、绿色基金,以及环境权益等多元化融资渠道和模式也获得了快速成长。

2016年中国绿色金融体制机制建设的主题词可以总结为"顶层设计",而2017年的主题词就是"推进落实",主要体现在两个方面:一是鼓励地方试点探索;二是建立环境信息披露等基础制度。

---

① 鲁政委.中国绿色金融迎丰年[EB/OL].[2018-01-16]. https://wallstreetcn.com/articles/3057403.

2017年6月14日,国务院常务会议决定在江西、贵州、新疆、广东和浙江等五省区部分地区建设绿色金融改革创新试验区。第一批试验区建设工作已迅速展开,主要集中在绿色信贷与绿色债券贴息、政府主导设立第三方担保增信机制、政企合作设立绿色产业发展基金、建立环境产权市场并开发创新金融产品等。此外,试验区也围绕环境信息披露和共享、绿色信用体系等配套体系建设进行了探索。除了上述试验区,北京、重庆、河南等省市,以及承德市、黄山市和雄安新区也都出台了绿色金融体系建设相关规划文件,在地方层面探索绿色金融体制机制的建设和创新。

《指导意见》提出,要逐步建立和完善企业环境信息披露制度,并设定了"三步走"的推进路径:第一步,2017年强制要求属于重点排污单位的上市公司披露环境信息;第二步,2018年要求其他所有上市公司实施半强制披露;第三步,到2020年强制全部上市公司披露环境信息。2017年12月26日,中国证监会修订了《公开发行证券的公司信息披露内容与格式准则》,要求上市公司中的重点排污企业在年报与半年报中,强制披露环境管理和污染排放信息;其他企业则坚持"不披露即解释"原则,鼓励和引导企业主动披露环境信息。

经过几年的绿色金融制度体系建设,我国目前已经初步摸索和制定了财税优惠、贴息、将绿色金融产品纳入央行再贷款合格抵押物、将绿色金融绩效纳入央行宏观审慎监管(MPA)框架,以及政府支持设立第三方担保机制、绿色发展基金等制度和措施,这些对绿色金融市场的发展起到直接的激励作用。中国人民银行也已经在探索绿色信贷纳入再贷款抵押物,以及MPA框架中引入绿色金融等政策。各绿色金融试点地区和单位也在积极探索体制机制的健全与完善。

总体来说,我国的绿色金融制度体系是在《指导意见》基础上形成的,主要包括绿色信贷、绿色债券、绿色证券、绿色保险以及绿色发展基金等内容。

绿色信贷主要是指银行等金融机构在进行贷款发放、授信服务等运营活动中,要考虑资金使用的生态环境效益,将金融资源投向资源友好型、环境友好型的产业或项目,促进经济与生态效应双赢。截至 2019 年 6 月末,我国内地 21 家主要银行绿色信贷余额为 10.6 万亿元,在各项贷款总余额中占比为 9.6%。① 由于绿色信贷有效地控制了环境风险,提升了企业和项目经营的可持续性,因此带来了较高的资产质量。银保监会统计数据显示,全国绿色信贷不良率仅为 0.41%,远低于同期各项贷款平均水平。

绿色债券主要是指将节能环保、生态保护等产业的基础资产债券化、证券化,增加其流动性与安全性,从而促进金融资源向绿色产业集聚的一种绿色金融工具。中国人民银行发布的《中国绿色金融发展报告(2018)》指出,2018 年,中国共发行绿色债券超过 2 800 亿元,绿色债券存量规模接近 6 000 亿元,居全球前列。②

绿色证券制度是以可持续发展理念为指导,综合运用行政、经济、社会、科技等多种手段,对证券市场各方参与主体的环境行为进行调整,引导证券市场发挥资本资产定价、资源配置和促进资本形成的功能,形成保护环境和高效利用资源相统一、经济社会发展和环境效益相统一、市场多元主体激励与约束相统一的公共政策制度与机制。③ 在我国,绿色证券目前主要包括上市公司环境信息披露、上市公司环境绩效评估等绿色信息披露制度以及绿色股票指数等。

绿色保险主要是指环境污染责任保险、巨灾保险等以污染防治、生态环境修复为保险对象的险种和相关制度。环境污染责任保险已经由前期试点扩展到全国。截至 2019 年 8 月末,保险业累计为 3 700 多个首台(套)重大技术装备项目提供风险保障超过 5 000 亿元。④

---

① 银保监会国新办.新闻发布会答问实录[NB/OL].[2019-10-21].http://www.cbirc.gov.cn/cn/view/pages/ItemDetail.html?docId=849946&itemId=915&generaltype=0.
② 王观.去年发行绿色债券超 2 800 亿元[N].人民日报(海外版),2019-11-20.
③ 马险峰,王骏娴.加快建立绿色证券制度,服务支持生态文明建设[R/OL].[2016-02-03].http://www.csrc.gov.cn/pub/newsite/yjzx/yjbg/201602/P020160203526185782550.pdf.
④ 银保监会国新办.新闻发布会答问实录[NB/OL].[2019-10-21].http://www.cbirc.gov.cn/cn/view/pages/ItemDetail.html?docId=849946&itemId=915&generaltype=0.

绿色发展基金由政府单独或者由政府与社会资金一起设立的,专门为绿色产业发展提供金融支持。我国的绿色发展基金目前还处于大发展的初期,主要有中央政府设立的"中国清洁发展机制基金"以及各省市区设立的绿色产业基金。

第二章 绿色金融的理论基础
——多学科解释的展开

第一节 绿色金融制度的理论基础

一、绿色金融的经济学基础——演化经济学与环境经济学理论

(一)传统经济学对于环境问题的反思

传统西方经济学已经成为国家治理的基础思想。西方经济学是基于传统的工业文明而建立的,在西方经济学的主要思想产生时,经济的发展规模还远远没有达到自然资源和生态环境的承受极限,因此,它是以生态环境资源充裕作为理论前提的。西方经济学中的宏观经济学理论都在主张过度消费,以此来拉动经济的快速增长,然而,目前的环境现状已经不能继续采用这种发展模式。生态问题的不断出现,如污染加剧、全球变暖、极端天气、森林面积锐减、水资源极度匮乏、物种快速灭绝等,无不在预示着目前生态资源已经难以承受人类持续的大量消耗。国际货币基金组织总裁霍斯特·克勒在"2014年生态金融讨论会揭幕式"上发言时表示,到2030年,全世界大约有50%的食物被消耗掉,水资源也会减少30%,世界人口将会在2050年超过150亿人,如果环境问题不能得到良好的处理,地球的生态系统将会崩溃。[1] 因此,我们有必要在经济发展范

---

[1] 张林,王琳,克勒.国际合作会带来更好的利益[EB/OL].(2014-11-26)[2019-12-22]. http://www.china.com.cn/opinion/think/2014-11/26/content_34154735.htm.

式以及经济学基本理论方面进行深刻的反思,以彻底纠正和扭转人类之前所做的不可持续的,甚至是自毁式的发展方式与理论。前人中的智者已经对此进行了一定的探索和总结①,经济学家们对此进行了更深入的分析。

首先需要提及的是外部性和市场失灵理论。在有关绿色金融理论基础的研究和文献中,"外部性"是一个出现频率非常高的概念。外部性源于著名经济学家马歇尔于1890年发表的《经济学原理》一书中提出的"外部经济"概念。1920年庇古在《福利经济学》一书中对外部性问题做了进一步分析,并对外部性做出了"正外部性"和"负外部性"的区分。外部性理论是指一个经济主体在其经济活动中对相关者的福利产生一种有利影响或不利影响,这种有利影响带来的收益或不利影响带来的成本,均不由生产者本人承担。这种影响是一种经济力量对另一种经济力量"非市场性"的附带影响。从经济学角度看,环境作为一种公共物品,具有显著的外部性特征。外部性理论为绿色金融提供了方法上的指导,外部性原理使环境成本内部化,可以解决传统经济增长模式带来的负外部性问题。环境问题通常由负外部性导致,使得资源得不到最优配置。一般均衡理论和福利经济学的分析表明,在完全竞争市场条件下社会运用既定的资源能够实现帕累托最优。但是由于完全竞争市场等一系列理想化的假设条件并不是现实经济运行的真实写照,完全竞争的条件受到破坏。"看不见的手"无法完全有效运行,所以现实经济运行中资源配置通常达不到帕累托最优,存在市场失灵的情况。

其次是非出清市场均衡分析理论。这种理论认为,由政府来引导市场的绿色金融创新,可以给予其有效激励。通过引入政府作为绿色金融市场的引导者,在原有的价格信号和数量信号基础上加入了绿色评级信号,可以促进绿色金融市场均衡的实现。政府在制定绿色金融创新机制时,需要使行为人由于绿色评级信号等级提升所带来的利润大于其为提升绿色评级信号所付出的成本而自主地提升其环境保护水平。另外,与未引入绿色评级信号的固定价格均衡相比,绿色评级信号可以有效引导

---

① 许倬云.许倬云说历史:中西文明的对照[M].杭州:浙江人民出版社,2013:47.

金融资源配置。①

最后是产业结构调整理论。20世纪40年代,英国著名经济学家和统计学家科林·克拉克在费雪的三次产业分类法的基础上,通过统计和分析不同国民收入水平,从三次产业中就业人数的变动趋势得出了著名的"配第-克拉克定律",即随着经济的发展,人均国民收入水平的提高,劳动力首先从第一产业向第二产业转移;当人均国民收入水平进一步提高,劳动力就向第三产业转移。随着劳动力的这种转移,国民经济发展的效率提升,不必要的浪费性生产减少,对环境的破坏和不利影响减少,产业朝着可持续发展的方向进展。具体而言,绿色金融促进产业结构调整的作用机制体现在以下五个方面。

(1) 促进资本形成机制的调整。资本形成机制是指由美国著名经济学家库兹涅茨提出的储蓄转变为投资的机制。储蓄本身并不能直接转化为投资,然而只有当储蓄有效地转变为投资时,才能对经济增长提供资本支持。储蓄转化为投资的程度主要受以下因素的影响:第一,储蓄部门的边际消费倾向。经典的凯恩斯消费理论认为,在一定的国民收入水平下,人们的边际消费倾向越大,人们的储蓄会越少。第二,储蓄主体对未来收入的预期、存款利率以及现时消费和未来消费的效用水平之比较。在凯恩斯研究的消费函数的基础上,人们将时间轴无限期延长,考虑了跨期消费——储蓄的选择问题,为简化研究采用了两时期模型,在跨期预算线上加入储蓄主体的无差异曲线,我们就可以找到消费的均衡点,这样就可以确定该模型下的储蓄规模。第三,资本的边际产出和资金的资本成本。基本投资理论认为,当资本的边际产出等于资金的资本成本时,社会财富将达到最大化。第四,财政政策税收和补贴。20世纪中期,美国哈佛大学的戴尔·乔根森和斯坦福大学的罗伯特·霍尔在他们联合发表的论文《税收政策和投资行为》中就开始将税收纳入投资决策的研究当中,随后劳伦斯·萨默斯在他的《税收和公司投资理论方法》中也研究了税收对投资的影响。金融系统将社会上的闲散资金通过储蓄的形式聚集起来形成产业资本后,在国家环境经济政策的指引下,将这些资金用于支持绿色产

---

① 韩立岩,等.政府引导下的绿色金融创新机制[J].中国软科学,2010(11):12.

业的发展,形成了发展绿色产业所必需的绿色金融资本,可以有效地降低绿色产业在发展过程中筹集资本的成本,为绿色产业的发展提供了有利的条件。另外,信用的产生,使得流通中的货币量可以超过实体经济的规模,商业银行通过货币乘数效应可以成倍地创造货币,这也增加了绿色产业资本。

(2) 促进资金导向机制的调整。资金导向机制主要是从基于市场竞争机制的商业性金融机构和具有校正补缺功能的政策性金融机构两个方面来考虑绿色金融资本是如何进行优化配置和促进产业结构调整的。我国的绿色信贷政策要求商业银行在发放贷款时要考虑企业或是贷款项目的环境风险,对于一些能源消耗大、环境污染大的企业和项目不予以贷款支持,而对于能源消耗小、环境污染小的节能环保型绿色产业则给予低利率的优惠贷款支持,引导绿色产业资本由"高耗能、高排放、高污染"的"三高"产业向"三低"产业调整。国家通过这种资金导向机制,引导资金按照国家产业政策的指向流动,从而达到节能减排的目的。

(3) 完善产业整合机制。产业整合是指为了谋求长期的竞争优势,按照产业的发展规律,以企业为整合对象,跨空间、地域、行业和所有制结构重新配置生产要素,调整和构建新的资本组织,从而形成以大企业和企业集团为核心的优势主导产业和相应产业结构的过程。如今,在国家节能减排要求下,那些污染程度高的钢铁、冶金、玻璃等产业的发展遇到了越来越多的障碍,而污染程度低的绿色产业的发展前景则是一片光明。这是因为,现代金融市场能够高效地聚集优势绿色企业为实现绿色产业整合所需的资金,绿色产业整合能够有效地打破行业、地区和国别的限制,在一个更大的范围内实现商品市场、劳动力市场、技术市场以及金融市场的资源的有效配置,使得市场体系更加完善和高效,有力地促进了各项资源流向绿色产业,实现绿色产业的规模经济效应,提升绿色产业的长期竞争力。此外,在绿色资本投资绿色产业的过程中还会伴随着品牌、专利、创新等无形资产要素的转移,这些资源在一起会发生比它们单个作用更大的协同效应,一起促进产业结构的绿色化调整。

(4) 调整信息传导机制。绿色金融市场上的买卖双方通过公开竞价形成的成交价格,是不同的交易者对目前市场供求关系的认知和对未来市场预期的综合反映结果,因此具有很强的权威性和超前性,即市场的"价格发现"功能。辅之以严格的信息披露制度,绿色金融市场所达成的一系列连续的各种价格信息便可以很快传导给社会公众,生产者即可根据这些信息来决定自己的生产经营计划,投资者则可根据这些有价值的信息来进行自己的投资决策分析,从而决定投资方向,实现产业结构的调整。

(5)重新设定风险分配机制。绿色金融市场在配置资金的同时,也伴随着风险的重新分配。一般来说,传统产业的投资风险小,而新兴的绿色产业投资风险较大但前景好。如果没有绿色金融市场的风险再分配功能,大多数人的风险厌恶投资倾向,会致使资金流向风险相对较小的传统产业,而传统产业往往高耗能、高排放、高污染,需要对其进行调整,与国家的产业政策、产业方向相悖。正是因为有了绿色金融市场的这一风险再分配功能,那些投资风险大但前景好的绿色产业才有机会获得发展所需的资金,从而可以促进产业结构的优化调整。

(二)环境经济学理论

环境经济学中涉及绿色金融的最重要理论是库兹涅茨曲线。20世纪50年代,美国经济学家西蒙·史密斯·库兹涅茨(Simon Smith Kuznets)在研究经济发展与收入差距的关系时,发现随着经济的增长,人均收入的差异先扩大再缩小,这种关系在以人均收入为横坐标、以收入差异为纵坐标的直角坐标系中,表现为一个"倒U形曲线",被称为库兹涅茨曲线(Kuznets Curve)。[①] 20世纪90年代,科学家在对世界上许多国家和地区的污染物排放变化与人均收入之间的数据进行实证分析后发现,环境质量或污染物排放水平与经济发展之间同样存在这样一种曲线关系。1996年,帕纳约托(Panayotou)借用库兹涅茨界定的人均收入与收入不均等之间的"倒U形曲线",首次将这种环境质量与人均收入间的关系称为环境库兹涅茨曲线(Environmental Kuznets Curve,EKC)。

环境库兹涅茨曲线的含义是"污染在低收入水平上随人均国内生产

[①] 从环境库兹涅茨曲线看经济增长与环境保护之间的关系[EB/OL].(2018-12-11)[2020-10-11].http://www.sohu.com/a/281047859_120003407.

总值增加而上升,在高收入水平上随国内生产总值增长而下降"。这并不难理解,在经济发展水平提高及人们的物质生活改善后,社会大众就会开始注意并推动生活质量的提高,看得见的污染会首先受到普通人的关注。尽管世界各国的社会历史与自然条件不同,治理环境问题的实践千差万别,但相应规律却不断重现。值得注意的是,环境与经济发展的关系是一个复杂的问题,因不同的国家、不同的环境污染指标,甚至是处于不同时期而不同。实际上,EKC 是一条经验曲线,反映的是一种具有一定普遍意义的现象而不是必然规律,并不能说明收入水平和某些环境问题之间存在必然的关系。环境质量的改善并不会自动发生,它有赖于全社会环境保护意识的提高、限制污染的环境政策的实施,以及技术进步的支持。

环境库兹涅茨曲线提出后,一国环境质量与该国国民收入间关系的理论探讨不断深入,学者们提出新的见解丰富了对 EKC 的理论解释。

(1) 规模效应、技术效应和结构效应理论。格罗斯曼(Grossman)和克鲁格(Krueger)提出,经济增长通过规模效应、技术效应与结构效应三种途径影响环境质量。[①] 规模效应从两方面对环境质量产生负面影响:一方面,经济增长要增加投入,进而增加资源的使用;另一方面,更多产出也带来污染排放的增加。技术效应是从技术发展与环境的关系阐述的,即高收入水平与更好的环保技术、高效率技术紧密相连,在一国经济增长过程中,研发支出上升,推动技术进步,产生两方面的影响:一是其他因素不变时,技术进步提高生产率,改善资源的使用效率,降低单位产出的要素投入,削弱生产对自然与环境的影响;二是清洁技术不断开发和取代老旧技术,并有效地循环利用资源,降低了单位产出的污染排放。结构效应指出,随着收入水平提高,产出结构和投入结构发生变化,从而对环境产生不同的影响。在早期阶段,经济结构从农业向能源密集型重工业转变,增加了污染排放,随后经济转向低污染的服务业和知识密集型产业,投入结构变化,单位产出的排放水平下降,环境质量改善。总

---

① GROSSMAN G M, KRUEGER A B. Economic Growth and the Environment[J]. Quarterly Journal of Economics,1995 (112):353 - 378.

体而言,规模效应恶化环境,而技术效应和结构效应改善环境。在经济起飞阶段,资源的使用超过了资源的再生,有害废物大量产生,规模效应超过了技术效应和结构效应,环境恶化;当经济发展到新阶段时,技术效应和结构效应胜出,环境恶化速度减缓。

(2)环境质量需求理论。环境质量需求理论从民众对环境的要求角度说明人类与环境之间的互动关系。该理论指出,收入水平低的社会群体很少产生对环境质量的需求,贫穷会加剧环境恶化;而在收入水平提高后,人们就会更关注现实和未来的生活质量与生活环境,产生了对高环境质量的需求,不仅愿意购买环境友好型产品,而且不断强化环境保护的压力,愿意接受严格的环境规制,从而带动经济发生结构性变化,减缓环境恶化。

(3)环境规制理论。环境规制理论探讨了国家、监管者的管制对环境影响的效果。收入上升的环境改善,大多来自环境规制的变革。如果没有环境规制的强化,环境污染的程度不会自动下降。随着经济增长,环境规制不断加强,有关污染者、污染损害、地方环境质量等信息不断健全,因而促成政府加强地方与社区的环保能力和提升一国的环境质量管理能力,严格的环境规制进一步引起经济结构向低污染转变。

(4)市场机制作用理论。市场机制作用理论指出了市场的自发行为可能产生的环境改善效果,即在收入水平提高的过程中,市场机制不断完善,自然资源在市场中交易,自我调节的市场机制会减缓环境的恶化。在早期发展阶段,自然资源投入较多,并且逐步降低了自然资源的存量;而在经济发展到一定阶段后,自然资源的价格开始反映出其稀缺性而上升,社会就会降低对自然资源的需求,并不断提高自然资源的使用效率,同时促进经济向低资源密集的技术发展,促进环境质量改善。同时,市场参与者会日益重视环境质量,对施加环保压力起到了重要作用,如银行对环保不力的企业拒绝贷款,从而促进环境质量提高。

(5)减污投资理论。减污投资理论指出了环境质量的变化与环保投资的密切关系。不同经济发展阶段,资本丰裕程度不同,环保投资的规模不同。该理论将资本分为两部分:一部分用于商品生产,产生了污染;另一部分用于减污,充足的减污投资可以改善环境质量。在低收入阶段,所有的资本都被用于商品生产,而没有用于减少污染,导致环境质量恶化;收入提高后,充裕的减污投资可以防止坏境的进一步恶化。环境质量提高需要充足的减污投资,而这以之前经济发展过程中积累的充足资本为前提。减污投资从不足到充足的变动构成了环境质量与收入间形成倒U形的基础。

以上这些理论研究表明,在收入提高的过程中,随着产业结构向信息化和服务业的演变、清洁技术的应用、环保需求的加强、环境规制的实施以及市场机制的作用等,环境质量会先下降然后逐步改善,呈现倒U形。

环境库兹涅茨曲线理论假说提出后,学术界在理论与实证的基础上也展开了对它的批评。阿罗(Arrow)等学者批评EKC假定收入仅是一个外生变量,环境恶化并不减缓生产活动进程,生产活动对环境恶化无任何反应,并且环境恶化也未影响未来的收入。但是,在低收入阶段,环境恶化严重,经济则难以发展到高水平阶段,也达不到使环境改善的转折点。阿罗指出,收入上升过程中,一些污染物排放减少只反映出污染结构的变化,一种污染物排放的减少往往与其他污染物排放增加并行,EKC难以解释这一问题。伴随着环境规制的加强和技术创新,发达国家单位产出的污染排放下降了,但废物混合体从硫、氮氧化物转向了二氧化碳和固体废物,因而总污染排放仍然很大,人均污染排放并未下降,降低一种污染物会加剧其他污染问题。总体来讲,经济增长与环境是互动的大系统,环境恶化也影响着经济增长和收入提高,需要构建将收入内生化的模型,探讨环境质量与收入水平间的互动关系。[①]

环境库兹涅茨曲线能否概括各种条件下环境质量与收入间的关系存在疑问,研究表明,EKC的适用性有局限性。[②] 首先,环境—收入理论关系具有多种形态,环境库兹涅茨曲线理论并不能适用于所有的环境—收入关系。研究表明,环境—收入理论关系存在七种不同形态,在这七种形态中,EKC仅是其中的一种形态,其倒U形理论并不能普遍适用于所有

---

① ARROW K, BOLIN B, COSTANZA R, et al. Economic Growth, Carrying Capacity, and the Environment[J]. Science, 1995 (268):520 - 521.

② STERN D I. Economic Growth and Environmental Degradation: The Environmental Kuznets Curve and Sustainable Development[J]. World Development, 1996(24):1151 - 1160.

的关系。其次,环境库兹涅茨曲线理论无法揭示存量污染的影响。在污染指标上,污染可分为存量污染与流量污染,流量污染物仅对环境产生影响,存量污染物经一段时间积累后在将来对环境产生影响。两者的区分视考察时间长短而定,二氧化硫、悬浮物、氧化氮、一氧化碳以及一些水污染物等从短期看可作存量污染物,但从长期来看则是流量污染物。典型的存量污染物是城市废物(因为这些废物在处理场所不断积累)和二氧化碳。流量污染物的控制见效快,存量污染物的削减在短期内难见成效。现实中政府具有短期行为,仅注重削减流量污染,导致经济增长过程中存量污染物一直上升。因此,流量污染在经济增长过程中下降并不能代表所有污染物的改变。最后,环境库兹涅茨曲线是否在长期内有效存在疑问。从 EKC 的适用时间长短来看,EKC 即使在考察时间段或较短时期内成立,在长期也可能不成立,会呈现 N 形曲线,即开始显示倒 U 形,达到特定收入水平后,收入与污染又呈现同向变动关系,原因在于提高资源利用率的清洁技术被充分利用后,再无潜力可挖,同时减少污染的机会成本提高,收入增加导致污染上升。综上所述,EKC 反映了多种环境—收入理论关系的一种形态,但其多形态的环境—收入关系的理论基础需要深入探讨。另外,现实的复杂性和动态化会不断打破其演变路径,新问题使环境—收入关系偏离 EKC,呈现多样性。第一种情况是新技术与新毒型的影响问题。新技术一般会提高生产率,但同时也存在潜在危险,如产生新的危险废物。新技术推广之初,这些副作用不为人知,在危险显露出来后,该技术的使用受到限制,最后被淘汰,为新一代的技术所取代,而新一代技术又面临同样的轮回,每一种新技术都经历这一变动轨迹。技术周期、收入提高与污染纠缠在一起,产生不同的关系,即呈现倒 U 形、N 形和倒 L 形。世界银行在《1992 年世界发展报告:发展与环境》中提出了这个问题。第二种情况是新技术产生了新毒型污染—收入关系,即新技术产生了新污染物,包括致癌化学物、二氧化碳等,原污染物排放减少的同时新污染物排放上升,因而总污染并未下降。第三种情况是环境规制趋同与朝底竞争问题。例如,一国环境标准相对较高,就提高了排污成本,使其生产成本高于低环境标准国家,驱动一些污染密集型产业向低环境标准国家转移,随之发生的资本外流迫使高环境标准国家面临放松环境规制的压力。在经济全球化进程中各国为保持生产竞争力,被迫放松环境保护管制,形成朝底竞争。随着朝底竞争的加剧,收入提高而污染排放保持不变,曲线趋于平坦,即呈现倒 L 形态。

针对 EKC,支持者认为,经济增长带动技术进步和环境规制强化,批评者则认为一些清洁技术和环境规制加强的压力也可能来自国外,因而与本国的收入无关。一国环境质量也会受制于邻国的污染状况,特别是二氧化硫和氧化氮等污染物易于在相邻国土间传播,从而淡化了环境质量与本国收入的关系。更有研究者认为,如果存在污染与收入间的 EKC 关系,那么该关系在很大程度上是国际贸易产生的污染产业分配效应。发展中国家集中生产污染密集型产品和初级产品,而发达国家专门生产清洁产品和服务密集型产品。统计表明,发达国家污染密集型生产下降的同时,其污染密集型产品的消费并未同步下降,说明发达国家生产结构的变化与消费结构的变化并非同步,发达国家环境改善和中低等收入国家环境恶化部分反映了这种国际分工。在特定条件下,污染密集型工业从环境标准高的发达国家向环境标准低的发展中国家转移,后者成为"污染避难所",使得前者在收入上升过程中改善了环境质量。当今的发展中国家在收入提高的过程中,无法如发达国家那样从其他国家进口资源密集型和污染密集型产品,在强化其环境规制时,也无法将污染产业转移出去,将面临严峻的污染挑战,难以在收入水平提高后改善环境。因此,世界范围的污染并非下降了,只是转移了。为此运用 EKC 解释现实时,针对污染结构的变化,避免仅考察单一污染物,应建立污染物指标体系以综合考察所有污染物的变动轨迹;针对发达国家与发展中国家的差异,以发展中国家为重点研究对象,考察发展中国家环境—收入关系的核心影响因子。

对 EKC 的批评还包括其他方面,如消费的外部性和努力改善环境的外部性导致市场失效,难以在收入提高后改善环境。从一些国家一年或多年的污染—收入静态关系中推出适用于每个国家污染排放与收入的动态依存关系,是不恰当的。收入水平提高后社会增加对环境质量的需求,但现实收入水平尚未能大幅提高环境质量需求,从而达到 EKC 转折点,即使美国的高收入家庭对环境质量的需求,也不足以使环境质量达到

EKC 转折点。自然资源退化与人均收入呈正相关,EKC 不能说明不可逆的生物多样性损失等,EKC 的合理性受到质疑。这些对 EKC 的批评丰富了环境—收入关系的研究,从理论上呈现了经济增长与环境质量之间关系的复杂性和多层次性。

总体来说,EKC 的理论与实际应用当然有其局限性,人均国民收入水平对环境的影响是多维度的,在不同背景下会呈现明显差别的后果,一些假说得到了部分证实,另一些则没有,这些区别的存在很大程度上是由于学者们所采用的变量不同。① 但需要说明的是,研究者对 EKC 的理论批评并未深入触及 EKC 的理论基础,显示了 EKC 有其可取之处,其倒 U 形体现了经济增长对环境改善的有利影响,并且在考察流量污染物的短期变动轨迹方面更有效。这一主题的研究中,若改进指标的选取、把握现实新问题对环境—收入关系的影响、强化偏离 EKC 的理论基础等,将深化环境—收入关系的研究。

二、绿色金融的社会学支撑

任何一个学科可能都有其特殊性,即相对于其他学科的独自的研究对象和把握方式,社会学是全面研究人类群体与社会行为的一门科学。它主要运用人文主义的理解方法与科学主义实证论的定量方法来研究社会,并力图形成、发展与完善一套有关社会结构与活动的知识体系,并以运用这些知识去提高和改善社会福利为主要目标。从这个意义上讲,社会学与旨在运用多种手段与方法调动资金、金融资源进入绿色产业与行业领域,加强污染治理、促进环境改善、提高环境质量的绿色金融不谋而合,或者换句话说,当前的社会学理论与知识可以为绿色金融理论与实践提供丰富的智力支持,这加速了环境社会学的诞生。具体到 20 世纪 60 年代,美国和欧洲工业化、城市化的扩张严重破坏了生态系统,导致生物多样性的丧失,这刺激了新生态范式的产生。新生态范式吸纳了早期的保护主义者和自然资源保护论者的观点,主张人类经济活动应与生态系

---

① STERN D I. Economic Growth and Environmental Degradation: The Environmental Kuznets Curve and Sustainable Development[J]. World Development,1996,7(24):1151-1160.

统需求保持平衡,人类社会系统应该减少其需求和对非人类自然环境的影响。新生态范式强调生物圈的脆弱,认为人类社会通过资源摄取和工业污染给生物多样性带来了巨大破坏。

学者们认识到,人类的发展要求社会整体的和谐。和谐社会是一种有层次的和谐,包括三个层面:①核心层是自我身心的和谐以及人与人之间的和谐,即人与人和睦相处、平等相待,协调地生活在社会大家庭之中。②保障层是社会的政治、经济和文化间的协调发展,与和谐社会的要求相适应。③基础层是指稳定平衡的生态环境,和谐社会必须在一个适宜的生态环境中才能可持续发展。这三个层面环环相扣,缺一不可。经济文化一旦失衡就会盲目地追求经济利益而置社会利益、生态利益于不顾,从而导致对自然的疯狂攫取和破坏,生态环境恶化将愈加严重。反过来,如果没有平衡的生态环境,社会的政治、经济和文化就不能生存和发展,和谐的人际关系也会变成空中楼阁。这是因为平衡的生态不仅是社会存在和发展的环境基础,同时也是其发展的资源保障。和谐社会的发展必须以经济发展为基础和动力,用经济推动它的发展,但经济发展必须要有物质资源,生态环境正是社会发展的资源源泉。[①]

新生态范式的反思与环境社会学学科的建立有直接联系,环境社会学发生于特定的文化和社会大背景之中,同时也是对经典社会学传统中人类豁免主义范式的反映。[②] 环境社会学作为社会学的一个分支,其研究对象是环境事实。[③] 环境事实是有关环境维度和生态危机方面的社会事实。这种事实是具有社会影响的、激起社会反应的环境事实和具有环境影响的社会事实的总和。环境社会学的研究要注意区分局部的事实与整体的事实、静态的事实与动态的事实、统计的事实与感知的事实、客观的事实与建构的事实。环境社会学理论建设充分体现社会学的视角,透过清晰的反思意识,不断扩展社会学的想象力。在对待环境与社会关系的演化趋向、经济发展与环境保护的关系、保护环境和社会公平之间的关

[①] 苏宝梅.金融业成为"环境经济人"的伦理思考[J].齐鲁学刊,2013(6):98.
[②] 大卫·佩罗,霍莉·布雷姆,柴玲.理论与范式:面向21世纪的环境社会学[J].国外社会科学,2017(6):129.
[③] 洪大用.环境社会学:事实、理论与价值[J].思想战线,2017(1):79.

系、对与环境相关的重要社会主体进行的分析、对待理论导向和政策导向的研究等方面①,环境社会学所面对问题的复杂性,以及由此决定的它所需要的知识的宽度和厚度,决定了它与传统社会学的关系,以及与社会学的其他分支学科的不同。

环境社会学虽然属于社会学的分支学科,但是它的研究对象与传统社会学的研究对象有很大差别。从19世纪到20世纪中期,社会学的研究对象是广义的"社会",包括政治、经济、教育、文化等,但并不包括自然或生态环境。也就是说,它基本上排除了"环境",至多只是把环境当作一个给定的而且往往是不变的社会条件或背景。与此相对应的是,环境社会学的研究对象触及更广,不管是将其界定为环境与社会的关系,还是环境问题中人与人的关系,乃至在整体上将它看作"研究环境问题的社会学",都超出了传统社会学的研究范围,它同时涵盖了"环境和社会"。这也意味着,环境社会学的研究范围和相应的综合性,是超越了传统社会学学科的。环境社会学的第二个特殊性是,除了要采用社会学的理论、方法和视角,还要广泛吸收其他学科的理论、方法和视角。更确切地说,不只是理论、方法和视角,而是超越了理论、方法和视角且更为深厚的内容。②

作为社会学分支的环境社会学兼具"科学"和"人文"的双重性格。③科学性格一般包含三个方面,即科学态度、科学知识与科学方法。科学态度是指应该用科学的态度去理解社会、研究社会学的成果。在环境社会学的研究中,对社会的判断解释是与对环境物质状态的了解分不开的,如果忽略科学问题,就无法对环境问题有本质的认识与理解。如果没有科学知识,也就无法准确掌握科学的环境状态,也不能对环境现象、环境问题背后的原理有透彻的理解。为了调查清楚环境情况,就需要使用科学的方法、手段与设备,这样才能够准确了解环境信息与环境状况。环境社会学的人文性格是指,作为社会学的一个分支,环境社会学应该投入精力研究有关群体、社会、文化、历史等基本问题,并从中发掘出中国社会自身的社会历史传统,以便对环境生态问题有全局性的理解与认识,从而更好

---

① 洪大用.环境社会学:事实、理论与价值[J].思想战线,2017(1):78.
② 张玉林.环境社会学的特殊性与环境史[J].江苏社会科学,2014(5):21-24.
③ 陈阿江.环境社会学研究中的科学精神与中国传统[J].江苏社会科学,2014(5):30-32.

地应对环境压力,解决环境生态问题。

不同国家和地区的学者从自身的社会实践出发,对环境社会学的研究范围和基础理论进行了概况和总结。1978 年,美国学者邓拉普等人提出环境社会学的"生产跑步机"理论。"生产跑步机"用比喻的方法来说明资本主义体制运行所引发的环境问题,怀特则从宗教传统去追溯环境问题的历史根源。风险社会理论提出了环境问题的社会结构性来源。生态现代化理论则有济世企图。建构主义观点则用新策略去理解环境问题的社会过程。

日本学者把环境社会学的研究对象定位为围绕社会的自然与环境,包括由于人类市场及生活而受到破坏、经过加工的文化自然环境、日常生活环境、历史环境以及工业公害与环境运动等方面。[①] 日本环境社会学的研究从公害受害人生活困境出发,反思工业开发造成的公害和污染。日本学者从本土环境问题研究出发,提出"受害结构论""受害圈、受苦圈论"等,分析环境污染给社会带来的多重影响。在与环境主义和技术主义的争论中,汲取当地人民的智慧,创建"生活环境主义"用以解释和解决琵琶湖的水环境治理问题,更有"环境控制体系论"尝试解释环境问题及其治理的全过程。后来,环境社会学者将研究重点从工业公害扩展到生活环境问题,环境公共性和社会两难困境成为研究重点。日本学者所做的社会调查发现,即使是社会大型工程,由于受益群体与受害群体的分割,产生了利益的非一致性,出现了受益圈与受害圈的对立与对抗。公共工程中的利益对立常常演变为社会冲突。其主要原因在于,公共性常常被政府拿来作为开发活动正当性的理由,在公共性的名义下,一部分人享受的便利建立在对他人权利的剥夺之上,受剥夺者沦为了公共性的受害人,导致公共性概念作为达成社会共识的基础集体,利益冲突调节机制失灵。社会两难理论是指,社会个体成员越精明,行为后果越对自己有利,其行为结果的总和对社会整体就越不合理。这种理论与传统经济学的公地悲剧以及集体行动的困境的结论殊途同归。个体理性的经济人的理性行为的结果损害了社会整体利益,最终自己也成为受害者。解决社会两难困境

---

① 鸟越皓之,闰美芳.日本的环境社会学与生活环境主义[J].学海,2011(3):42-54.

的路径在于,应该认识到人们合作的愿望要比经济学家的悲观估计强烈得多,总有一些人更愿意为整体的潜在收益而展开互惠行动。应该努力创造受益者与受害者利益一致的机制,以便从根本上解决社会两难问题。①

中国学者在发展研究中,注意到草原农牧业生计与环境的关系,开展草原退化沙化与农牧业关系的解释性和政策应用性研究。社会转型论则从宏观和整体上尝试对中国社会当下正在进行着的结构性改变来解释和应对已产生的环境问题。工业化引起水污染的集中爆发,折射了横向的各利益群体的社会关系,也揭示了一般性社会历史根源。环境社会学发展从"问题论"向"综合论"、从认识问题向解决问题演进。

三、绿色金融的金融学维度

金融学是从经济学分化出来的、研究资金融通的学科,主要研究涉及资金要素的价值判断和价值规律。传统的金融学研究大致有两个方向:宏观层面的金融市场运行理论和微观层面的公司投资理论。其中,风险的问题是金融研究中的重要领域,众多金融产品的诞生就是为了规避投资风险。具体来说,金融有4个关键要素:在时间上重新配置经济价值、重新配置风险、重新配置资本、扩展了资源重新配置的渠道和复杂程度。②其中,关于怎样跨期配置稀缺资源的问题是金融学研究的重点。③ 但更多时候,金融产品的流通也累积了风险,这些风险的爆发甚至会引发全球性的不良后果。金融领域这种独特的风险恰恰是现代风险社会的重要表现,如何考察并评估金融领域的制度风险和信任风险,将金融领域和全球风险的研究联系起来,从风险社会理论的角度加以考察,也是金融学界有待发展的研究议题。④ 经济社会学在20世纪80年代的兴盛为金融社会学的崛起提供了契机。⑤

---

① 李国庆.日本环境社会学的理论与实践[J].国外社会科学,2015(5):130.
② 威廉·戈兹曼,张亚光,等.千年金融史[M].北京:中信出版社,2017:6.
③ 兹维·默顿.金融学[M].曹辉,曹莒,译.北京:中国人民大学出版社,2010:4.
④ 陈氚.超越嵌入性范式:金融社会学的起源、发展和新议题[J].社会,2011,31(5):221.
⑤ 杨义凤.建构什么样的金融社会学:读布鲁斯和劳拉的《货币与信用:一个社会学的视角》[J].江苏师范大学学报(哲学社会科学版),2014,40(4):112.

相比传统金融,绿色金融并未在金融机构和金融组织层面有突破性的革新,其基本理论依据依然是绿色金融作为一种新金融业态可以更有效地配置资源。随着经济规模不断外向扩大,对产业结构转型和经济增长水平的要求成为必然。金融功能的实现对传统机构和组织的依赖性越来越少,而对效率的要求则越来越高。绿色金融之所以成为一种新金融业态,并不必然依附于某种机构或者组织,而是由其资源投向所决定的,即能够在尽量降低成本的同时又充分发挥和提高金融的功效。绿色金融是金融理论在内涵上的深化,同时也极大地扩展了金融服务的对象。绿色金融是对传统金融方式的一种结构性补充,可以有效提高资金、资源配置效率,解决绿色产业、绿色行业资金需求与供给匹配问题,促成特定资金供给,使金融资源可以更好地流向绿色产业。绿色金融最重要的功能可能在于其可以通过一定的方式将特定行业、特定项目或产品的环境风险显性化,迫使相关主体将其造成的负外部性内部化,使环境成本体现在市场价格上,从而通过价格手段,将环境成本高的企业或产业挤出市场。

金融服务必须以金融工具为载体,传统上属于离散金融。离散金融的基本特点是金融工具的服务功能是离散的、不连续的。在传统金融工具和服务之间的转换可能需要花费很大的成本,金融服务的接受者必须付出成本才可以得到金融服务。经济学理论认为,外部成本内部化是提升效率的重要方式。如果可以将传统金融中内生的信息不对称所造成的效率损失内化的话,就可显著提高金融服务的效率,提升社会整体福利水平。与传统金融相比,绿色金融是一种连续性的金融,其金融工具内生于客户的需求,可以最大限度地降低协商沟通成本,提升效率和利润,从而提升社会整体效率。[①]

第一,作为现代金融体系中的一种特殊制度安排,金融支持生态文明建设体系是一项有效配置财政机制的制度方法,它的目标应该从属于财政类资金目标并弥补财政资金的不足。第二,生态文明建设涉及的方面非常广泛,在引入新的资金配置机制时,应该把金融支持生态文明建设模

---

① 龚斯闻,赵国栋,马晓釜.绿色金融的发展逻辑与演进路径:基于要素解构的视角[J].经济问题探索,2019(10):188.

式拓展为商业性金融、政策性金融和合作性金融综合领域,并寻找生态产业异质性条件下最优的金融结构安排模式。第三,生态产业属于准公共产品,由于生态产业的高风险与低收益并存,其属于典型的弱质产业,融资约束问题成为制约我国生态产业发展和生态文明建设推进的关键障碍。政策性金融可以通过扶持与强力推进功能、逆市场选择功能、专业性服务与协调功能等传导渠道作用于生态产业。因此,政策性金融是扶持生态产业发展的最佳金融机制,在金融支持生态文明建设体系中应该居于主动性地位。第四,生态产业成长性越好,越容易面临融资约束的压力;市场利率越低,生态企业面临的融资约束压力越大。由于生产和投资对现金流具有较强的敏感性,如发展初期无法以较低成本获得足够的资金支持,生态产业面临的融资约束将更大,其长期的不利后果就是生态产业增长无力,无法实现大规模生产和规模经济,产业整体性增长和发展潜力面临挑战。第五,政策性金融破解生态产业融资约束问题的机制有两个:①补充机制,即政策性资金投入可促进产业资本积累,优化生态产业初始条件、基础环境、增长效率等薄弱环节,弥补市场不足和市场失灵的缺陷,通过提升产业资本增长率推动生态产业发展,缓解融资约束困境。②激励机制,政策性金融支持可引导社会预期,吸引社会资金投入,推动商业主体一起加入生态产业中。[①] 换句话说,把绿色金融的基本功能定位为一种运用财政性资金撬动金融性资金的手段,使得金融支持生态文明建设的资金最大化,以充分满足生态修复或治理的需要。

另外,绿色金融还与"普惠金融"相联系。联合国于2005年提出了"普惠金融"的理念,它是指立足机会平等要求和商业可持续原则,通过加大政策引导扶持、加强金融体系建设、健全金融基础设施,以可负担的成本为有金融服务需求的社会各阶层和群体提供适当的、有效的金融服务,并确定农民、小微企业、城镇低收入人群和残疾人、老年人等其他特殊群体为普惠金融服务对象。普惠金融侧重广度,追求金融资源供给的公平,绿色金融注重将环境成本内生化,侧重提高效率。两者的结合是未来发

---

① 陈经伟,姜能鹏,李欣."绿色金融"的基本逻辑、最优边界与取向选择[J].改革,2019(7):119-131.

展的方向,一方面要弥补传统金融不能惠及大众的问题;另一方面要顾及效率的提升,提高社会福利程度。

四、绿色金融的政治学基础

政治学是以一定的分析方法,对包括阶级利益在内的社会利益进行深入分析,并以此为逻辑起点,揭示社会政治生活与政治权利的内涵,探讨政治行为、政治体系、政治文化等方面,对作为政治权力行为的政治统治和政治管理、作为政治权利行为的政治参与、作为政治权力的组织和制度体现的国家和执政党现象、作为政治权利的组织和制度体现的非执政党和政治社团、作为社会政治文化主要方面的政治权力的思想形态的政治思想、作为政治权利及其对于政治权力的转化形态的精神反映的政治心理等进行全面的分析,并按照社会利益关系的变化和发展引起的政治权力与政治权利的相互作用,对社会政治发展进行预测的一门学问。[①]

马克思主义政治学观点认为,政治的根源是经济,政治是阶级社会中以经济为基础的上层建筑,是政治的集中体现。政治学的研究对象,是以公共权力为中心的政治关系、政治制度、政治思想、政治文化和政治行为及其总体的集合。

绿色金融意味着一个国家或地区基本经济发展范式的转变,这背后需要深刻的观念与思想的转变,更需要辅以社会权力的调整,这些都与该国或地区的政治基础相联系。如果没有相应政治思想、政治文化、政治观点、政治权力的调整和协调,从传统金融向绿色金融的转化就不会发生,至少不会真正在根本上发生,绿色金融的体系建设和具体制度的健全与完善也会成为空谈。从这个意义上讲,绿色金融制度的确立、发展和成熟,必须具备深厚的政治学基础才有可能。

具体到中国来说,绿色发展已经成为执政党乃至全国上下的普遍共识,绿色发展理念也已经写入我国的宪法与党章之中,与"创新、协调、开放、共享"一起成为指引我国发展与前进的指南与指导思想,这也意味着我们在绿色发展的根本认识上达成了政治方面的共识,为下一步绿色金

---

① 王浦劬.政治学基础[M].北京:北京大学出版社,2014:235.

融制度的构建与细化奠定了坚实的基础。

五、绿色金融的法律维度

绿色金融作为一种社会实践,必须要受到一定法律规则的调整,才可能规范发展,这就涉及调整绿色金融的法律,即绿色金融法。绿色金融法是指金融制度的绿化[①],即贯穿了环境保护理念的金融法。它产生于环境与金融问题融合的过程中,贯穿于环境保护理念的法治化进程中。人类有限的生存环境与无限的欲望之间存在着永恒的冲突,这注定了相应社会关系所蕴含的利益关系的矛盾与冲突。作为对社会利益关系进行调整、平衡的一种底线工具,法律反映了社会利益的冲突,表达了利益制衡的要求。

金融法律是在19世纪末生产社会化的背景下产生的新法律,是适应经济和市场社会化的迫切要求应运而生的社会性之法。有关环境保护、资源有效可持续利用的法律也是体现社会利益的法,它不仅以社会为本位,着眼于社会整体利益,而且扩展到人与自然这个大系统,维护人与自然的共同利益,以实现人与自然的和谐。金融只有以绿色理念为行动的指南,才有可能在促进绿色经济发展中发挥最大的推动力。金融法律制度在环境保护和可持续发展原则的精神指导下,担负起新的历史使命,必须按照可持续发展的要求,进行制度的创新,制定有效的法律法规,以支撑起推进绿色金融健康发展的制度基础。

我国的绿色金融法治建设刚开始,法律保障体系还不完善,存在不少空白,应根据经济社会形势发展的变化,适时调整、完善,为推进绿色金融的有效实施提供坚实的制度支撑及充分的法律依据。有效的制度安排能使金融业务获得良好的经济效益,更重要的是它所提供的激励效应还能使企业将个体目标与整个社会目标有效地统一起来,达到"激励相容"。[②]

绿色金融法治应该采取软法与硬法相结合的方式。理想的软法和硬

---

① 范少虹.绿色金融法律制度:可持续发展视阈下的应然选择与实然构建[J].武汉大学学报(哲学社会科学版),2013,66(2):77.
② 剧宇宏.绿色经济与绿色金融法律制度创新[J].求索,2009(7):138.

法关系是：①软法作为硬法的先行法。在绿色金融硬法阙如或制定硬法条件不成熟时，软法可先行一步，在绿色金融领域制定出原则性的规定，一旦条件成熟，这些软法通常就成为制定硬法的重要来源。②软法对硬法作出解释。在绿色金融硬法已制定但条文抽象笼统的情况下，软法以更细密的规则作出解释，使硬法原则性规定更具体化，从而使硬法更顺畅地运作。③软法填补硬法留下的空白。硬法的稳定性和严肃性使其具有僵化性，无法适应现实的多变性。对于绿色金融硬法中需要顺应实际情况作出调整的部分，可由软法作出规定，从而保持硬法的稳定性。可见，在绿色金融中硬法起主导作用，软法是硬法的有效补充；绿色金融既要依托硬法，又要借助软法。由于我国绿色金融制度实践时间不长，当前我国绿色金融制度主要体现在部门规章和政策等软法层面，具有突出的政策性、灵活性和行政主导性等特点，一些部门规章和政策往往缺乏相关法律责任的规定，有禁止性条款，却无违反该条款后的责任规定或规定比较笼统。今后绿色金融法治建设，在强调运用绿色金融政策注重软法作用的同时，要逐步提升硬法的重要作用，形成"软硬兼施"的治理模式，实现绿色金融软法与硬法治理的有效沟通和协调。①

首先，要做到设范型立法、管理型立法与促进型立法的结合。设范型立法以规范主体行为为特征，传统民商事、刑事及行政立法属于该类。设范型立法处于立法模式的第一阶段，强调权利与义务的一致性，权利的享有以承担义务为条件，不履行义务就要承担相应的法律责任。管理型立法以调控管理社会经济事务为主要特征，经济调控立法、劳动与社会保障立法、环境与资源保护立法属于该类。② 管理型立法符合现代政府管理职能张扬的理念，将政府干预市场的权力渗透规范化，也为政府的干预和参与提供了法制保障。促进型立法以促进和推动基础领域发展为主要特征，以鼓励或促进为目的，通常针对社会关系尚未得到良好发育、市场规模并未形成而亟须鼓励形成市场规模的领域，主要解决供给问题。与属于后置性解决需求问题的传统管理型立法不同的是，促进型立法较多地

---

① 范少虹.绿色金融法律制度：可持续发展视阈下的应然选择与实然构建[J].武汉大学学报（哲学社会科学版），2013，66（2）：78.
② 陈昶屹.论"促进型立法"的形成背景[J].北京行政学院学报，2005（1）：65-68.

强调政府的服务功能,设范方式上采用大量的任意性规范、授权性规范和鼓励性规范,并强调公众和社会实质性参与主体的地位,从而具有明显的政策性、灵活性和政府主导性,已成为国家产业政策法的一个重要组成部分。管理型立法侧重事后控制,促进型立法被视为事前控制。促进型立法通过引导的方法鼓励发展,而管理型立法通过规制的方法让发展有规则运行。通过促进型立法将某一产业或行业扶持发展起来之后,促进会被管理所取代,从而使市场规范化运作。从绿色金融法律鼓励资金向绿色产业流动的要求看,绿色金融法律制度具有很多促进型立法的特点。

其次,坚持限制性规范与鼓励性规范并举。我国现行的绿色金融政策,以处罚、限制性规则为主,鼓励性措施较少,而且可操作性不强。发展绿色金融的激励机制主要包括经济激励机制和政府激励机制。政府与市场各具优势,经济秩序的建立不能完全是外生的或内生的,而应当是共生的、互动的,法律制度的运作应当具备包容性和回应性。对于那些市场机制调节较具优势、社会自新能力较为突出的领域,法律应鼓励、促进相应的经济系统与社会系统的充分自治。有效的制度安排能使企业在实现个体目标的同时,激励其追求社会整体利益。运用价格、税收、信贷、收费、保险等经济手段调节影响经济主体的行为,对破坏生态污染环境的行业,在融资领域采取禁止或限制性规范,对符合生态环境要求的企业采用减免税收、费用、贴息贷款、财政补贴等鼓励性规范,以确保绿色金融的运行。值得借鉴的是,《循环经济促进法》从财政性资金、税收、信贷、价格政策和政府采购政策等方面规定了激励措施,并对显著成绩的单位和个人给予表彰和奖励。因此,以积极的措施鼓励企业增加环保投入,为企业的环保项目融资提供便利应成为发展绿色金融的重要环节。限制性规范与鼓励型规范并举能更好地促进金融机构和其他经济组织实施绿色金融制度。

第二节 绿色金融制度的价值取向

绿色金融以市场为主导的同时,也需要以政府来引导。在市场主导与政府引导之下的绿色金融,其理念和价值取向与我国中央政府一定时期的基本政策和观念息息相通。

一、科学发展观与绿色金融

科学发展观是以胡锦涛同志为总书记的党中央提出的重大战略思想,在中国共产党第十七次全国代表大会上被写入党章,成为中国共产党指导思想之一。胡锦涛强调,科学发展观坚持"以人为本,全面、协调、可持续的发展观……"也就是说,科学发展观包含以人为本、全面发展、协调发展以及可持续发展四个方面。其中,"可持续的发展观"是与绿色金融紧密相连的内涵。

可持续发展,就是要促进人与自然的和谐,实现经济发展和人口、资源、环境相协调;坚持走生产发展、生活富裕、生态良好的文明发展道路,保证世代永续发展。具体而言,它包括"经济不断发展原则、经济社会与环境生态协调发展原则、资源利用的代际均衡原则、区域间协调发展原则、社会各阶层间公平分配原则、现代生态型生产原则、消除贫困原则以及生态系统承载力原则"八个具体原则。[①] 根据马克思"经济基础决定上层建筑"的经典论断,只有社会的经济、技术持续发展,才能积累解决具体社会问题的基本财力与物力,才能为社会制度的变革与完善提供最本源的推动力。罗马俱乐部曾经提出过"增长的极限"理论,强调经济的持续发展,有助于统一认识、凝聚共识和明晰目标。

经济社会与环境生态协调发展原则,是指可持续发展并不仅仅局限于经济的发展目标,而是将目光扩展到社会生活的方方面面,希望并追求经济、社会、生态、环境等涉及人们生活质量的各个领域、各个方面都能实现均衡发展,使人们不仅可以拥有富足的物质生活,也可以享受优美的生活环境、社会环境,它把环境收益、生态收益也看作是可持续发展的社会收益。

资源利用的代际均衡原则,是指不仅在当代实现对资源的有效利用,也要给子孙后代留下未受到破坏的、能够满足他们生活需要的,至少不少于当代拥有的可利用的资源。近现代工业社会发展的早期,人们没有意

---

① 吴季松.科学发展观与中国循环经济战略[M].北京:新华出版社,2006:66-69.

识到资源利用代际均衡的必要性,在开发利用能源、资源方面往往采取竭泽而渔、焚薮而田的方式,造成不可再生资源持续减少、生态环境严重恶化、生物多样性遭到破坏等不利后果,已经威胁到子孙后代持续生活的根本。实现资源利用的代际均衡要求在资源利用过程中,不仅要考虑眼前的利益,也要考虑后代人的利益,努力实现资源的循环利用、可持续利用。

区域间协调发展是可持续发展的重要原则,是指在一个国家、一个经济体的范围内,要实现不同区域、不同地方、不同地域的协调发展。这是因为协调发展不仅涉及发展成果的公平享受,而且如果处理不好的话,也威胁到国家和社会的稳定,影响社会的长远发展和可持续发展。就人类社会发展的一般经验而言,经济社会的发展往往在资源、资金、技术、人力等禀赋较好的地区最先发生。随着发展的继续,由于经济集聚效应与虹吸效应的存在,其他欠发达地区的发展要素会被吸引过来,从而形成热点效用和中心效用。如果任由经济社会自发发展的这种态势持续的话,就会导致区域经济社会发展的显著失衡,严重时甚至可能侵蚀整个经济体发展的后续能力。区域间协调发展要求通过国家的"有形之手",科学地调配资源,实现先富带后富、先发展地区带动后发展地区,以实现同一经济体内的平衡发展、协调发展。

社会各阶层公平分配的原则,是指社会发展所取得的物质与精神文化成果应该在全社会各个阶层民众中间公平分配,而不能有所偏废。国家与社会的物质精神财富是由全体民众共同创造的,当然也应该由全体民众共同分享,这不仅是财富创造的目标,也是进一步持续创造各种财富的保障——只有人们对财富的分配机制相对满意,才会激励大家发挥自身能动性,为创造更多的财富成果而努力工作。在这个意义上,公平分配财富不仅是财富产生的目的,也是财富、社会可持续发展的保证。

现代生态型生产原则,是指现代产业,包括工业、农业与第三产业的生产,应该以生态友好型的方式进行,考虑稀缺资源、不可再生资源的节约、集约利用,提高生产效率,实行减量化、再利用、再循环的生产原则,将原有的高耗能、高污染、高排放、低效率、低附加值的生产与产业结构,转变为低能耗、无污染、低排放、高效率、高附加值的产业,最终实现行业与产业生产的环境友好与可循环、可持续模式。

消除贫困原则是人类社会实现整体可持续发展的目标,也是可持续发展的一个基本原则。自古以来,实现富足、消除贫困就是人类社会的目标之一。在现代工业化生产的条件下,产品、财富的极大丰富在技术上早已不是障碍。但是,一些欠发达国家与地区,甚至发达国家内部,依然存在相对贫困甚至绝对贫困的现象。这种现实的存在有资源禀赋、历史累积、制度缺失等多方面的复杂原因。但无论如何,大量贫困人口的存在都阻碍了社会的进一步可持续发展,也有碍社会公平的实现。

生态系统承载力原则是指人类的经济、社会发展所消耗的资源、破坏的环境,必须在生态系统的承载能力、自我修复能力所容许的范围之内,只有这样,人类社会的发展才是可持续的,人类社会的长期发展才是有可能的。在人类社会发展之初,由于技术条件的低下,环境破坏的能力也相对较弱,人类活动对环境的影响还相对较小,或者只是在局部的范围内。进入工业时代,随着科技水平的提高,人类改造环境、利用自然的能力大大增强,对生态环境的破坏也日益加深。但在早期,人类并没有认识到环境破坏的恶果,对各种恶果采取听之任之的态度。随后,人类社会就受到了自己不良行为的报复——环境事件层出不穷,生命健康受到威胁,财产安全受到破坏,甚至社会正常的运转都受到了影响。此时,人们才幡然醒悟,意识到既往模式的不可行,从而转向环境保护和环境友好发展模式,力图将生产与活动控制在生态,包括局部生态与全球生态的承载能力范围内,以实现可持续发展。

党的十七大以来,以胡锦涛同志为代表的第四代党中央领导集体坚持以科学发展观为指导思想,以建设资源节约型和环境友好型社会为社会主义生态文明的基本要求。胡锦涛同志指出,"自然界是包括人类在内的一切生物的摇篮,是人类赖以生存和发展的基本条件,保护自然就是保护人类,建设自然就是造福人类。要倍加爱护和保护自然,尊重自然规律"。科学发展观的提出是将中国建设生态文明的具体道路与马克思、恩格斯的生态文明观相结合的理论成果,是对马克思主义生态文明观内涵的丰富与开拓,同时也体现了以胡锦涛同志为代表的领导集体始终把建设生态文明社会作为首要宗旨的治国理念。

科学发展观的第一要义是发展,在我国社会主义初级阶段,发展是解决一切问题的关键,是解放生产力和发展生产力的关键要素,是推动经济、政治、文化、社会全面协调发展的坚实基础,能够进一步实现人口、资源、环境的协调与可持续发展。绿色发展观在科学发展观的基础上,提出了经济与生态的双赢发展观和绿水青山就是金山银山的发展观。一方面,经济发展与生态环境之间是辩证的关系,两者相互影响、相互作用。经济发展离不开生态环境的支撑,而生态环境中内含的各要素能够为经济发展提供物质条件和自然资源,是确保经济稳定发展的基本前提。因此,经济发展必须在尊重自然规律、保护生态环境的前提下持续发展。如果人类只顾发展经济,追求经济效益而漠视生态环境的承载限度,破坏生态系统,就会招致生态环境的惩罚,从而也会影响经济发展的质量和效益。另一方面,"绿水青山就是金山银山"的发展观,是以实现生态和谐、人民幸福为主要目的,推动经济社会生态的可持续发展。

2005年12月国务院发布了《关于落实科学发展观加强环境保护的决定》(国发〔2005〕39号,下文简称《决定》),详细说明了科学发展观与环境保护之间的各方面关系。

关于做好环境保护工作的重要意义,《决定》指出,虽然总体上我国在国民经济快速增长、人民群众消费水平显著提高的情况下,保持了全国环境质量基本稳定,做到了部分城市和地区环境质量有所改善,多数主要污染物排放总量得到控制,工业产品的污染排放强度下降,重点流域、区域环境治理不断推进,生态保护和治理得到加强等,但我国的环境形势严峻的状况仍然没有改变。一方面,主要污染物排放量超过环境承载能力,流经城市的河段普遍受到污染,许多城市空气污染严重,酸雨污染加重,持久性有机污染物的危害开始显现,土壤污染面积扩大,近岸海域污染加剧,核与辐射环境安全存在隐患。另一方面,生态破坏严重,水土流失量大面广,石漠化、草原退化加剧,生物多样性减少,生态系统功能退化。发达国家上百年工业化过程中分阶段出现的环境问题,近年来在我国集中出现,呈现结构型、复合型、压缩型的特点。环境污染和生态破坏造成了巨大经济损失,危害群众健康,影响社会稳定和环境安全。

《决定》设定了环境保护要达到的阶段性目标,即到2010年,重点地区和城市的环境质量得到改善,生态环境恶化趋势基本遏制。主要污染物的排放总量得到有效控制,重点行业污染物排放强度明显下降,重点城市空气质量、城市集中饮用水水源和农村饮水水质、全国地表水水质和近岸海域海水水质有所好转,草原退化趋势有所控制,水土流失治理和生态修复面积有所增加,矿山环境明显改善,地下水超采及污染趋势减缓,重点生态功能保护区、自然保护区等的生态功能基本稳定,村镇环境质量有所改善,确保核与辐射环境安全。到2020年,环境质量和生态状况明显改善。

《决定》还强调,经济社会发展必须与环境保护相协调,具体的举措包括以下三个方面。

第一,促进地区经济与环境协调发展。各地区要根据资源禀赋、环境容量、生态状况、人口数量以及国家发展规划和产业政策,明确不同区域的功能定位和发展方向,将区域经济规划和环境保护目标有机结合起来。①在环境容量有限、自然资源供给不足而经济相对发达的地区实行优化开发,坚持环境优先,大力发展高新技术,优化产业结构,加快产业和产品的升级换代,同时率先完成排污总量削减任务,做到增产减污。②在环境仍有一定容量、资源较为丰富、发展潜力较大的地区实行重点开发,加快基础设施建设,科学合理利用环境承载能力,推进工业化和城镇化,同时严格控制污染物排放总量,做到增产不增污。③在生态环境脆弱的地区和重要生态功能保护区实行限制开发,在坚持保护优先的前提下,合理选择发展方向,发展特色优势产业,确保生态功能的恢复与保育,逐步恢复生态平衡。④在自然保护区和具有特殊保护价值的地区实行禁止开发,依法实施保护,严禁不符合规定的任何开发活动。要认真做好生态功能区划工作,确定不同地区的主导功能,形成各具特色的发展格局,必须依照国家规定对各类开发建设规划进行环境影响评价,对环境有重大影响的决策,应当进行环境影响论证。

第二,大力发展循环经济。各地区、各部门要把发展循环经济作为编制各项发展规划的重要指导原则,制订和实施循环经济推进计划,加快制定促进发展循环经济的政策、相关标准和评价体系,加强技术开发和创新体系建设。①要按照"减量化、再利用、资源化"的原则,根据生态环境的要求,进行产品和工业区的设计与改造,促进循环经济的发展。②在生产环节,要严格排放强度准入,鼓励节能降耗,实行清洁生产并依法强制审核;在废物产生环节,要强化污染预防和全过程控制,实行生产者责任延伸,合理延长产业链,强化对各类废物的循环利用;在消费环节,要大力倡导环境友好的消费方式,实行环境标识、环境认证和政府绿色采购制度,完善再生资源回收利用体系。③大力推行建筑节能,发展绿色建筑。④推进污水再生利用和垃圾处理与资源化回收,建设节水型城市。推动生态省(市、县)、环境保护模范城市、环境友好企业和绿色社区、绿色学校等创建活动。

第三,积极发展环保产业。要加快环保产业的国产化、标准化、现代化产业体系建设。加强政策扶持和市场监管,按照市场经济规律,打破地方和行业保护,促进公平竞争,鼓励社会资本参与环保产业的发展。①重点发展具有自主知识产权的重要环保技术装备和基础装备,在立足自主研发的基础上,通过引进、消化、吸收,努力掌握环保核心技术和关键技术。②大力提高环保装备制造企业的自主创新能力,推进重大环保技术装备的自主制造。培育一批拥有著名品牌、核心技术能力强、市场占有率高、能够提供较多就业机会的优势环保企业。③加快发展环保服务业,推进环境咨询市场化,充分发挥行业协会等中介组织的作用。

《决定》就需要解决的突出环境问题进行了统筹安排,指出重点是饮水安全和重点流域治理,加强水污染防治。

首先,要科学划定和调整饮用水水源保护区,切实加强饮用水水源保护,建设好城市备用水源,解决好农村饮水安全问题。坚决取缔水源保护区内的直接排污口,严防养殖业污染水源,禁止有毒有害物质进入饮用水水源保护区,强化水污染事故的预防和应急处理,确保群众饮水安全。把淮河、海河、辽河、松花江,三峡水库库区及上游,黄河小浪底水库库区及上游,南水北调水源地及沿线,太湖、滇池、巢湖作为流域水污染治理的重点;把渤海等重点海域和河口地区作为海洋环保工作重点,严禁直接向江、河、湖、海排放超标的工业污水。

其次,强化城市基础设施建设,保证全国设市城市污水处理率不低于70%,生活垃圾无害化处理率不低于60%;解决颗粒物、噪声和餐饮业污染,鼓励发展节能环保型汽车;对污染企业搬迁后的原址进行土壤风险评估和修复。城市建设应注重自然和生态条件,尽可能保留天然林草、河湖水系、滩涂湿地、自然地貌及野生动物等自然遗产,努力维护城市生态平衡。以降低二氧化硫排放总量为重点,推进大气污染防治。加快原煤洗选步伐,降低商品煤含硫量。加强燃煤电厂二氧化硫治理,新(扩)建燃煤电厂除燃用特低硫煤的坑口电厂外,必须同步建设脱硫设施或者采取其他降低二氧化硫排放量的措施。在大中城市及其近郊,严格控制新(扩)建除热电联产外的燃煤电厂,禁止新(扩)建钢铁、冶炼等高耗能企业。要根据环境状况,确定不同区域的脱硫目标,制订并实施酸雨和二氧化硫污染防治规划。对投产 20 年以上或装机容量 10 万千瓦以下的电厂,限期改造或者关停。制订燃煤电厂氮氧化物治理规划,开展试点示范。加大烟尘、粉尘治理力度。采取节能措施,提高能源利用效率;大力发展风能、太阳能、地热、生物质能等新能源,积极发展核电,有序开发水能,提高清洁能源比重,减少大气污染物排放。

再次,开展全国土壤污染状况调查和超标耕地综合治理,污染严重且难以修复的耕地应依法调整;合理使用农药、化肥,防治农用薄膜对耕地的污染;积极发展节水农业与生态农业,加大规模化养殖业污染治理力度。推进农村改水、改厕工作,搞好作物秸秆等资源化利用,积极发展农村沼气,妥善处理生活垃圾和污水,解决农村环境"脏、乱、差"问题,创建环境优美乡镇、文明生态村。发展县域经济要选择适合本地区资源优势和环境容量的特色产业,防止污染向农村转移。

最后,坚持生态保护与治理并重,重点控制不合理的资源开发活动。优先保护天然植被,坚持因地制宜,重视自然恢复;继续实施天然林保护、天然草原植被恢复、退耕还林、退牧还草、退田还湖、防沙治沙、水土保持和防治石漠化等生态治理工程;严格控制土地退化和草原沙化。经济社会发展要与水资源条件相适应,统筹生活、生产和生态用水,建设节水型社会;发展适应抗灾要求的避灾经济;水资源开发利用活动,要充分考虑生态用水。加强生态功能保护区和自然保护区的建设与管理。加强矿产资源和旅游开发的环境监管。做好红树林、滨海湿地、珊瑚礁、海岛等海洋、海岸带典型生态系统的保护工作。

从"十一五"开始,国家把重点环保工程纳入国民经济和社会发展规划及有关专项规划,认真组织落实。重点环保工程包括:危险废物处置工程、城市污水处理工程、垃圾无害化处理工程、燃煤电厂脱硫工程、重要生态功能保护区和自然保护区建设工程、农村小康环保行动工程、核与辐射环境安全工程、环境管理能力建设工程。

二、生态文明观与绿色金融

在科学发展观的基础上,党中央又进一步提出了生态文明观的方针。2015年9月11日,中共中央政治局召开会议,审议通过了《生态文明体制改革总体方案》(以下简称《方案》)。《方案》明确要求建立绿色金融体系,推广绿色信贷,研究采取财政贴息等方式加大扶持力度,鼓励各类金融机构加大绿色信贷的发放力度,明确贷款人的尽职免责要求和环境保护法律责任;要求加强资本市场相关制度建设,研究设立绿色股票指数和发展相关投资产品,研究银行和企业发行绿色债券,鼓励对绿色信贷资产实行证券化,支持设立各类绿色发展基金,实行市场化运作,建立上市公司环保信息强制性披露机制,完善对节能低碳、生态环保项目的各类担保机制,加大风险补偿力度,在环境高风险领域建立环境污染强制责任保险制度,建立绿色评级体系以及公益性的环境成本核算和影响评估体系,积极推动绿色金融领域各类国际合作等。

《方案》明确了生态文明体制改革的指导思想、总体要求、基本原则、目标、具体步骤等,代表了我党生态文明观的提出,为建立绿色金融体系进一步指明了方向和路径。

第一,《方案》指出,生态文明体制改革的指导思想是,全面贯彻党的十八大和十八届二中、三中、四中全会精神,以邓小平理论、"三个代表"重要思想、科学发展观为指导,深入贯彻落实习近平总书记系列重要讲话精神,按照党中央、国务院决策部署,坚持节约资源和保护环境基本国策,坚持节约优先、保护优先、自然恢复为主方针,立足我国社会主义初级阶段的基本国情和新的阶段性特征,以建设美丽中国为目标,以正确处理人与自然关系为核心,以解决生态环境领域突出问题为导向,保障国家生态安全,改善环境质量,提高资源利用效率,推动形成人与自然和谐发展的现代化建设新格局。

第二,《方案》强调,生态文明体制改革的理念包括:①树立尊重自然、顺应自然、保护自然的理念,生态文明建设不仅影响经济持续健康发展,也关系政治和社会建设,必须放在突出地位,融入经济建设、政治建设、文化建设、社会建设各方面和全过程。②树立发展和保护相统一的理念,坚持发展是硬道理的战略思想,发展必须是绿色发展、循环发展、低碳发展,平衡好发展和保护的关系,按照主体功能定位控制开发强度,调整空间结构,给子孙后代留下天蓝、地绿、水净的美好家园,实现发展与保护的内在统一、相互促进。③树立绿水青山就是金山银山的理念,清新空气、清洁水源、美丽山川、肥沃土地、生物多样性是人类生存必需的生态环境,坚持发展是第一要务,必须保护森林、草原、河流、湖泊、湿地、海洋等自然生态。④树立自然价值和自然资本的理念,自然生态是有价值的,保护自然就是增值自然价值和自然资本的过程,就是保护和发展生产力,就应得到合理回报和经济补偿。⑤树立空间均衡的理念,把握人口、经济、资源环境的平衡点推动发展,人口规模、产业结构、增长速度不能超出当地水土资源承载能力和环境容量。⑥树立山、水、林、田、湖是一个生命共同体的理念,按照生态系统的整体性、系统性及其内在规律,统筹考虑自然生态各要素、山上山下、地上地下、陆地海洋以及流域上下游,进行整体保护、系统修复、综合治理,增强生态系统循环能力,维护生态平衡。

第三,《方案》指出,生态文明体制改革的基本原则是,坚持正确改革方向,健全市场机制,更好发挥政府的主导和监管作用,发挥企业的积极性和自我约束作用,发挥社会组织和公众的参与和监督作用。

第四,《方案》指出,生态文明体制改革的目标是,到2020年,构建起由自然资源资产产权制度、国土空间开发保护制度、空间规划体系、资源总量管理和全面节约制度、资源有偿使用和生态补偿制度、环境治理体系、环境治理和生态保护市场体系、生态文明绩效评价考核和责任追究制度八项制度构成的产权清晰、多元参与、激励约束并重、系统完整的生态文明制度体系,推进生态文明领域国家治理体系和治理能力现代化,努力走向社会主义生态文明新时代。

第五,《方案》确定的建设生态文明体系的具体步骤包括:构建归属清晰、权责明确、监管有效的自然资源资产产权制度,落实自然资源所有权,明确其边界;构建以空间规划为基础、以用途管制为主要手段的国土空间开发保护制度,解决无序开发、过度开发、分散开发问题;构建以空间治理和空间结构优化为主要内容,全国统一、相互衔接、分级管理的空间规划体系;构建覆盖全面、科学规范、管理严格的资源总量管理和全面节约制度;构建反映市场供求和资源稀缺程度、体现自然价值和代际补偿的资源有偿使用和生态补偿制度;构建以改善环境质量为导向,监管统一、执法严明、多方参与的环境治理体系;构建更多运用经济杠杆进行环境治理和生态保护的市场体系;构建充分反映资源消耗、环境损害和生态效益的生态文明绩效评价考核和责任追究制度等。

在制定《方案》后,中央全面深化改革领导小组第二十七次会议于2016年8月30日审议通过了《关于构建绿色金融体系的指导意见》(以下简称《意见》)。《意见》指出,发展绿色金融是实现绿色发展的重要措施,也是供给侧结构性改革的重要内容;要通过创新性金融制度安排,引导和激励更多社会资本投入绿色产业,同时有效抑制污染性投资;要利用绿色信贷、绿色债券、绿色股票指数和相关产品、绿色发展基金、绿色保险、碳金融等金融工具和相关政策为绿色发展服务;要加强对绿色金融业务和产品的监管协调,完善有关监管规则和标准。绿色金融推进生态环境保护,要发挥资金对经济的第一推动力的作用,金融业的发展要为现代经济发展提供强大支撑力。当前我国经济社会发展的一个突出问题是,长期来看,我国将面临资源、环境与经济发展的巨大压力和尖锐矛盾。循环经济和低碳经济作为我国经济增长方式的主动调整路径,是绿色金融成为实现经济可持续发展的必然手段。金融业以绿色金融理念为行动指南,从整体经济发展高度,提高全社会资源有效配置,兼具解决"市场失灵"和"政府失灵"的功效。绿色金融通过金融机构的导向作用,将生态环境要素纳入金融业的核算和决策中,通过资金引导各经济主体注重自然生态平衡,鼓励企业实施节能减排,避免陷入"先污染后治理、再污染再治理"的恶性循环,保护和节约各项资源,设定经济主体由追求自身利益最大化的"经济人"向环境"生态人"转变的路径。

中共中央政治局于2019年2月22日就完善金融服务、防范金融风险举行第十三次集体学习时,习近平总书记进一步指出,深化金融供给侧结构性改革必须围绕建设现代化经济的产业体系、市场体系、区域发展体系、绿色发展体系等提供精准金融服务,构建风险投资、银行信贷、债券市场、股票市场等全方位、多层次金融支持服务体系;要适应发展更多依靠创新、创造、创意的大趋势,推动金融服务结构和质量转变;要更加注意尊重市场规律、坚持精准支持,选择那些符合国家产业发展方向、主业相对集中于实体经济、技术先进、产品有市场、暂时遇到困难的民营企业重点支持。

总体来说,生态文明建设是为解决环境问题而提出的,但不能把生态文明建设等同于环境保护。走生态文明建设之路,绝不是重复西方环境保护之路。建设生态文明是中华民族永续发展的千年大计。有学者指出,相较于西方的环境治理,基于中国智慧和中国方案的生态文明建设有以下三个方面的重大创新。①

首先,生态文明观所包含的"永续发展观",是对联合国提出的可持续发展观的提升与创新。1987年联合国提出的可持续发展,属于现在与未来二维时空的可持续发展,是指当代与未来之间的可持续,而我们提出的"永续发展观"是一种立足当代、传承过去、永续未来的"三维可持续"的发展观。

其次,生态文明观所要求的"五位一体"生态文明建设,是基于中国智慧的中国式治理之道。自20世纪70年代以来,西方发达国家对环境的治理方式多是"头痛医头、脚痛医脚",没有触及环境保护问题的根本。中国的生态文明建设,则是属于内生的、系统的、综合的治理模式,是在探索一条完全不同于西方的治理之道。

最后,生态文明建设的"中国方案"被世界认可,给世界的环境治理带来了新思维,开辟了新路径。

三、绿色发展观与绿色金融

我国的发展观在讲求科学发展、建设生态文明的探索之后,进一步凝聚成为绿色发展观。党的十八大以来,习近平总书记对绿色发展做了一

---

① 张孝德.生态文明建设是基于中国智慧的文明创新之路[NB/OL].(2020-01-01)[2020-09-21].https://news.ifeng.com/c/7ssyDzR4qOm.

系列重要论述。这些论述构成了一个内涵丰富、逻辑严密的完整体系,为我国生态文明建设和可持续发展提供了方向指引和根本遵循,成为治国理政新理念、新思想、新战略的重要组成部分。

绿色发展观包含几个鲜明特征:①环境保护和经济发展同为目标。生态文明建设上升到统筹推进"五位一体"总体布局的战略位置,绿色成为新时期的重要发展理念,以牺牲生态环境为代价换取经济发展的做法被坚决摒弃。同时,对经济发展的要求并没有降低,以加强生态环境保护为契机,推动经济发展模式成功转型,成为迫切的时代命题。②绿色生产方式和绿色生活方式共为支撑,即从供需两端、从企业和公民两个层面推动绿色发展,彻底摆脱过多依赖物质资源消耗、粗放扩张、高污染高能耗高排放的生产方式,走创新发展之路,同时要求强化公民的环保意识,推动形成节约适度、绿色低碳的生活方式和消费模式。③市场机制和政府作用相互配合。一方面鼓励企业和公众自发行动,积极参与;另一方面要求更好发挥政府的作用,为市场机制顺畅运行创造良好条件,形成政府、企业、公众共治的绿色发展行动体系。④国内责任和国际责任共同担当。将建设绿色家园视为全人类的共同梦想,在建设美丽中国的同时,积极承担与我国基本国情、发展阶段和实际能力相符的国际义务,大力推动全球绿色发展合作,向世界输送更多绿色发展先进理念、技术和公共产品。

绿色金融实际上是绿色发展观在金融层面的落实和具体化,即绿色发展观是绿色金融的价值导向和基本精神,而绿色金融是绿色发展观在金融领域的延伸与展开。绿色金融在新时期的价值取向表现为绿色发展观。习近平总书记深刻指出:"绿色发展,就其要义来讲,是要解决好人与自然和谐共生问题。人类发展活动必须尊重自然、顺应自然、保护自然,否则就会遭到大自然的报复,这个规律谁也无法抗拒。"绿色发展理念既有深厚的历史文化渊源,又科学把握了时代发展的新趋势,体现了历史智慧与现代文明的交融,对建设美丽中国、实现中华民族伟大复兴中国梦具有重大的理论意义和现实意义。有学者指出,绿色发展观的特征具体表现在以下四个方面。[①]

---

① 潘建瑞.绿色发展观对科学发展观的创新与发展[J].桂海论丛,2019,35(2):50-52.

第一,绿色发展观是中国传统生态观的创新性发展。中华民族有着深厚的文化传统,在绵延几千年的中华文化中,秉持"天人合一"精神的生态文明观前进。在中国传统生态思想中,天地万物被看作是一个统一的整体,人是天地万物的一部分。万物生存发展有其本质规律,天地自然是人类赖以生存的条件。《庄子·达生》说:"天地者,万物之父母也。"《管子·水地》说:"地者,万物之本原,诸生之根菀也。"这些质朴睿智的自然观,至今仍给人以深刻的警示和启迪。

中华文明积淀了丰富的生态智慧,我们的先人们早就认识到了生态环境的重要性,认识到了生态资源管理是国家与社会运行的重要保障。"子钓而不纲,弋不射宿""竭泽而渔,岂不获得?而明年无鱼;焚薮而田,岂不获得?而明年无兽",在告诫人们对自然要取之以时、取之有度。提出绿色发展理念,坚持节约资源和保护环境的基本国策,加快建设资源节约型、环境友好型社会,形成人与自然和谐发展的现代化建设新格局,无疑是对中国传统生态观的创造性转化和创新性发展。

第二,绿色发展观是马克思主义中国化的新境界。马克思主义认为,人是自然界的一部分,自然界"是我们人类(本身就是自然界的产物)赖以生长的基础"。在马克思的分析中,经济循环是与物质变换(生态循环)紧密地联系在一起的,而物质变换又与人类和自然之间的新陈代谢相互作用、相互联系。因此,如果人类盲目而不加节制地对待自然,这种"新陈代谢"就会发生断裂。

马克思主义的生态文明观回答了人与自然之间如何进行协调发展的问题,绿色发展理念进一步拓展了马克思主义生态文明观的理论视域:①绿色发展理念发展了马克思主义的生产力观点。习近平总书记指出:"纵观世界发展史,保护生态环境就是保护生产力,改善生态环境就是发展生产力。"他还强调,"要正确处理好经济发展同生态环境保护的关系,牢固树立保护生态环境就是保护生产力、改善生态环境就是发展生产力的理念",这些论断丰富和发展了马克思主义的生产力理论。②绿色发展理念阐明了绿色发展与经济发展的关系。长期以来,粗放式经济发展模式以增加生产要素和扩大生产规模来拉动经济发展,不可避免地造成了资源的过度消耗和对资源环境的破坏。然而,经济发展、GDP的增长,并不是我们追求的全部,我们还要注重社会进步、文明兴盛的指标,特别是人文指标、资源指标和环境指标。生态红线是国家生态安全的底线和生命线,不能突破。

正确处理好生态环境保护和发展的关系,是实现可持续发展的内在要求。习近平总书记强调,要"更加自觉地推动绿色发展、循环发展、低碳发展,决不以牺牲环境为代价去换取一时的经济增长"。要像保护眼睛一样保护生态环境,像对待生命一样对待生态环境,推动形成绿色发展方式和生活方式。既要金山银山,也要绿水青山,是绿色发展的内在要求。绿水青山和金山银山绝不是对立的,关键在人,关键在思路。要让绿水青山充分发挥经济社会效益。要树立正确发展思路,切实做到经济效益、社会效益、生态效益同步提升,实现百姓富、生态美有机统一。

绿色发展理念旨在突出经济社会与资源环境的协调发展和人的全面发展,是中国特色社会主义生态文明的必然选择,开辟了马克思主义中国化的新境界。

第三,绿色发展观包含着以人民为中心的深厚情怀。人民群众是历史的创造者。人的自由而全面的发展是马克思主义的重要命题,良好的自然生态环境和自然资源是其实现的条件和基础。正己治民,善政养民,合理利用自然资源,使人们生活富足,是我国悠久的政治文化传统。习近平总书记一再强调生态环境是民生的重要内容。"良好生态环境是最公平的公共产品,是最普惠的民生福祉。""建设生态文明,关系人民福祉,关乎民族未来。""环境就是民生,青山就是美丽,蓝天也是幸福。"这些话语回应了人民对良好生态环境的渴望和诉求,充分体现了建设生态文明与增进民生福祉的关系。

改革开放以来,我国经济发展取得历史性成就的同时,也积累了大量生态环境问题,特别是大气、水、土壤污染严重等问题,已成为全面建成小康社会的突出短板,成为人民群众反映强烈的突出问题。例如,各类环境污染呈高发态势成为民生之患、民心之痛。扭转环境恶化、提高环境质量是广大人民群众的热切期盼。对此,习近平总书记强调:要坚定推进绿色发展,推动自然资本大量增值,让良好生态环境成为人民生活的增长点、成为展现我国良好形象的发力点,让老百姓呼吸上新鲜的空气、喝上干净的水、吃上放心的食物、生活在宜居的环境中,切实感受到经济发展带来的实实在在的环境效益,让中华大地天更蓝、山更绿、水更清、环境更优美。

第四,绿色发展观是全球生态安全的责任担当的体现。建设生态文明关乎人类未来。习近平总书记指出,"人类历史就是一幅不同文明相互交流、互鉴、融合的宏伟画卷",人类文明是由世界各民族共同创造的,中国的发展对世界有着举足轻重的作用,绿色发展理念彰显了中国对全球生态安全的责任和担当。自20世纪90年代以来,以"气候谈判"为标志,绿色低碳发展成为国际大趋势。2008年,联合国环境署发出了《绿色倡议》,绿色发展和可持续发展成为当今世界的时代潮流。习近平总书记倡议,"国际社会应该携手同行,共谋全球生态文明建设之路,牢固树立尊重自然、顺应自然、保护自然的意识,坚持走绿色、低碳、循环、可持续发展之路"。在这方面,中国责无旁贷,将继续做出自己的贡献,走绿色发展道路,让资源节约、环境友好成为主流的生产生活方式。关于坚持绿色发展,党的十八届五中全会在提出"推进美丽中国建设"的同时,还提出要"为全球生态安全做出新贡献"。这是中国积极响应国际社会的绿色发展潮流的郑重承诺,表明将与各国一起,携手推进全球绿色、可持续发展,自觉对全球生态文明建设负起应有的责任。

绿色发展观是在破解生态难题、缓解生态危机、扭转生态发展方式的背景下提出的新发展观,是对科学发展观内容的丰富与发展。绿色发展观在科学发展观的基础上,在发展理念、发展方式、发展途径、发展制度等方面作出了更为深刻的阐述。[1] 绿色发展理念的提出,创造性地继承和发展了中国传统文化中的生态理念与历史智慧,体现了以人民为中心的发展思想,在尊重东西方文明的基础上,丰富和发展了马克思主义生态文明观,是当今马克思主义与中国历史智慧及当前中国实际相结合的理论创新,为我国未来发展指明了方向。[2]

---

[1] 潘建瑞.绿色发展观对科学发展观的创新与发展[J].桂海论丛,2019,35(2):50.
[2] 杨艳秋.准确把握绿色发展理念的要义[N].经济日报,2017-08-07.

第三章 绿色金融法律制度的现状和问题

第一节 绿色金融法律制度的现状

一、绿色金融在国外的发展与基本经验

可持续发展已经成为当今世界各国发展的共识。发展绿色产业,不仅可以有效解决当前世界范围内能源短缺的问题,而且对于各国在后金融危机时代中抢占绿色发展先机,形成持久的国际竞争力更具有决定性意义。因此,低碳、节能、减排等绿色产业的发展已成为决定各国经济产业升级和增长模式转变的关键所在。绿色产业往往是知识密集型和资本密集型产业,具有投资起点高、短期见效慢、对金融服务依赖性强等特点。因此,没有完善的绿色金融体制就无法实现绿色产业的快速发展。

从发达国家的发展历程来看,产业革命往往与金融创新相伴。自1973年石油危机以来,欧、美、日等发达国家和地区为了适应产业升级的需要,大力推进金融服务创新,形成了相对健全的激励机制与灵活的融资渠道,极大地促进了相关绿色技术的发展,形成了世界领先的核心竞争力。

日本早在40年前就设立了注册资本超过100亿美元的大型国有银行——日本政策投资银行。日本政策投资银行是不以营利为目的的国有综合政策金融机构,投融资方向集中于政府确定的政策性重点项目,不参与市场竞争,而是对日本经济社会发展有利的项目提供长期稳定的资金供给。日本政策投资银行于2004年4月开始实施促进环境友好经营融

资业务。该业务以支持减轻环境压力、促进企业环保投资为最终目标。在项目的实施过程中,该行通过自行开发的环境经营评价系统对申请环保贷款企业的环境绩效予以评分,根据评价结果,向环保方面表现优异的企业提供环保专项低息贷款,支持企业增加环保投入。在过去的40年间,日本政策投资银行累计投入环境治理的投融资额超过4万亿日元(包括其前身"日本开发银行"的投资额),投资方向基本集中于以环境治理为目的的硬件设施的固定资产投资。然而随着日本各企业末端治理投资高峰期的结束,企业的环保措施已由过去单纯的环保设备购入转向包括环境管理、全球温室效应防治等更广阔领域的积极消减环境负荷这一新阶段。为应对这种变化,日本政策投资银行开始向企业环境保护业务提供综合的资金。2004年日本政策投资银行提出以环境评级的方法确定投资对象,为环境友好企业提供切实的资金支持,即促进环境友好经营融资业务。该行通过对环境友好型大中型生产企业提供环保领域低息贷款,促进企业从被动的先污染后治理转向主动预防环境污染的现代企业环境管理体系。

促进环境友好经营融资业务的主要内容是:根据贷款目标企业的环境评级结果确定贷款对象及利率。低息贷款主要用于企业环境保护相关软硬件设备的购买及研发投入等。日本政策投资银行在收到企业的环保专项贷款申请后,将通过评级系统对申请企业进行环境评级,根据评级结果确定相应的贷款利率。在环境友好型企业评价方法方面,评价方法分别从经营活动、生产活动、环境对策三个角度设定了定性与定量两方面127个评价项目,其中一般性项目103项,加分项目24项。满分为250分,其中标准分数200分,附加分为50分。满分250分中120分以上为合格(中型企业为110分以上)。合格的企业会根据得分的高低被分成三个不同的档次,日本政策投资银行以此为依据,确定低息贷款的利率。评价系统针对不同的行业评价项目会有所差异,现行体系可对应13种不同行业。[1]

除自行向企业直接开展投融资活动外,日本政策投资银行绿色金融

---

[1] 常杪,杨亮,王世汶.日本政策投资银行的最新绿色金融实践[J].环境保护,2008(10):68.

实践的另一个做法是与商业银行合作,共同促进环境友好型企业行为。日本政策投资银行已经与三菱银行、兹贺银行、金泽信用金库、百十四银行、鹿儿岛银行、关西城市银行等多家日本金融机构建立合作关系,并已经多次成功实施以环境评级为基础、面向企业环境治理的联合融资项目。该行通过促进环境友好经营融资业务的实施,以低息环保贷款促进了企业加大在环保领域的投入,推动了绿色生产、绿色采购的发展,同时以更加优惠的利率逐步吸引企业在温室气体排放问题上作出具体改善承诺。此外,其评级标准中的考核项目与企业环境会计的内容息息相关,推动了企业在环境会计领域工作的有效开展,有利于企业环境会计体系的不断完善,提高企业环保信息的公信度、公开度。对企业而言,促进环境友好经营融资业务同样有着十分积极的意义。在这一体系下,重视环保问题的企业有更多的机会获得政府的贴息融资。此外,获得良好评级成绩的企业会得到来自各方的奖励与荣誉,提高企业形象能起到商业广告达不到的宣传效果,提升了企业无形资产的价值。在评级及确定贴息率过程中,评审专家会与企业进行充分的交流,可以为企业提供有益的建议,有利于企业优化现行的环保策略,提高工作效率。

日本政策投资银行通过促进环境友好经营融资业务的实施,加强了与商业银行的合作,更好地发挥政策银行的协调作用,为绿色金融的发展搭建了平台,促进了日本绿色金融事业的发展。

日本政策投资银行的实践对我国的政策性金融机构以及商业银行在开展绿色金融工作方面具有重要借鉴意义,主要体现在以下三个方面。

首先,实行绿色金融政策,应该多措并举,不能单一化、简单化。例如,不能仅仅以处罚、限制性内容为主,而缺乏鼓励性措施。运用金融手段遏制高耗能、高污染行业扩张,固然十分重要,但与此同时也应以积极的政策措施鼓励企业增加环保投入,为企业的环保项目融资提供便利。建立完整、系统的企业环境评级标准,完善相应体系,真正做到"奖罚结合"是制定绿色金融政策的当务之急。

其次,应努力推动全过程综合治理。促进环境友好经营融资业务体现出日本政策性银行已经从单纯末端治理开始转向范围更为广阔的全过程综合治理,日本的企业基本上已拥有相对完善的污染治理设施,在末端治理方面发挥政策性金融机构的优势。

最后,通过多种合作模式鼓励商业银行加入绿色金融行列是促进环境友好经营融资业务的另一个特点。日本政策投资银行通过与商业银行共享企业环境评级成果,调动商业银行对环保领域投入的积极性,扩大对环境友好企业的资金支持力度,同时协助商业银行规避由于企业环境问题带来的投资风险。

欧、美、日等国家和地区绿色金融实践丰富,根据其各自国家的具体需要,已经形成比较健全的绿色金融市场。除了日本的政策性绿色银行实践,欧洲银行业提出的彰显金融企业社会责任的"赤道银行"原则,突出市场自主性的气候倡议、组织绿色债券规则(CBS)等,均发挥着不可替代的作用。美国政府层面对绿色金融实践发展相对消极,但其发达的非政府环境保护组织(NGO)在绿色金融实践中发挥着重要作用。

我国金融业在绿色金融方面起步较晚,即使在绿色金融市场方面已经有了长足的发展,但在绿色金融制度构建方面还有许多具体工作与顶层设计需要完善。如何鼓励和要求银行业在业务发展过程中尽量体现环境保护、环境友好原则,如何更好地提供绿色信贷、限制或者拒绝对三高企业的贷款,如何制订更适应社会发展需求的绿色信贷政策,如何量化金融业自身经营对环境的影响,采用何种方式使金融资金的使用与环境保护有机结合,如何通过绿色金融创新产品为环境保护提供支持,如何制订详细环保计划加强环境保护,都是我国金融业在未来发展过程中应该关注的重点。

二、绿色金融在我国的制度建设

目前我国在绿色产业、绿色金融方面的发展实践仍不容乐观。世界银行研究指出,我国环境损失约占当年 GDP 总量的 3%,若不改变现有发展方式,未来将突破 13%。绿色产业发展需要大额资金的长线投入,因此,服务绿色产业发展的绿色金融就成为关键环节。

2016 年,中国人民银行等七部委联合发布的《关于构建绿色金融体系的指导意见》(以下简称《指导意见》)确立了我国绿色金融的基本制度体系,主要包括绿色信贷、绿色债券、绿色证券、绿色保险以及绿色基金五个方面。

（1）绿色信贷主要指银行等金融机构在进行贷款发放、授信服务等运营活动中要考虑资金使用的生态环境效益，将金融资源投向资源友好型、环境友好型的产业或项目，促进经济与生态效应双赢的实现。截至 2019 年 6 月末，我国 21 家主要银行绿色信贷余额为 10.6 万亿元，在各项贷款总余额中占 9.6%。由于绿色信贷有效地控制了环境风险，提升了企业和项目经营的可持续性，因此带来了较高的资产质量。银保监会统计显示，全国绿色信贷不良率仅为 0.41%，远低于同期各项贷款平均水平。

（2）绿色债券主要是指将节能环保、生态保护等产业的基础资产债券化、证券化，增加其流动性与安全性，从而促进金融资源向绿色产业集聚的一种绿色金融工具。中国人民银行在其发布的《中国绿色金融发展报告（2018）》中指出，2018 年，中国共发行绿色债券超过 2 800 亿元，绿色债券存量规模接近 6 000 亿元，居全球前列。

（3）绿色证券制度是以可持续发展理念为指导，综合运用行政、经济、社会、科技等多种手段，对证券市场各方参与主体的环境行为进行调整，引导证券市场发挥资本资产定价、资源配置和促进资本形成的功能，形成保护环境和高效利用资源相统一、经济社会发展和环境效益相统一、市场多元主体激励与约束相统一的公共政策制度与机制。绿色证券在我国目前主要包括上市公司环境信息披露、上市公司环境绩效评估等绿色信息披露制度以及绿色股票指数等。

（4）绿色保险主要是指环境污染责任保险、巨灾保险等以污染防治、生态环境修复为保险对象的险种和相关制度。环境污染责任保险已经由前期试点扩展到全国，截至 2019 年 8 月末，保险业累计为 3 700 多个首台首套重大技术装备项目提供风险保障超过 5 000 亿元。

（5）绿色基金是指由政府单独或者由政府与社会资金一起设立的，专门为绿色产业发展提供金融支持绿色产业发展基金。我国的绿色基金目前在大发展的初期，主要有中央政府设立的"中国清洁发展机制基金"以及各省市设立的绿色产业基金。

现阶段我国绿色产业的投资主要依靠传统的国债模式和政府财政支持，这不仅无法从根本上解决环境资源的外部性问题，也无法满足竞争性绿色产业的发展需求。因此，在中国经济进入产业升级和增长模式转变的背景下，研究政府引导下的依靠市场机制调节的绿色金融创新机制具有重要的实践意义和理论价值。由于我国绿色金融的发展才刚刚起步，下阶段的主要工作是不断发展和完善我国的绿色激励机制，从制度上保证绿色金融的顺利进行。首先，要从宏观上制定我国绿色产业的发展规划，特别是关于绿色金融如何支持绿色产业发展的政策细则。针对不同行业的具体情况，提出不同行业的绿色融资指南原则、国家绿色金融的指导目录以及绿色标准审批机制。其次，针对我国目前绿色金融在具体操作中还没有统一规范的现状，可借鉴国际上通用的"赤道原则"，结合我国商业银行在绿色信贷方面的实践，建立符合我国国情的环境信用评级标准、政府贴息分级标准以及绿色信贷判别指标。绿色金融业务还要特别关注新兴环保项目以及相关的环保技术，从利率优惠和信用担保等方面，制定面向中小型企业的绿色环保项目金融激励手段与政府支持的制度安排。应通过差异化定价的方法引导资金投向新兴的环保项目和技术，从而有效地促进经济社会可持续发展。最后，为了更好地实现绿色金融对经济发展和环境保护的促进作用，国家应建立面向金融机构的环境风险评价指标体系和管理体系，设计出基于金融机构、中国人民银行征信系统以及国家生态环境部等部门的信息共享平台，以实现绿色金融资产全过程评价和风险监控，从制度上确保绿色金融的有效实施。

第二节　绿色金融法律制度构建中的问题梳理

一、绿色金融法律制度的个性化问题

（一）绿色金融实践的个性化探索

我国绿色金融制度的发展与实践仍处于摸索阶段，各地根据自身的产业发展状况与社会发展要求，在不断找寻适合自身需求的绿色金融发展路径，相应形成的绿色金融法律制度也表现出个性化、分散化的特征。

以沿黄河九省一市绿色金融发展情况为例,在2019年习近平总书记代表中央对黄河流域绿色发展提出明确要求之前,沿黄河各省市主要是根据自身区位特点进行特色化的产业建设,并相应开展各自的绿色金融活动。

作为生态环境保护压力较大的沿黄河省份,青海省在2013年2月就设立了"中国绿化基金会绿色青海专项基金"。该基金作为青海省生态保护和建设的筹集资金平台,采取社会宣传发动和政府引导相结合的劝募方式筹集资金,用于造林绿化生态建设。为加强绿色青海专项基金管理,保证专项基金使用效益,2014年3月,青海省政府还专门成立了"中国绿化基金会绿色青海专项基金"管理委员会,由副省长担任管理委员会主任。

2016年国家发展和改革委员会(简称"国家发改委")批复同意陕西省发展和改革委员会《关于陕西金融控股集团有限公司公开发行2016年绿色债券的请示》,许可陕西金融控股集团有限公司发行绿色债券不超过10亿元,所筹资金5.5亿元用于设立陕西绿色投资基金有限公司并投资于符合《绿色债券发行指引》支持的绿色项目,4.5亿元用于补充营运资金。

2018年7月5日,由山西国投运营公司、山西证券、漳泽电力等山西省属国企联合发起、总规模10亿元的山西国投绿色能源发展基金正式设立。这是山西省首支投向绿色发电项目的市场化产业基金。该绿色基金的设立改善了山西省新能源产业融资环境,为金融支持产业发展提供了示范。

2019年12月25日,甘肃省首支绿色生态产业发展基金——甘肃省绿色生态清洁生产产业发展基金正式设立。同时,该基金选择的首个投资项目正式签约。甘肃省绿色生态清洁生产产业发展基金的授牌运行,有效缓解了甘肃省清洁生产产业发展资金缺口大、融资困难等实际问题。

2019年11月12日,河南省由省财政统筹整合资金,吸引省辖市、社会资本参与,设立河南省绿色发展基金,该基金规模160亿元,带动银行等金融机构以债权方式支持不低于640亿元,形成不高于800亿元的投资规模。基金首期规模35亿元,其中,省财政出资5亿元,河南省农业综合开发公司筹集5亿元,相关省辖市出资5亿元,子基金规模不低于20亿元。基金设立后,与有关金融机构通过投贷联动形式合作,带动银行贷款不低于140亿元,形成不低于175亿元的总投资规模。

2019年年末,山东省绿色发展基金设立。该基金由绿色气候基金(GCF)出资1亿美元,支持亚洲开发银行(亚行)在山东的项目。按照计划,山东省绿色发展基金总规模将达100亿元人民币,一期规模17亿元。其中,亚行贷款1亿美元,是由财政部代表国家统一等借、山东省财政厅提供担保的主权外债,期限为20年(宽限期为15年),这也成为全国首支在省级层面利用国际金融组织贷款设立的绿色基金。

(二)分散化的绿色金融法律制度及其问题

沿黄河流域各省市绿色金融法律制度的发展是我国绿色金融法律制度整体面貌的一个缩影,即主要结合自身的区域产业发展定位,有针对性地发展绿色金融事业,整体呈现分散化的特征。这种分散化有其历史必然性与合理性,但总体来看,还存在以下问题。

1. 局部性的绿色金融体系尚待完善

我国绿色金融起步相对较晚,有关绿色金融的法律法规还不健全,绿色金融政策与规则在实践中缺乏标准性和可操作性,远不能满足需求,包括沿黄河流域各省市在内的全国大部分地区均存在这种情况。由于绿色金融规范供给不足,许多本应得到扶持的绿色产业或项目不能得到相应优惠和支持。例如,高耗能企业向低耗能环保型企业转型过程中,企业的成本会大幅上升,但是由于操作性规范缺失,税收减免、政府财政补贴以及金融优惠、利息减免等并不能有效跟进。另外,绿色金融政策宣传传播不到位,也会导致绿色产业、项目不能充分获取银行等金融机构的支持,从而进一步增加金融风险,抑制了市场参与者的积极性。

2. 区域性绿色金融产品创新不足

以沿黄河流域为例,当前沿黄河流域的绿色金融市场,主要是绿色基金,还有少部分绿色信贷、绿色保险以及绿色证券,绿色信贷也以低附加值产品及支持国家的节能减排政策为主。非银行机构对绿色金融的参与度较低,所提供的绿色金融服务较为单一。例如,山西省的绿色融资主要集中用在省内生物质发电产业,青海省的绿色融资主要用于绿色能源、资源循环利用,绿色证券、绿色保险等亟待加强。

3. 绿色金融创新人才不足

目前,我国绿色金融整体呈现人才匮乏的状态,特别是经济社会发展相对后进的地区。以沿黄河流域为例,沿黄河各省市主要地处我国中西部乃至西北地区,经济文化各方面发展较为落后,导致沿黄河流域对人才吸引力不足,专业高素质人才更加集中流向政治、文化、经济大省,而且本地人才也更加集中流向东部地区,从而更加造成了当地人才的缺失。绿色金融发展晚于其他发达地区,仍处在探索模仿阶段,银行等金融机构专业绿色金融人才储备不足,从而导致创新管理不足,绿色金融业务进行过程中容易受阻。

4. 全面的环境信息共享机制缺失

随着生态环境信息开放共享意识的不断加强,生态环境信息开放共享已成为当今跨区域生态环境治理的趋势。但是,在整体范围内的信息开放共享标准、内容、机制等方面仍存在较多争议,开放共享机制缺失。受属地管理模式的影响,信息开放共享流于形式,侧重对本地区内的有效开放与共享。在跨大江大河流域行政区范围内,开放共享的广度与深度仍有较大提升空间。有些部门自身定位与整体目标相背离,认为生态环境信息开放共享会损害自身的既得利益,会减少自己手中的权力,开放共享意识较差,阻碍了生态环境信息开放共享的进程。另外,一些政府机构利用其掌握的大量生态环境信息牟利,信息垄断所带来的高回报成为信息开放共享共识难以达成的巨大障碍。此外,部分地方政府还存在生态环境信息瞒报、漏报以及失真的问题。

跨系统、跨行业的政府部门之间的横向信息开放共享是生态环境信息资源开放共享目标实现的关键,是开展协同治理的基础,但由于信息开放共享机制的制约,生态环境信息开放共享难以深入。

5. 绿色金融没有统一的监管主体

绿色金融对于银行等金融机构而言是一个新的领域。国家关于绿色金融方面的政策法规还存在不全面、不充分的情况,与该领域相关的政策法规需要不断完善,在此期间容易出现金融监管不足以及空白区域。新领域的出现,使得监管人员自身知识储备不全,对绿色金融发展的认识也较为片面,从而使得银行等金融机构以及监管人员可能产生道德风险,实践中存在着"洗绿行为"。

二、绿色金融法律制度需要整合与理论积淀

(一)分散化的绿色金融法律制度需要整合

一叶知秋。从沿黄河流域绿色金融发展的现状可以看出,目前我国各地方的绿色产业与绿色金融发展在很大程度上还处于重点满足本地区绿色金融需要的分散化、个别化建设阶段,因此形成的绿色金融法律制度表现出相对碎片化、无序化的状态,亟须从整体的角度、社会经济综合发展的视角进行全面的整合。

通过一系列政策、制度安排和相关基础设施,构建绿色金融体系,引导社会资本投入绿色产业,不仅能创造新的经济增长点,提升经济增长潜力,而且有助于加速经济结构的绿色转型,从而达到稳增长和调结构的双重目标。此外,构建绿色金融体系有助于加速产业结构、能源结构和交通运输结构的绿色转型,提升经济的技术含量。绿色金融体系通过改变不同类型项目的融资成本与可获得性,引导社会资本逐步进入环保和低污染的服务型行业,将有助于缓解我国产业结构"过重"问题。多数清洁技术、节能技术、新能源技术和相关的设备制造与服务业属于高科技产业,通过绿色金融支持这些产业的发展也符合转方式、调结构的要求。近年来,有关部门在引导绿色信贷方面做了许多卓有成效的工作,但关于建立绿色金融体系的努力还停留在碎片化状态,我国亟须建立推动绿色金融体系发展的总体思路和政策框架①,将绿色金融法律制度整合起来。

绿色金融法律制度的整合是指增强现存及未来的各项绿色金融制度之间的有机联系,增加一致性、统一性和聚合性,减少制度之间的矛盾和冲突,增进整个制度体系的整体性、协调性和有效性,从而达到实现绿色产业发展,强化环境生态保护,提高国家与社会治理效率和水平,推进绿色金融治理体系和治理能力现代化的目标。绿色金融制度整合需要对既

---

① 马骏.加快构建绿色金融体系[N].人民日报,2015-05-18.

有的制度体系进行评估、诊断、审视,再进一步集成、创造、发展和落实。绿色金融制度整合是回溯性的过程,是检视制度有效性、正当性与合理性的过程,是发现和处理既有问题的过程,更是具有前瞻性、规划性、预见性的过程。绿色金融制度整合有助于减少制度缝隙,提高各项绿色金融制度的衔接能力和匹配程度,使之能够更好地发挥应有的效能和功用。绿色金融制度整合还是制度优化和扬弃的过程,即对不同时期所制定的制度进行筛选、鉴别,以决定哪些制度可以存留、哪些制度应该淘汰以及哪些新的制度应该及时构建等。绿色金融制度整合需要突出问题意识,凝聚共识,明确绿色金融的价值和目标导向。

绿色金融法律制度的整合范围包括体系内整合与体系外整合两个方面。随着社会的发展,一些过去的制度不能满足现在的要求,整个制度体系内部的矛盾逐渐显现,难以适应绿色金融的现实需要,更新换代已成时代所需。当今中国的利益分化、阶层分化和观念分化日益复杂,并对现有的绿色金融法律制度体系提出了新的挑战和要求,从而产生了更强烈的制度变革需求,这就要求绿色金融法律制度整合必须反映整个社会环境的变化,及时进行体系外整合,以增强制度的适应性、包容性和开放性。

(二)绿色金融法律制度缺乏理论积淀

如何总结能够宏观指导整体绿色金融实践的法学理论,如何与既有的法律制度与理论体系相衔接,如何建立一个追踪国际绿色金融现金制度与经验,并不断检视自身实践经验与不足的理论体系,都是摆在绿色金融法律工作者面前的急迫任务。

虽然学者们对绿色金融的内涵存在分歧,但大部分学者认同绿色金融是指金融部门把环境保护作为一项基本政策,在投融资的决策过程中要考虑潜在的环境影响,把与环境条件相关的潜在的回报、风险和成本都融入金融部门的日常业务中,在金融经营活动中注重对生态环境的保护及环境污染的治理,通过对社会经济资源的引导,促进社会的可持续发展。绿色金融的核心是将自然资源存量或人类经济活动造成的自然资源损耗和环境损失,通过评估测算的方法,用环境价值量或经济价值量进行计量,并运用于金融资源配置、金融活动评价领域。

总体来说,绿色金融法律制度的理论积淀仍需要进一步加强,需要对绿色信贷、绿色保险、绿色基金与绿色证券实践中发现的问题进行归纳与总结,在充分调研的基础上提出针对性、适应性与可操作的建议,以便能跟上我国绿色金融快速发展的步伐,为绿色金融的完善提供指引。

第三节 厘清绿色金融制度的运行模式

一、行政控制的绿色金融模式

中国国内的绿色金融制度体系的产生与发展是一个自上而下的政府主导的变迁过程,具体表现为,绿色金融市场的各个监管主体通过发布规范性意见、规章、联合指导意见等正式法律文件的方式来逐步推出绿色金融市场规则。在这个过程中,行政主管机关对规则的形成起到了主要作用,绿色金融的各个市场主体和社会组织的作用相对次要和被动。这种模式显著区别于国际绿色金融市场中那种投资者、交易所、中介机构、社会组织、各个评级机构等合力推动规则形成的自下而上的市场主导型的制度形成与完善过程。

从结果上看,监管者主导的规则的大量出现大幅推动了绿色金融市场的发展,使中国在很短时间内逐步成为世界绿色金融市场的主要力量。以绿色债券市场为例,2016年中国绿色债券市场的规模已经是世界第一。由于中国并不存在类似国际绿色债权市场那样的市场和社会环境,责任投资理念的影响还不深入,各类社会组织和中介机构的参与度较为有限。在这样的背景下,行政驱动型的绿色债券发展市场就顺理成章了。中国的各个主管部门相继出台了一系列规章、制度文件,为绿色债券市场的发展提供了框架性依据和规则。这种发展模式就是典型的强制性制度变迁的过程。这种强制性制度变迁的深层次原因是国家发展战略的巨大转变。自党的十八大将生态文明提高到统筹推进"五位一体"总体布局的高度后,生态友好、环境保护这一公共政策目标在中国政治体系中提升到空前的地位,受到高度重视。在此背景下,环境保护的各项法规不断更新,环境保护执法更加严格,市场主体面临的环境压力日渐加大。全国范围掀起的环境保护浪潮带来了绿色产业的迅速发展和绿色投资需求的大幅增加。受此影响，国内的绿色金融市场得到了进一步发展。绿色债券等绿色金融市场在中国的迅速发展离不开特定政治环境的支持。这种支持不仅通过具体的法律规范表现出来，也潜移默化地通过党和国家对绿色金融市场及其参与者的影响力体现出来。

绿色保险、绿色发展基金、绿色股票指数等众多绿色金融工具在中国绿色金融市场中表现出令人称奇的发展速度，其根本原因在于当下中国金融市场的不完全转型。中国金融市场的规则体系并非一种内生的自发秩序，而是带有外源诱致、国家主导色彩。与国外的金融市场相比，中国金融市场发行绿色金融工具的首要前提是获得监管部门的许可，符合各个监管法律文件所设定的条件，这在某种程度上可被看作是一个政治过程，而非纯粹是一个投资者自由选择和自主风险判断的市场过程。以债券发行为例，在债券发行活动的市场化程度有限的条件下，监管部门对发债活动保留了很大的行政干预权力，一家企业能否成功、及时、充分地在金融市场上通过发债来筹集资金，不仅取决于投资者的认可程度，很大程度上还受限于政府的行为，而事实上影响政府行为的因素是多样的，法律标准只是其中一个因素而已。因此，在绿色债券这一由国外引入的金融创新产品得到中国各个监管部门的认可并自下而上地在政治层面和政策层面上获得了大力支持的情况下，我国的债权市场似乎找到了一个市场化程度更高的机制出口。从这层意义上说，绿色债券在中国的意义不仅关乎环境、气候、可持续发展，而且是拓展金融市场广度和深度的促进力量。中国绿色债券等绿色金融市场的兴起是市场和非市场力量共同作用的结果，但无可置疑的是，绿色金融市场的作用力很大一部分来自公共部门而非仅市场层面。

2015年9月，党中央、国务院印发的《生态文明体制改革总体方案》第45条就提出"建立绿色金融体系"；2016年3月，全国人大通过的"十三五"规划纲要要求"建立绿色金融体系，发展绿色信贷、绿色债券，设立绿色发展基金"；2016年8月底，党中央"深改组"第二十七次会议明确："发展绿色金融，是实现绿色发展的重要措施，也是供给侧结构性改革的重要内容。"在此期间，中国人民银行、国家发展改革委等多部委先后单独或联合出台多个公告、指导意见,推动绿色金融的发展。

绿色金融的发展面临许多挑战,包括环境外部性内部化所面临的困难、期限错配、缺乏对绿色的清晰定义、信息不对称和分析能力缺失等,但毋庸置疑的是,金融作为现代经济的核心,通过信贷、投融资等具体方式,是能够引导社会资源流向,从而推动绿色发展的政策进程和实际功效的。从现实看,世界经济的持续低迷、传统能源的不可再生性、对改善生态环境的考量,都迫切需要在资源配置上既要有效率,又要符合人类社会可持续发展的长远目标。就此而言,绿色金融其实是以经济结构调整和增长方式转换为主题的"根本性转型"的必然。对金融机构而言,绿色金融既是风险管控的要求,也是社会责任的体现。国外学者的实证研究发现,投资的财务绩效与纳入考虑的环境与社会风险因素数量呈 U 形关系,在一定阶段,投资决策考虑的环境与社会风险指标越多,投资收益上升趋势越显著。换言之,在人们越来越重视环境安全的今天,任何金融机构在审视特定贷款和投资的可行性时,都不能忽视潜在的"绿色"风险。从可持续发展的宏观视角来看,绿色金融要求金融机构完善以风险管控为核心的公司治理,但最终指向是社会发展格局的转换。绿色金融可能面对的挑战包括:①资金上,在公共资金有限的情况下,如何通过金融杠杆有效地动员社会资本。②监管上,在通过绿色贷款、绿色债券等形式进行机制体制创新的同时,如何实现有效监管以解决外部性、期限错配、信息不对称等问题。③协调上,在国家和地区发展不均衡的情况下,如何推进能力建设、绿色投资者的网络建设等国际合作。回应这些挑战,都需要本国乃至全球治理模式的进一步完善。

过去几年里,我们通过政府主导,系统化地推进绿色金融制度建设、市场和工具创新,为新兴市场和发展中国家提供了重要的示范。接下来重要的事情是在立法约束、政策激励和金融体系建设上持续努力,唯此才能让金融成为绿色发展的指挥棒。[①]

二、企业自发创造的绿色金融市场

整体上看,世界绿色金融市场的形成和壮大主要是金融市场各主体

---

① 子长.全面理解绿色金融[N].南方日报,2016-09-07.

以及各类社会组织自发推动的结果,包括绿色债券、绿色信贷、绿色保险、绿色基金等概莫能外。绿色债券是其中的代表,其发行、认证、评级、信息披露、自律监管等相关规则的生成,都是各金融市场主体互动作用的结果。首先,在绿色债券的发行标准上,当前最有影响力的两种规则是国际资本市场协会制定的绿色债券原则(GBP)与气候债券倡议组织制定的气候债券标准(CBS)。其次,在绿色债券市场规则的形成过程中,社会组织扮演着重要的角色。因为绿色债券的环境友好效应,投资者会接受相对于普通债券而言较低的利率,绿色债券的发行人也因此能够以较低的成本筹集资金。但由于普通的绿色债券投资者本身并不具备对绿色债券的评估能力,为了防止"洗绿"行为(即为普通债券贴上绿色的标签)的发生,就需要专业绿色评级机构以独立第三方的身份对绿色债券进行评估、认证和评级,进而自发地形成了一套有效的市场监督与约束体系。多数情况下,绿色债券的发行人会选择某家具有公信力的第三方机构对绿色项目进行评定并发表独立意见和进行独立认证。总体而言,在国际金融市场上,尽管并不存在强制性的法律或监管规则去监督绿色债券发行人的行为,但由于市场自发约束机制的压力,为了提升绿色债券的信用水平并吸引更多的投资者,绿色债券的发行人普遍会自愿邀请中介机构在市场上扮演监督者的角色,并进一步拓展和细化绿色债权市场的规则体系。再次,世界各大证券交易所也在绿色债券市场规则的形成和演变中发挥了积极的作用。最后,绿色债券市场的快速发展及其规则的形成离不开投资者的积极参与。在这个过程中,金融市场投资者的投资需求不仅是获得资本回报,还要求建立投资者自身"负责任投资者"的社会形象。

三、基于国家的引导而产生的绿色金融行为

国家引导绿色金融的尝试已经在我国多地展开。浙江银监局引导银行业探索形成绿色金融的浙江模式。该模式的特点包括:①立足"五水共治"的绿色银团模式。针对水资源治理项目融资金额大、期限长、利率低等特点,探索形成"五水共治"绿色银团贷款模式。②培育特色小镇的绿色基金模式。自2016年以来,浙江银行业对接49个特色小镇,提供资金172亿元,支持5 751户创客。③建设美丽乡村的综合授信模式。例如,

浙江银行机构提供 6.3 亿元信贷资金,支持安吉特色文化村和旅游村修缮,8 万农户从中受益,促使绿水青山变成金山银山。④针对循环经济的绿色直融模式。拓宽循环经济企业融资渠道,降低融资成本,推动全国首单绿色企业债券落地浙江。⑤助推机器换人的绿色租赁模式。加大融资租赁服务力度,实行厂商租赁、售后回租等模式,支持以机器换人的企业进行技术改造。

  为了建立健全绿色金融激励约束机制,浙江银监局搭建了一个平台,建立了三项机制。一个平台是信息平台,即与省环保厅合作建立绿色信贷信息共享平台,帮助银行获取企业环境行为信息。三项机制包括:①建立试点改革机制。在湖州、丽水、衢州等地实施绿色金融试点改革,推动绿色金融组织架构创新,开展绿色金融产品和服务创新。②构建统计监测机制。建立健全绿色信贷监测机制,设置绿色领域、绿色风险、绿色信贷、绿色运营 4 个维度 308 个指标,融入生态旅游、"五水共治"等地方特色性指标,做到绿色金融进展和成效心中有数。③建立监管评级机制。在湖州开展试点,建立绿色银行监管评级体系,将绿色金融评级结果与监管评级、机构准入、高管人员履职评价、绿色金融债发行等挂钩。①

  作为国有政策性银行,中国进出口银行不遗余力地支持绿色发展。②2018 年,中国进出口银行绿色信贷余额突破 1 000 亿元,5 年增加近 800 亿元,增长率超过 300%,年均增长率超过 60%,远超同期该行信贷平均增长率。中国进出口银行相关负责人表示,中国进出口银行向"绿色"倾斜的力度正不断加大。下一步,中国进出口银行还将重点围绕国际经济合作和开放型经济转型升级两个领域,为企业提供更具针对性和适应性的绿色金融服务,真正让绿色金融理念成就绿色发展。

  2018 年,一批由我国制造的新一代超大型 40 万吨矿砂船陆续下水、出海。资料显示,该船能远航 2.55 万海里,装卸速度是一般船舶的两倍。新一代矿砂船在环保方面的表现更为突出,每天能节省 20 吨燃油,排放

---

① 熊涛.探索绿色金融模式[EB/OL].[2017-06-13]. http://orig.cssn.cn/dzyx/dzyx_llsj/201706/t20170613_3547648.shtml.
② 金欣轩.让绿色金融理念成就绿色发展[N].人民日报,2018-02-13.

的废气不含硫氧化物。秋冬季节,当一些农民依然选择焚烧秸秆时,湖南益阳、双峰,安徽霍山、宣城等地的稻壳、秸秆农业废弃物已经变为生物质发电的燃料。这些燃料不仅在这些地区产生了良好的环境效益,还为当地农民创造了增收和就业机会。这些项目背后都有中国进出口银行的融资支持。当绿色交通发展成为支撑国家生态环境根本好转的有力抓手、当清洁能源建设即将成为能源供应的重要保障,中国进出口银行充分履行了让"天更蓝、水更绿、空气更清新"的责任担当。中国进出口银行绿色信贷余额突破1 000亿元的背后,是多达400个绿色信贷项目。经独立第三方评估机构测算,这些项目合计减少标准煤使用量约748万吨,二氧化碳减排量约2 767万吨。这相当于北京7万辆出租车15年的碳排放量,环保效益和社会效益非常显著。

在大力发展绿色信贷的同时,中国进出口银行还注意严控产能过剩行业授信,对每一个产能过剩行业制定专门的授信政策,实行严格的限额和名单制管理,钢铁行业余额和集中度已连续三年实现"双下降"。

在支持企业"走出去"、助力"一带一路"建设、开展国际产能合作等项目实施中,中国进出口银行始终积极贯彻绿色发展理念,助推中国企业履行绿色社会责任,促进全球经济可持续发展。在埃塞俄比亚,由中国进出口银行支持的阿达玛风电项目,是第一个采用中国资金、技术、标准、设备、设计、施工、咨询和运营管理服务整体出口的风电总承包项目,不仅助推了中国绿色企业全链条"走出去",也提升了埃塞俄比亚利用清洁能源的能力,帮助其发展低碳产业,保护生态环境。同样是在中国进出口银行的支持下,巴基斯坦旁遮普省900兆瓦光伏地面电站项目已实现并网发电。作为全球规模最大的单体太阳能发电项目,该电站每年可为巴基斯坦旁遮普省提供清洁电力12.6亿千瓦时,将极大地缓解当地电力紧缺现状。

积极发展绿色信贷和绿色债券,也是绿色金融的重要内容。中国进出口银行已根据自身业务特点,建立了以转贷款、节能环保贷款、转型升级贷款、传统优势信贷产品为核心的绿色信贷产品体系。这些产品既支持传统产业升级换代,让"老树结新果",又着力培育支持战略性新兴产业发展,让"新芽长成大树"。

在支持开放型经济转型升级领域,中国进出口银行将进一步把支持链条延伸到与提高出口产品质量、"走出去"项目附加值、技术含量、能效环保标准等相关的研发、制造和服务等全链条环节,着力在经济结构调整、转型升级、科技创新、绿色发展,特别是供给侧结构性改革等领域提供金融产品和服务。

第四节 确定绿色金融的法律调整手段

一、国家干预

国家干预的内在逻辑表现为干预主体、干预目标、干预手段、干预边界、干预责任5个方面。[1] 国家干预容易面临的一个困境是政府自身的低效和腐败现象的滋生,原因是它承担了过多的社会职能和经济职能。[2] 市场功能从狭义上讲是市场机制功能的同义词,市场功能表现在联系功能、产品选择功能、收入分配功能、信息传导功能、刺激功能、结构调整功能、技术进步的促进功能、总量平衡功能、提高政府调节效率的功能、促进经济发展的功能、发展对外贸易的功能等方面。众所周知,市场机制功能的实现是各综合因素的集合,它离不开健全的市场体系和良好的市场秩序,然而在市场体系的形成过程中,除了市场调节的正效应,还有负效应,即市场的道德风险。市场的道德风险远非国家干预的宏观调整所能涵盖,因此,必须对国家干预进行微观重构,在市场层面上的表现之一就是对市场功能进行整合。从国家干预的角度讲,市场的功能整合所确立的路径应当是在确保市场的信息传导功能和产品选择功能的基础上,一方面能充分发挥市场的联系功能、刺激功能,从而为技术进步的促进功能和发展对外贸易的功能创造条件;另一方面也保证总量平衡功能、结构调整功能和收入分配功能的有效发挥,进而提高政府调节效率的功能,最终促进经

---

[1] 甘强.经济法中的国家干预:基于法律文本的实证考察[J].现代法学,2013,35(5):69.
[2] 李昌麒,张波.论经济法的国家干预观与市场调节观:对国家与市场分析范式的一种解读[J].甘肃社会科学,2006(4):7.

济的全面发展和社会的整体进步。①

环境"外部性"的均衡化需要国家干预。环境问题产生的经济学理论基础更多地依赖"外部不经济理论",又称为"外部性"理论,是指在实际经济活动中,当一个个体的行为给其他不相关当事人带来成本或者利益,但是该个体在作出决定时并没有将这些外部影响考虑进去时,外部性就产生了。外部性有两种:一种是外在经济,这是好的、积极的影响;另一种是外在不经济,即是坏的、消极的影响,亦称为负外部性。这两种形态在环境领域都有突出的表现:一方面是个人对环境保护所作出的积极行为,如植树造林、荒漠治理等;另一方面则是受到广泛关注的环境负外部性问题,突出地表现为环境污染和环境破坏。经济学上对环境外部性的处理在于实现"纳什均衡",即在环境行为者(包括环境保护者、环境污染者或环境破坏者)与社会公共相对方之间形成最优的利益配置状态。因此,为了鼓励环境正外部性行为,政府应当建立和完善环境保护激励机制;为了防止和减少环境污染或破坏行为,政府则应当将其溢出成本内部化,采取一系列成本内化的制度和措施。无论是正外部性还是负外部性,环境"外部性"的均衡化都需要国家干预。②

就国家与经济、金融之间的关系而言,不仅是中国,整个东亚地区经济的共同特点均是国家和政府在经济中扮演了一个重要角色。各国政府都在经济发展和工业化过程中实施了广泛的宏观调控并直接干预资源的配置。这一点与西方的新古典主义的发展理论截然不同。新古典派认为,在经济生活中,市场历来就是有效的,而政府却总是无效的,帕累托最优的资源配置能够而且只能在市场中实现,因此,政府不应对经济干预太多,最好的经济政策就是没有经济政策。不过市场并不像新古典派认为的那么完美和有效。斯蒂格里茨指出,市场要有效,就必须要求市场中的信息是充分的,并且存在一个完全竞争的由无数个市场构成的市场体系。现实中,信息往往并不充分,市场体系也往往不完善,即存在着市场失灵,这时市场可能完全无效。斯蒂格里茨与其他学者研究发现,当信息不充

---

① 李昌麒,张波.论经济法的国家干预观与市场调节观:对国家与市场分析范式的一种解读[J].甘肃社会科学,2006(4):8.
② 张辉."国家干预"手段重构与环境法变革[J].西南政法大学学报,2012,14(6):61-72.

分或市场不完善时,政府可以并且能够对市场进行干预,修正市场失灵,从而增进个人和社会福利。东亚各国也在实践中证明了斯蒂格里茨这一观点。除了日本和中国香港,东亚几乎都是从殖民或半殖民地解放、国内经济薄弱、没有市场基础的条件下发展起来的。在这种条件下,想要通过市场起作用,迅速地跟上世界经济的发展,几乎是难以实现的。要想发展经济,就必须走出一条新的路子。因而东亚各国不约而同地建立了国家引导型发展的模式。这些国家在推动东亚经济的发展中功不可没,这是一个处于发展的初级阶段的经济的最优选择。但是,政府过多干预经济的弊端也在东亚各国越来越多地呈现出来,人们也重新审视和反思东亚的国家引导型发展模式,提出了改革政府、市场、经济三者之间关系的看法。

现阶段我国引导和发展绿色金融,可以尝试一些已经得到实践检验、比较行之有效的做法。

第一,可以尝试改变传统的评价指标体系,将绿色成本、收益量化后纳入总决算。早在1995年,世界银行就将环境因素纳入了国民经济核算体系,提出用绿色GDP来衡量一个国家和地区的真实国民财富。当今包括我国在内的世界各国怎样计算、评估环境生态破坏、资源破坏所造成的直接经济损失,怎样计算环境保护、治理污染等所必须支付的投资,都已积累了初步的环境影响评价经验与数据,形成了一套初步可行的测量、评估、计算方法。金融业可以参考与借鉴这种做法,即在现有的会计核算指标中加入环境参数等指标。例如,在确定贷款与否以及贷款额度时,引进这一参数;在制定贷款利率时,可实行优惠利率与差别利率政策,即对有利于节约资源、环境保护的项目给予低利率贷款,而对有悖于可持续发展的项目则实行高利率,以抑制其发展等。

第二,充分发挥现有金融机构的作用。通过窗口指导和再贴现、再贷款利率优惠、税收优惠等政策,倡导金融机构注重长远利益,将资金投入农田水利、退耕还林还草、江河治理、"三废"治理等环保项目中,用于发展绿色产业,重新营造健康的生态环境。目前,农村的生态环境破坏日益严重,过量使用农药、化肥带来的污染已成为我国最大的污染源。农民既是生态环境的破坏者,也是生态建设最广泛的参与者。基于此种考虑,建议由农村信用社在满足社员资金需求后,将富余的资金低息贷给农户,用于发展绿色农业,亏损部分可考虑给予财政贴息或实行税收优惠、再贷款利率优惠等予以弥补。监管机构可考虑让金融机构增加一项"绿色融资"业务,即对低能耗、低污染或者无污染的产业通过价格、利率等杠杆予以优惠和扶持,鼓励绿色产品的生产和开发。

第三,中国经济发达的地区还可仿效德国和波兰等国的做法,成立专门的绿色银行,负责环保项目的投资。

第四,创新发行"绿色债券""绿色基金"、环保彩票等多种金融工具,引导资金流向绿色产业。目前,我国证券市场的主要矛盾之一是投资品种过于单一,广大投资者急需新的投资渠道。另外,维护代际公平的理念已被社会公众普遍接受,人类越来越关心子孙后代的利益,因此,利用直接融资工具筹集资金不仅成为必需的,也是可行的。[①]

以20世纪70年代以来,发达国家对家庭能源节约的直接干预为例,学者们将干预政策分为两类:事前策略与事后策略。[②] 事前策略主要包括设定目标、提供相关信息、设立样板和进行承诺诱导等;事后策略主要有对家庭行为的奖惩等反馈措施。研究结果表明,设定目标、诱导承诺、提供信息、经济激励、结果反馈等干预政策都可以帮助家庭节约能源,削减碳排放,但它们的成本和收益不尽一致。相对来说,大众化信息传播教育效用较小,但成本也更低。小众化信息传播在某种程度上有效且成本较低。强化技术在引导家庭行为变革的短期改变上显得较有效,但其成本可能也较高。[③]

二、市场手段

"如存在市场失灵一样,也存在政府失灵:当政府行动不能改善经济效率或者当政府不公正地进行收入再分配时,政府失灵就会发生。政府

[①] 熊学萍.传统金融向绿色金融转变的若干思考[J].生态经济,2004(11):62.
[②] ABRAHAMSE W, STEG L, VLEK C, et al. A Review of Intervention Studies Aimed at Household Energy Conservation[J].Journal of Environmental Psychology,2005,25(3):273-291.
[③] 王建明,李颖灏.削减家庭直接碳排放的干预政策及其实施效应:发达国家的相关实验研究述评[J].财经论丛,2012(5):114.

失灵的两个重要来源是官僚性的职业需要和目光短浅。"①

在完善竞争的市场条件下,如果一个企业的生产或者经营活动对其他企业产生积极或者消极的影响,这种影响能够通过该企业的经济效益表现出来。然而,我国当前的市场是不完善的,企业的生产成本和收益往往存在着不合理的差距。以同一市场上保护环境和污染环境的企业为例,保护环境的企业因为生产成本高和价格高,在市场上处于不利地位。相反,污染环境的企业虽然对其他企业以及对整个社会造成不良影响,但是因为生产成本低,在竞争中反而有着不合理的优势地位。市场的不完善对市场上活动的企业来说就是一种不公平,在这种情况下,国家就应当通过环境保护法律制度对市场进行干预。

在市场经济条件下,国家干预的手段是多元的,其中既包括国家和市场自身的工具性因素,也包括其他相关的政治、经济、法律等制度,其目的当然脱离不开法治的基本理念,其手段实现也不应脱离市场语境。由此可知,国家干预手段的实现与法治的国家观和市场观息息相关,而国家干预手段有效实现的前提是法治国家观的更新,法治国家观更新的内在要求之一就是国家干预的市场化选择,该选择也为国家职能的转变和创新提出了相应要求。基于此,国家干预手段的市场化趋向也应运而生,国家干预手段的市场化趋向为国家和市场关系的融合和深化提供了便利,这也带动了法治国家观的更新和市场观的强化,进而在国家与市场之间确立了一种有效的信任机制。国家作为社会最重要的主导力量,它的行动对公众的信念有巨大的影响力。

经过二十多年的实践,我国社会主义市场经济体制已经初步建立,但仍存在不少问题,主要是市场秩序不规范,以不正当手段谋取经济利益的现象广泛存在;生产要素市场发展滞后,要素闲置和大量有效需求得不到满足的情况并存;市场规则不统一,部门保护主义和地方保护主义大量存在;市场竞争不充分,阻碍优胜劣汰和结构调整等。没有解决好这些问题,完善的社会主义市场经济体制是难以形成的。

---

① 保罗·A.萨缪尔森,威廉·D.诺德豪斯.经济学[M].10版.北京:北京经济学院出版社,1996:567.

进一步处理好政府与市场的关系,实际上就是要处理好在资源配置中市场起决定性作用还是政府起决定性作用这个问题。经济发展就是要提高资源尤其是稀缺资源的配置效率,以尽可能少的资源投入生产尽可能多的产品,获得尽可能大的效益。理论和实践都证明,市场配置资源是最有效率的形式。市场决定资源配置是市场经济的一般规律,市场经济本质上就是市场决定资源配置的经济。健全社会主义市场经济体制必须遵循这条规律,着力解决市场体系不完善、政府干预过多和监管不到位问题。党和国家作出"使市场在资源配置中起决定性作用"的定位,有利于在全党全社会树立关于政府和市场关系的正确观念,有利于转变经济发展方式,有利于转变政府职能,有利于抑制消极腐败现象。

要尽快形成融资功能完备、基础制度扎实、市场监管有效、投资者合法权益得到充分保护的股票市场。要抓紧研究提出金融监管体制改革方案,以统筹监管系统重要性金融机构、金融控股公司、重要金融基础设施为重点,强化综合监管和功能监管。实行什么样的金融监管体制,国际上有不同做法,我们要从我国国情出发,特别是要坚持问题导向,较快确定思路,不要争来争去、久拖不决;要加快发展绿色金融,设立绿色发展基金;要利用人民币"入篮"机遇,加快推进金融业改革开放,稳步推动人民币成为国际储备货币。

三、国家干预与市场手段的结合

(一)混合调整机制的提出

针对政府失灵与市场失灵并存的情况,华东政法大学的张璐教授等学者提出了"混合调整机制"的建议,即"应该建立兼容强制与指导的复合型行政机制与多种经济手段并用的经济激励机制整合而成的综合调整方法"。[①] 在这种方法里,行政机制对绿色金融的实现不可或缺。另外,在行政强制的基础上,需要改进行政的方式,增强行政的主动性与适应性,为行政指导的发展创造机会与空间。同时,还要融入多种经济手段,形成经

---

① 张璐.环境产业的法律调整:市场化渐进与环境资源法转型[M].北京:科学出版社,2005:68.

济激励机制。也就是说,既要有法律的方法、行政的强制,也要有经济的激励,多种方式兼容并蓄,共同面对绿色金融制度化、法治化的挑战。绿色金融混合调整机制的基本结构,因其调整方法、运作机制、功能效果特征,大致包含行政强制机制、经济激励机制、行政指导机制三个组成部分。这三种机制共同组成一个相互支持、相互配合、相互补充的动态系统。其中,每一种机制又都有其产生和存在的基础,也有其独特的作用方式和空间,且每一种机制的良好运行都有助于提高其他机制的运行效果。具体来说,"混合调整机制"确立的必要性与可行性体现在以下四个方面。①

第一,政府角色与职能定位转变的现实要求。在西方近代工业化开始阶段,人们对国家和政府一般性的要求是,它们应该是消极、中立的社会"守夜人",其职能是维护社会治安与基本秩序,不应该介入社会经济等私人领域中。只有在特殊的情况下,如社会发生动乱或者其他严重失序的时候,政府才可以行使行政职能恢复社会秩序。换句话说,早期政府的定位是被动的、无为的,主要是对非正常社会状态的纠正和恢复。到了19世纪,尤其是20世纪后,随着人们认识的深入,马克思主义、凯恩斯主义等主张国家对社会生活进行干预甚至直接控制的理论逐渐兴起并在很多国家投入实践。在实践中,人们意识到,社会生活的有序运转不能没有政府的积极参与和介入,政府的基本职能也不再是对社会突发事件的消极应对,而应该从全过程干预的角度为政府职能进行合理定位,政府的功用也逐渐从消极向积极转变,政府职能的发挥方式上也趋于多样化。

第二,以绿色金融理念为代表的环境法从"末端"到"源头"全过程参与控制的发展。环境问题的形成与发展是一个渐进的过程,在不同时期的表现也各不相同,这决定了社会对环境问题及其作用机理的认识是一个渐进的、深化的过程。相关制度在设计上,也必然经历不同管理理念与实施模式的变迁过程。在环境问题发生的早期,为控制各种层出不穷和急剧发展的环境污染和破坏问题,最先建立的是废弃物管理和污染控制等制度,与之相适应的环境法理念主要强调污染物达标排放和废弃物无

---

① 张璐.环境产业的法律调整——市场化渐进与环境资源法转型[M].北京:科学出版社,2005:72-76.

害化处理。这种偏重污染结果控制的策略被称为末端控制。由于这种策略难以从根本上遏制污染发展,为了更有效地减少和控制污染,有效改善环境质量,人们开始对污染控制战略进行调整,改为对污染物进行源头控制,采取清洁生产的预防策略,并通过法律形式加以确立。与从末端到源头的法律控制战略变迁相适应,对环境问题进行全流程控制的理念慢慢形成。全流程控制的代表就是清洁生产及相关制度的建立。就绿色金融而言,全流程控制就意味着以金融的杠杆与纽带作用,将社会有效资源集中或者导引到污染小、能耗低、产出效率高的行业或产业中,并逐步实现全社会的清洁生产或者清洁作业,最终实现污染的最小化、环境的友好化、社会的宜居化。

第三,从对抗到合作的现代精神的体现。法律机制的形成与进化,本质上是在民主与集中、自由与专制的价值取向选择中不断调整与改进。由于时代背景的差异,法律机制在不同历史阶段的价值体现也有所不同。近代的政治学理论以英国学者霍布斯、洛克等的"人性恶"为基本立论起点,基于这种认识,近代的法学理论认为,国家与个体之间的利益是冲突的,在行为上是对立的,在观念上是相互怀疑与提防的,因此,社会的法律控制主要体现为命令与强制。第二次世界大战后,"人性善"的价值取向逐步确立,时代精神强调社会的和谐与持续发展,公共利益和个体利益从对立走向相容,政府的职能从强制转向服务,国家与私人主体之间的关系也从对抗逐渐转为合作。这样的大背景,要求行政主体放下身段,弱化行政行为的强制性而增强行政行为的指引性。另外,它也要求行政相对人增强社会责任意识,积极参与和配合行政行为的实施。就绿色金融而言,这意味着相关行政主体在绿色金融法律的实施方式上,更注重市场主体、金融机构的参与,更要求行业自治机构或者行业协会的参与和组织,更依赖金融自治规则效能的发挥等。

第四,个体利益的合理化及其功能再定位。环境问题是一个公共问题,绿色金融也是一个公益性问题。公共利益与私人利益的冲突与协调伴随着社会发展进步的全过程。近代社会最早确立的是以私人利益为主导的社会秩序,公共利益的范围与内涵都非常狭窄。随着工业化的深入,人类社会中公共利益的范围越来越广泛。正是在这样的大背景下,人们对越加恶化的环境问题采用了以公共利益为主的解决思路。从根本上说,社会公共利益的扩大是以私人利益的充分发展为前提的,之所以从历史发展的进程来看,公益的勃兴是在私人利益的繁茂之后,就是因为只有在私人利益达到一定水平后,才会为公益的成长设定一定基础,提供一定的空间。尽管公益和私益在一定程度上还难以协调,但两者绝非非此即彼的矛盾关系,公共利益的维持与实现需要私人主体的积极参与和协作,对私人利益的片面否认也将最终导致公共利益无所依托。因此,在法律机制的设计上,应充分考虑对私人利益的尊重和个体积极性的引导和调动,将个体利益的实现与其社会责任的承担纳入法律调整的统一之中。

近年来,理论界通过对亚当·斯密、哈耶克和布坎南等自由主义经济学家理论的分析和对市场原教旨主义的批判,结合"亚洲四小龙"取得的"东亚奇迹"、发展中国家的发展经验、俄罗斯"休克疗法"改革的失败、中国几十年的经济增长以及目前中国经济改革的实践,充分认识到,国家干预是市场体制的核心内容。"市场在资源配置中起决定性作用",不可误解为"市场在资源配置中独自起作用",或者"只有市场在资源配置中起作用"。国家干预不仅是中国特色社会主义市场经济与自由资本主义市场经济的重要区别,也是它较之自由资本主义市场经济的优越之处。[①]

(二)通过软法贯彻混合调整机制

在某种意义上,绿色金融法律制度是国家产业政策在金融与产业发展方面的体现。在法学维度上,产业政策本质上是一种具有组织规则特质的软法规范。所以,一些学者提出了以软法理论来指导和贯彻绿色金融法律制度的观点。

软法概念最早应该是在国际经济交往中出现的。世界各国都愿意一起解决很多领域的问题,但同时又想限定其所受的拘束。为处理这种矛盾,通常采用两种方法:一种是各国对自己所承担义务的限度保留斟酌处理的权利;另一种是明确避开某些法律义务。这两者有时单独使用,有时则结合使用。采用这些方法进行集体行动并限定所受拘束之目标的各种

[①] 邱本.论国家干预及其法治化[J].财经法学,2016(4):25-38.

规则就被称为"软法"。① 从20世纪70年代开始,"软法"研究在域外兴起,并催生了"软法"和"硬法"的二元概念划分。一般而言,具有强制约束力的法律规范被称为"硬法",硬法必须得到严格的遵守。在现代社会,更有大量不同于硬法,又有别于道德、风俗、礼仪、纪律等的软法规范,发挥着独特的促进公共治理秩序的功能。②

关于软法,国外学者也有相当多的研究,其问题主要来自国际法。例如,法国学者斯奈德(Francis Snyder)将软法定义为"原则上不具有法律约束力,却具有实际效果的行为规范"。③ 荷兰学者琳达·森登(Linda Senden)认为,软法是一种制定法意义上的行为规则,虽然不具有法律强制拘束力,却可能具有某种(间接的)法律效果,其也是为了产生而且有可能产生实践影响。④ 法国学者法比安·德潘(Fabien Terpan)在2015年发表的一篇文章中归纳了之前学者理解软法的三种方式。⑤

作为保障产业发展的制度形式,产业政策从本质上看是一种具有"组织规则"特质的软法规范。由"权力—职责(权利—义务)"规则、目的性思维、自创生内核等结构性要素组成的产业政策在产业发展中发挥着独特的促进功能。我国现行的绿色金融政策并非完全适应新常态的发展趋势,其在运行中存在着现实的治理困境。这需要政府直面此类软法治理问题,同时,把握住新常态为产业发展软法之治提供的变革机遇。在全面推进依法治国的背景下,产业政策这类软法规范将经由理念嬗变、制度优化和绩效考量实现从"政府主导"到"因势利导"的转型,并由此达致产业发展领域的"良法善治"。⑥ 这一基本判断可从以下两个方面进行理解。

---

① 塔德西·格鲁查拉-韦西尔斯基,刘慈忠.对"软法"进行理解的纲要[J].环球法律评论,1986(6):24-29.
② 沈岿.风险交流的软法构建[J].清华法学,2015,9(6):52.
③ SNYDER F. Soft Law and Institutional Practice in the European Community[M]//Martin S. The Construction of Europe: Essays in Honour of Emile Noel. Dordrecht: Kluwer Academic Publishers,1994:194.
④ SENDEN L. Soft Law in European Community Law[M]. Oxford: Hart Publishing,2004:112.
⑤ TERPAN F. Soft Law in the European Union[J]. European Law Journal,2013,21(1):71.
⑥ 黄茂钦.论产业发展的软法之治[J].法商研究,2016,33(5):75.

首先,作为一种软法规范,绿色金融产业政策具有"软法"的一般性特质,即它是一种"效力结构未必完整、无须依靠国家强制保障实施,但能够产生社会实效的法律规范"。在诸如政法性常规成例、公共政策、自律规范、专业标准、弹性法条等多种类型的软法规范中,产业政策属于公共政策一类软法规范。此类软法规范在一般意义上包含了"关于政府所为和所不为的所有内容"。具体到产业领域的公共政策,其运行多以规划、纲要、决定、意见、细则、指南、目录、通知等形式表现出来,其制定和实施的过程体现了政府对产业的保护、扶持、调整和完善等意愿。其次,正因为绿色金融产业政策体现了政府为实现某种经济和社会目标而对产业施加影响,所以,它还具有典型的"组织规则"特质。在现代社会中,一方面,社会结构"并不依赖于组织而是作为一种自生自发的秩序演化发展起来的",在此基础上形成了民商事法律制度等维系自生自发秩序的规则;另一方面,社会有机体也需要政府借助"刻意达致一种有益于实现人之目的的秩序"的手段来建构一种"人造的秩序",进而形成产业政策等型构人造秩序的规则。① 更进一步讲,公共组织制定的规则是软法的基础,公共组织的公共权力是维系软法的保障,公共治理的需要是软法功能得以彰显的原因。这三个维度说明,公共性是理解软法的关键。②

在理解软法的过程中,甚至有学者提出从中国古代社会中的"礼法合治"中寻找软法的经验与智慧的观点,以便为中西相通的软法达成共识提供新的路径。③ 根据历史的经验,自下而上形成并具有社会导向的软法,不仅是法治发展中的有机部分,而且是法治主流价值观形成及法治共识形成的关键。

在绿色金融法律制度的发展与构建中,软法不仅要发挥国家和政府的主导性作用,更要调动市场主体的内生动力与积极性,两者形成合力并产生良好的化学反应,才能够真正解决绿色金融制度理论与实践中的各项难题,而软法理论可以较好地解释绿色金融市场运作中政府与市场的

---

① 黄茂钦.论产业发展的软法之治[J].法商研究,2016,33(5):76.
② 强昌文.公共性:理解软法之关键[J].法学,2016(1):59.
③ 马小红."软法"定义:从传统的"礼法合治"中寻求法的共识[J].政法论坛,2017,35(1):21.

关系与互动问题。这可能是探求绿色金融法律基础理论的一个解决方向。

软法的效力一般在软法规范的时间、范围、作用对象、事项等维度中体现出来。软法效力的本源是利益导向机制。软法效力的构成有三要件：软法规范、利益导向机制和维度。软法效力的内容包括拘束力、确定力、实现力和保护力。制式欠缺情形的不同，导致软法效力强弱程度有别，从而形成软法整体上的效力渐变梯度。[①] 例如，欧盟消费者保护领域中的软法就是以行业协会为主导制定的，不具有传统法律规范的表现形式，不以国家强制力保障实施、但具有实际效力的各种规则。[②] 在国际税收领域，也出现了以税收透明度和国际信息交换的标准化为代表的软法。[③] 罗豪才教授等学者认为，软法包含大量本土制度资源，是一种法律效力结构不太完整，不需要国家强制力保障实施，但能够产生实际效力的法律规范。软法与硬法相比，法律逻辑也错综复杂，法律功能方面可以互相补充，有些情况下也可以相互转化。软硬兼施的混合法模式是我国解决公共问题的基本模式。[④] 有学者指出，软法得到普遍遵守的规范性基础是法律沟通论，即软法规范主要借助商谈沟通，成为集中性与分散性、统一性与个体性、稳定性与适应性、严格性与灵活性、控制性与调适性、确定性与变动性混合的后现代治理的重要动力与保障。[⑤] 也有学者认为，软法硬法的划分造成了保证法实效实践中的二要素——认同与强制的机械分离，特别是在软法的触角从社会法领域延伸至国家法并导致国家法领域"一分为二"之后，更引发了软法理论与既有的国家法理论之间的冲突。[⑥]

当然，随着软法对包括自然人、法人和其他组织的权利与自由产生的影响越来越大，人们也必须以硬法对软法的创制和实施进行规范，保障社

[①] 江必新.论软法效力：兼论法律效力之本源[J].中外法学,2011,23(6):1163-1170.
[②] 杜志华,陆寰.欧盟消费者保护的新工具：软法[J].法学评论,2010,28(4):59-66.
[③] 崔晓静.全球税收治理中的软法治理[J].中外法学,2015,27(5):1271.
[④] 罗豪才,宋功德.认真对待软法：公域软法的一般理论及其中国实践[J].中国法学,2006(2):3-24.
[⑤] 沈岿.软法概念之正当性新辨：以法律沟通论为诠释依据[J].法商研究,2014,31(1):13.
[⑥] 杨海坤,张开俊.软法国内化的演变及其存在的问题：对"软法亦法"观点的商榷[J].法制与社会发展,2012,18(6):112-120.

会全体成员对软法创制和实施过程的充分参与,保证国家和社会对软法创制和实施的有效监督,以充分发挥其积极功能,限制其消极功能。① 软法的未来将是一条"一元多样"的软硬法混合治理之路,以一元为前提,坚持软法硬法地位平等、功能互补,探索多样化的软硬法混合之道,以多种机制保障软法更好地实施。②

---

① 姜明安.软法的兴起与软法之治[J].中国法学,2006(2):25.
② 罗豪才,周强.软法研究的多维思考[J].中国法学,2013(5):102.

下篇　制度实践篇

第四章　绿色信贷与绿色债券法律制度

第一节　绿色信贷的一般制度框架

可持续发展已经成为当今世界的共识。随着经济的快速发展,人类生存的环境却日益恶化。经济的持续发展与环境持续恶化之间的矛盾日益明显,各国正试图采取多种措施加大对污染企业的规制力度,扭转环境恶化的趋势。在我国,由于传统发展方式的惯性,以及重经济、轻环境思想的影响,一些地方政府为了拉动当地经济的发展,依然允许一些高污染、高耗能、高排放等三高企业长期发展。部分银行作为这些企业的主要融资方,一方面迫于地方政府的压力,另一方面从自身经济效益的角度考虑,仍然给这些污染型企业提供融资安排,较少考虑绿色经济、可持续发展问题。绿色经济、循环经济是促进我国经济发展与防治环境恶化的有效路径,创新、协调、可持续发展是我们应对环境问题的基本思想。绿色信贷的提出正是遏制三高企业扩张的有效的应对机制之一。

绿色信贷是指银行等金融机构在进行贷款发放、授信服务等金融活动时,关注生态环境利益,帮助督促接受金融服务的企业将生态环境要素纳入考量,促进企业降低能耗、节约资源,实现可持续发展。总的来说,绿色信贷包含以下两层含义:其一,绿色信贷的目标之一是帮助和促使企业降低能耗,节约资源,将生态环境要素纳入金融业的核算和决策之中,扭转企业污染环境、浪费资源的粗放经营模式,避免陷入先污染后治理、再污染再治理的恶性循环。其二,金融业应密切关注环保产业、生态产业等"无眼前利益"产业的发展,注重人类的长远利益,以未来的良好生态经济效益和环境反哺金融业,促成金融与生态的良性循环。

一、绿色信贷组织体系

商业银行居于我国国民经济发展的重要地位,在资金融通、资源配置中起着基础性的作用,绿色发展的实践对商业银行的环境责任承担提出了更高的要求。当然,商业银行的环境责任也应该适度,太高的话可能无法起到激励的作用,反而会适得其反。商业银行应该将不违反企业长期利润最大化和满足金融市场、社会发展要求作为履行环境责任的适度性标准,实现各利益相关者的平衡,寻求兼顾各方利益的适度环境责任。[①]

绿色信贷的组织体系分为内部体系与外部体系。外部体系是指对绿色信贷和绿色债券的发行和运用进行评估认证的第三方机构所组成的绿色信贷认证体系和由政策性银行等专业绿色信贷组织共同组成的总和体系。内部体系是指商业银行内部设立的对于绿色信贷进行审核评估和专项控制的机构和部门。银行部门发展绿色信贷或者绿色债券时,应该设立专门的组织机构,并赋予该机构以明确的参与、决策和监督的权利,使其能够发挥出绿色信贷机构必要的参与和决策作用,为绿色产业提供专门的融资服务。具体来说,绿色信贷的管理应该实行"一票否决制",即当银行金融机构审查信贷申请时,应对照国家或者国际有关绿色项目的准则,如果不符合该准则的要求,则一票否决。在审查过程中,重点防控"高污染、高排放、高耗能"企业,通过全流程监测进行风险控制。

首先,就绿色信贷的外部组织体系而言,应发挥政策性金融对绿色经济和绿色发展的导向作用。建立政策性金融组织,可弱化投入绿色经济生产的金融资本的逐利性,突出其"绿色融资"功能。政策性银行一般具有利息率低、政策性强、公共性等特点,它介于商业银行与公共财政之间,其贷款主要投向符合国家产业政策和社会经济发展需要的产业和领域,具有绿色投资的特征。现阶段发挥政策性金融对绿色经济的导向作用,可以充分利用现有国家开发银行、中国农业发展银行等政策性银行所具有的政策性金融优势,支持与绿色经济中的环境、资源等问题相关的基础设施建设融资,支持农村基础设施建设和农业科技发展,促使农业经济效

---

① 王璇.我国商业银行环境责任的适度性研究[J].金融经济,2011(12):37.

益、生态效益和社会效益的全面提高。支持面广量多的中小企业进行清洁生产技术改造,支持环保高科技企业进行绿色经济技术研发和绿色经济设备生产。另外,还可以考虑建立专门支持绿色经济发展的政策性金融组织,将发展绿色经济的财政支持与政策性金融优势有效结合起来,以发放财政贴息和低息信贷业务、发行绿色债券、提供绿色经济项目的风险担保等形式提供绿色经济体系的投融资服务。

其次,发挥各层次商业银行支持绿色经济的主渠道作用。在不断完善的社会主义市场经济体系中,政策性金融不应被视为支持绿色经济发展的金融主体,而应该以现有的商业银行提供的绿色信贷业务的配套融资为主,这也是我国发展绿色金融的主要支撑力量。另外,还可仿照国外经验创建新的绿色银行,为实施绿色金融筹措资金。

最后,可以考虑有条件、分步骤地放开绿色信贷投资市场,多渠道吸纳投资主体,组建支持环保政策和绿色产业发展的新型绿色金融机构,如环保发展银行、绿色农业合作银行、地方性绿色农业合作社、绿色产业信托公司等,扶持和做大绿色产业。

二、绿色信贷的决策、监督与激励机制

绿色信贷的决策、监督与激励机制主要包括以下内容:由信贷机构或者授权主体严格审查信贷需求项目的环境行为评价标准,以排除受到国家产业政策限制和环保部门认定环保不达标的投资项目。例如,根据目前我国产业政策和环境保护要求,要拒绝给"两高一资"和节能减排不达标的企业发放贷款。对于符合国家产业政策和环境保护政策标准的信贷需求项目,要按照信贷和环境风险评估模型,预测和评估投资项目未来的环境风险,如果存在潜在的环境威胁或确定对未来环境造成破坏,应当拒绝其贷款申请。如果投资项目提出了明确和具体的治污措施和方案,则根据信贷风险、环境风险及预期治污效果,从资金价格和贷款发放进度上给予限制,促使企业加大治污力度,提高其治污承诺的可信度。对于国家产业政策鼓励发展的绿色产业信贷需求项目,如果达到了贷款条件则应该从资金价格上给予支持。例如,企业积极采用清洁生产技术,采用无害或低害的新工艺、新技术,大力降低原材料和能源消耗,实现少投入、高产

出、低污染,尽可能把对环境污染物的排放消除在生产过程之中,这样的产业应当得到信贷政策的支持。

(一) 绿色信贷的决策机制

决策机制是指由某个享有决策权力的主体对其权力范围内的重要事项进行研判,并作出终极决定的程序和制度。绿色信贷的贯彻实施需要相应的决策机制与配套的监督、激励机制配合,才能够落到实处。具体来说,绿色信贷的落实需要金融机构按照国家产业政策和环境保护部门的要求,提高信贷准入门槛,严格审查申请贷款项目的环境行为评价标准,限制不符合环境保护或节能减排要求的投资项目进入信贷市场。

绿色金融的决策与监督机制要求,金融监管部门和金融机构应制定信贷环境风险的评估、控制与监督审核的标准体系。绿色信贷从政策和制度层面进入具体实施阶段,必须有一个可参照的蓝本和可操作的标准体系,一些环境与社会风险管理的国际准则就是很好的借鉴。同时,金融机构作为社会组织,有其自己的专业领域与行之有效的指标体系,通过整合内外部环境指标体系,有助于金融机构科学判断贷款对象的企业性质和运营过程,在业务中关注与环境相关的风险和变化,将环境风险评估纳入贷款决策。

我国金融业目前的选择是,依据环境行为评价标准,将环境因素纳入评级指标体系,在金融业环境风险评估、绿色资产管理和环境风险保险等业务中将环境风险整合到核心业务中。这就要求金融业改革金融评价体系,把绿色投融资引入金融评价,把生态环境投资和环保产业融资作为评价金融业的重要参数之一。另外,需要将金融机构在环保方面的绩效纳入金融机构信用评级的考核因素之中,建立科学的金融机构环境信用评级标准。

在金融评价体系中,首先,信贷机构应对可能导致客户生产中止、成本提高、环保资本支出增加、声誉受损、产品市场萎缩等情况预估,进而判断由此对客户偿债能力的影响。其次,要审查抵押情况,规避直接风险。如果采取了土地或房地产抵押的担保方式,应深入分析地理位置、周边环境、复原能力等影响抵押物价值与变现难易程度的因素,综合考虑抵押土地或房产被污染的可能性与程度。对于进入信贷考评的信贷需求项目,还要按照风险评估程序,严格按照信贷风险和环境风险标准进行筛选。

对于高风险贷款项目,贷款申请者必须完成社会及环境评估,而且必须在与当地利益相关者磋商后办理环境管理企划书,说明如何减少或监测贷款项目在环境与社会方面的风险。最后,还需对贷款项目进行环境要素评估。商业银行贷款项目的环境要素评估必须考虑社会及环境条件基准、更符合环保及社会责任的可行替代方案、可再生自然资源的可持续管理和使用包括通过恰当的独立认证体系认证的可持续资源管理、能源的有效生产和运输及使用、污染预防和污染控制以及废弃物的处理等,商业银行根据这些项目评估结果决定是否继续贷款受理、贷款审批或贷款发放。

对项目的环境风险有效评估和决策后,应当建立对环境风险的行为规避机制。在接受土地或房产作为抵押物之前,咨询环保专家意见,避免直接支持破坏环境或不利于可持续发展的项目与客户贷款合同,对借款人遵守环境法规、环保责任等予以明确约定。对境外项目,可尝试购买污染法律责任险、环保咨询人员专业赔偿险等保险,转移可能的环境风险。除了保险市场以外,金融衍生品市场也为包括环境风险在内的信用风险的转移提供了广阔的空间。

与有良好环保业绩公司合作、对表现出高环保标准的项目进行融资是规避或减少声誉风险的主要途径。在具体的投入服务行为中,应对效益好、讲诚信的绿色信贷项目所需贷款根据信贷原则优先安排,重点支持对资信好的自主创新绿色产品生产企业优先核定授信额度,及时提供多种金融服务;对项目回收期长的重点节能环保项目提供全程的金融服务,根据项目不同阶段的信贷需求提供不同的信贷产品。

在金融信贷机构根据不同信贷申请项目进行环境风险情况评估后,应该将环境风险评价纳入信贷规模和信贷资金价格中,在信贷规模和价格两方面体现金融机构的环境风险定价水平。首先,各金融机构应根据所掌握的环保信息,对贷款客户实行分类管理。按照银监会发布的《节能减排授信工作指导意见》要求,可将贷款客户分为不同类别,对不同客户实行差异性的授信政策。对于环境友好型的、有利于生态与自然资源保护的项目产业,提供优良的信贷服务予以支持,优先发展。反之,对环境产生负外部性的产业或项目,应通过提高贷款价格、降低授信额度等抑制其发展。其次,各金融机构应通过金融业的信贷杠杆作用,从严控制污染源头,促进产业结构调整,实现经济和社会的可持续发展。具体到绿色信贷的定价上,应该对有利于环保的借款项目给予比较优惠的利率或贷款补贴以鼓励环保企业优先发展,对效益良好、偿债能力强的自主创新产品生产企业、国家级和省级立项的高新技术项目,开辟"绿色通道",优化贷款流程,优先安排授信额度,适当优惠贷款利率,并提供融资、结算、理财等多种金融服务;反之,对有损环境的借款项给予高利率以抑制其发展。

(二)绿色信贷的监督机制

商业银行必须与政府监管部门共同努力,建立有效的监督与约束机制,不仅要有对商业银行违规向环境违法企业贷款的行为实行责任追究和处罚的措施,而且还要有对切实执行绿色信贷进行日常监督的常态化机制。

第一,建立动态的环境风险监控机制。商业银行必须对贷款的环境及社会风险通过口头询问、信息披露以及对项目或场地的实地考察等进行动态监控。

第二,应该重新设定银行报表约束制度。监管与决策部门应重新编制银行非现场监管报表系统,在风险加权资产负债报表中按企业污染级别、企业环境风险评估报告以及企业环境风险可能对银行信贷资产造成的损失程度等标准综合计算设定信贷资产的风险权重,使报表真实反映信贷资产可能面临的环境风险。

第三,建立绿色信贷的信息披露机制。金融业应制定环境政策并公之于众,且要构建与之适应的管理机构和制度、行动计划和监督程序,并定期向外界发布环境评估报告。信息披露机制主要包括环境政策和制度、环境社会经济行为指标、环境社会经济行为的金融含义、可持续发展商业机会、支持环境社会经济持续发展的商业创新行为等内容。

第四,加大对金融机构与企业环境违法行为的处罚力度。在现阶段,加大处罚力度是有效防范金融机构和企业在环境治理博弈中合谋行为的重要措施。对企业来说,对存在违反环保法行为和被环保部门处罚的企业,其贷款应当纳入关注类或不良类贷款管理;对违反国家有关环保规定超标排污、超总量排污的企业,要暂停一切形式的新增融资,并根据不同的情况采取相应的信贷控制和退出策略对能耗、污染虽然达标但环保运行不稳定的贷款企业,不得增加新的融资,并及时调整原有贷款期限,压缩授信；对列入"区域限批""流域限批"地区的企业和项目，要暂停一切形式的信贷支持，直至限批惩罚措施解除。对金融机构来说，则要建立内外两层的处罚约束制度。在银行内部，建立健全绿色信贷问责制，加大检查和处罚力度。对贷前调查不实造成给不符合环保要求企业提供融资的人员，要从严处理；对在贷款审查决策过程中忽略环保要求的审批人员，取消其审批资格。监管等政府部门也应同时建立对金融机构执行绿色信贷政策的约束机制，对因拒不执行政策造成重大污染事故或信贷资产损失的金融机构及责任人员予以从重处罚。

（三）绿色信贷的激励机制

虽然从长远看，发展绿色信贷有利于商业银行贷款结构的改善，但对商业银行的经营业务也带来一定的不利影响，因此除了对违反绿色信贷的行为进行处罚之外，还应该采取各种激励措施。例如，政府可以为绿色信贷机构提供税收减免优惠或对其损失提供财政贴息。银行提供优惠贷款或支持部分效益并不好的环保项目，或放弃一些有损环境的投资项目，将影响其盈利水平，因此应有减免税收、财政贴息等其他配套政策，以调动并确保商业银行推行绿色信贷的积极性。

另外，可以考虑由中央银行等监管机构进行资金、价格和政策倾斜。对于金融机构信贷支持的绿色产业项目，中央银行要适当降低贷款发放机构的再贷款、再贴现申请标准及利率，对金融机构再融资方面予以支持。必要的情况下，中央银行可以委托金融机构发放绿色产业专项贷款，以支持绿色产业和低碳经济发展。金融监管机构从资本充足率和风险资产核定等方面对发放绿色信贷的金融机构给予激励和支持。可以考虑将支持绿色产业或低碳经济的信贷项目资金不计入资金充足率的风险资产中，或降低其计算权重所产生的本金损失不计入不良贷款等。

三、绿色信贷的工具选择

除市场准入与利率手段等作为主要的绿色信贷工具外，借鉴国外发展绿色金融工具的最新趋势与经验，从国情出发，可供我国选择及创新的绿色金融工具还包括绿色信贷引导性工具、绿色抵押信贷配套服务、创新性环境金融产品。①

（一）绿色信贷引导性工具

借鉴发达国家经验，政府开发公共绿色工具以引导绿色市场的形成。可持续基金、生态基金等基金一般是由基金管理公司管理的专门投资于能够促进环境保护、生态环境改善和人与自然和谐发展的可持续发展基金。英国是最早推出生态基金的国家，生态基金产品可以有效吸引投资者对社会以及环境的关注。借鉴国外经验，我国政府应组织有关部门开发如环境风险评估、环境租赁、环境保险、环境风险资本和环境道德基金等有利于绿色金融业务开展的环境金融产品，引导包括社会责任投资战略、可持续发展投资基金、政府绿色财政基金等先导性的投资产品。开发相应投资产品，可以使金融机构开发新市场、给客户提供可持续性的投资选择并获得收益。通过一定的产业政策，国家开发包括对资源绿色利用、节能型原材料的需求市场，促进绿色金融市场形成。

（二）绿色抵押信贷配套服务

除常规的绿色贷款等信贷产品外，银行业可通过创新金融中介手段或信用创制功能提供绿色金融服务。各主要国家的许多银行已经把环境因素、可持续发展因素纳入他们的贷款、投资和风险评价程序，一般情况下，环保企业凭借其"绿色"身份即可获得绿色抵押贷款，一些银行还会给予有很好环境记录的客户以更多的优惠。例如，美国银行贷款评级分为不同级别，环境损害型企业需要财产抵押，而环境友好型企业则不需要财产抵押。除借鉴国外经验，在条件相对较为成熟时，我国银行业可逐步探索并开发绿色抵押贷款，具体包括以下三个方面。

（1）发行绿色金融债券。绿色债券是由银行和非银行金融机构发行的债券，具有流动性强、投资量大、收益高的优点，是一种较为理想的筹集信贷资金的融资工具。银行通过发行绿色金融债券可以吸收相对稳定的中长期资金，再以贷款或其他方式投入急需资金的产业领域或工程项目中。对于一些社会效益好但却需要动用大量资金的环保项目和生态工

---

① 陈好孟.基于环境保护的我国绿色信贷制度研究[D].青岛：中国海洋大学，2010：134-136.

程,可由银行通过发行绿色金融债券来解决。

（2）开发环保信用卡。由于生态环境具有公共产品的性质,在现有条件下我国生态绿色融资难以进入金融市场。对此,商业银行可以通过业务创新,开发环保信用卡。从需求角度讲,随着经济的发展,人们可支配收入的增加,环境保护意识逐步增强,环保信用卡会得到越来越多环保爱好者的青睐。

（3）开发针对个人的绿色信贷产品。国外已经出现针对居民个人的绿色信贷工具。花旗集团于2004年针对中低收入顾客推出结构化节能抵押产品,将省电等节能指标纳入贷款申请人的信用评分体系。英国联合金融服务社推出生态家庭贷款,每年为所有房屋购买交易提供免费家用能源评估及二氧化碳抵消服务。花旗集团与夏普电气公司签订联合营销协议,向购置民用太阳能技术的客户提供便捷的融资。美洲银行根据环保房屋净值贷款申请人使用的VISA卡消费金额,按一定比例捐献给环保非政府组织。加拿大银行的清洁空气汽车贷款,向所有低排放的车型提供优惠利率。澳大利亚MEGU银行设计了一种汽车贷款,支持贷款者种树以吸收私家汽车尾气。我国金融机构也可以根据环保和自身发展的需要,在政府的支持下推出相关绿色信贷产品,对居民诸如此类贷款的利息支出,财政可以给予相应补贴。

（三）创新性环境金融产品

根据碳金融在全球日益快速发展的现状,应该把低碳经济和金融产品的创新有机结合起来,在发展低碳经济的过程中,研究开发环境和金融互动下的金融工具创新。例如,偏向于环境相关产业的风险投资基金、环境产业投资基金、环境金融市场中的对冲基金运作,养老基金长期投资的环境金融产品的选择和风险管理,商业银行的低碳项目贷款以及环境风险评估,政策性银行的大型项目的环境结构性金融支持等,加快形成价格发现的碳交易市场和机制,并开发相应的衍生环境金融工具。另外,转型经济国家得到广泛应用的国家综合环境基金,对我国也具有很好的借鉴意义。例如,借鉴联合国、世界银行和国际金融公司的环境基金模式,设立中国的主权环境基金,并建立多级国家或地方政府环境基金,用于支持低碳经济项目、环境保护项目、国家监管和信息系统的建设等。特别是对国家确定的节能重点工程、水污染治理工程、燃煤电厂二氧化硫治理项目、资源综合利用项目、节能减排技术产业化示范及推广项目的金融服务创新产品,应予以重点扶持。

第二节　绿色信贷资产的证券化与绿色债券

在现代社会,发达国家和地区的融资早已从主要依赖间接融资转向了主要通过直接融资的方式来完成。即使在间接融资领域,通过标准化、定型化的可转让证券或债券的方式来进行,并辅以信用增进、债权担保等手段,也可以大大加强证券的可接受度,提高其流通性和安全性。绿色信贷资产有一个证券化的过程,这里主要是指通过发行绿色债券的方式来进行融资。

一、绿色信贷资产的证券化

(一)资产证券化

资产证券化是指以基础资产未来所产生的现金流作为偿付支持,通过结构化设计进行信用增进,并在此基础上发行资产支持证券(Asset-backed Securities,ABS)的过程。本质上,资产证券化是以特定资产组合或特定现金流为基础,发行可交易证券的一种融资形式。自1970年美国政府国民抵押协会首次发行以抵押贷款组合为基础资产的抵押支持证券-房贷转付证券,完成首笔资产证券化交易以来,资产证券化逐渐成为一种被广泛采用的金融创新工具而得到了迅猛发展,并在此基础上,衍生出其他的风险证券化产品。

广义的资产证券化包括以下四类:①实体资产证券化,即实体资产向证券资产的转换,是以实物资产和无形资产为基础发行证券并上市的过程。②信贷资产证券化,即将一组流动性较差的信贷资产,如银行贷款、企业的应收账款,重组成资产池,使该资产池所产生的现金流收益比较稳定,再配以相应的信用担保,在此基础上把这组资产所产生的未来现金流的收益权转变为可以在金融市场上流动、信用等级较高的债券型证券进行发行的过程。③证券资产证券化,是指证券资产的再证券化过程,即将证券或证券组合作为基础资产,再以其产生的现金流或与现金流相关的变量为基础发行权益类证券。④现金资产证券化,是指现金的持有者通过投资将现金转化成证券的过程。

资产证券化的一般流程是发起人将证券化资产出售给一家为进行证券化而专门设立的特殊目的机构(Special Purpose Vehicle,SPV),或者由SPV主动购买可证券化的资产,然后SPV将这些资产汇集成资产池(Assets Pool),再以该资产池所产生的现金流为支撑在金融市场上发行有价证券融资,最后用资产池产生的现金流来清偿所发行的有价证券。

资产证券化交易比较复杂,涉及的当事人较多,一般而言,下列当事人在证券化过程中具有重要作用:①发起人,也称原始权益人,是证券化基础资产的原始所有者,通常是指金融机构或大型工商企业。②特定目的机构或特定目的受托人,是指接受发起人转让的资产,或受发起人委托持有资产,并以该资产为基础发行证券化产品的机构。选择特定目的机构或受托人时,通常要求满足破产隔离条件,即发起人破产对其不产生影响。③资金和资产存管机构,为保证资金和基础资产的安全,特定目的机构通常聘请信誉良好的金融机构进行资金和资产的托管。④信用增进机构,此类机构负责提升证券化产品的信用等级,为此要向特定目的机构收取相应费用,并在证券违约时承担赔偿责任。⑤信用评级机构,如果发行的证券化产品属于债券,发行前必须经过评级机构信用评级。⑥承销人,即负责证券设计和发行承销的证券公司或投资银行。如果证券化交易涉及金额较大,可能会组成承销团。⑦证券化产品的投资者,即证券化产品发行后的持有人。

2005年,中国人民银行和原银监会联合发布《信贷资产证券化试点管理办法》,之后中国建设银行和国家开发银行获准进行信贷资产证券化首批试点。在央行和银监会主导下,基本确立了以信贷资产为融资基础、由信托公司组建信托型SPV、在银行间债券市场发行资产支持证券并进行流通的证券化框架。

(二)绿色信贷资产证券化

绿色信贷资产证券化,是指发起人将绿色基础资产未来所产生的现金流作为偿付支持,通过结构化设计进行信用增进,并在此基础上发行绿色资产支持证券的过程。绿色信贷资产证券化与普通信贷资产证券化的最大不同,是发起人发行资产支持证券所依托的资产是绿色产业,并且募集的资金必须用于绿色产业或项目。

绿色信贷资产证券化一般分为两类①:一是支持该证券发行的现金流直接源自绿色资产,且债券发行募集的资金用于绿色资产。例如,2006年南京市城市建设投资控股有限公司在深交所发行的"南京城建污水处理收费收益权专项资产管理计划",募集资金7.21亿元,它以污水处理收费收益权打包证券化的模式引入社会资金,支持污水处理行业发展。二是将符合绿色产业项目的企业贷款打包入池并将相关额度重新投放于绿色资产。例如,兴业银行于2014年发起的"兴元2014年第二期绿色金融信贷资产支持证券"。该证券的基础资产是企业贷款,将符合绿色金融项目要求的企业贷款打包入池并将相关额度重新投放到水资源利用与保护等节能环保领域。

在这些探索的基础上,2015年时任央行行长周小川提出,要支持和鼓励银行和企业发行绿色债券,进一步明确绿色债券的界定、分类和披露标准,培育第三方绿色债券评估机构和绿色评级能力,推动绿色信贷资产证券化,鼓励机构投资者投资绿色金融产品。随后,我国绿色资产证券化迅速展开。2017年12月,中国农业银行成功发行"农盈2017年第一期绿色信贷资产支持证券"(浙江"绿水青山"专项信贷资产证券化项目),成为银行间市场首单经认证的绿色信贷资产证券化产品。2018年11月,国家开发银行也首次在银行间市场发行绿色信贷证券化产品,规模达到31.4亿元。

绿色债券是绿色资产证券化的典型产品。国家发展改革委制定的《绿色债券发行指引》第一条规定:绿色债券是指募集资金主要用于支持节能减排技术改造、绿色城镇化、能源清洁高效利用、新能源开发利用、循环经济发展、水资源节约和非常规水资源开发利用、污染防治、生态农林

---

① 明明债券研究团队.绿色资产证券化探析[NB/OL].(2016-09-02)[2020-09-18]. http://greenfinance.xinhua08.com/a/20160902/1657923.shtml.

业、节能环保产业、低碳产业、生态文明先行示范实验、低碳试点示范等绿色循环低碳发展项目的企业债券。但实际上,在我国,由于历史的原因,债券可以分为五种类型,即由国家发展改革委主管的企业债券、中国人民银行主管的金融债券、证监会主管的公司债券、中国人民银行下属的银行间市场交易商协会主管的非金融企业债务融资工具以及多部门管理的结构融资类工具、项目收益权资产支持计划等。相应地,我国的绿色债券实际上也包括五种,即绿色企业债券、绿色金融债券、绿色公司债券、非金融企业绿色债务融资工具,以及绿色项目收益权资产支持计划等,并由相应的部门主管。因此,中国证监会对绿色公司债券的界定是指"符合《证券法》《公司法》《公司债券发行与交易管理办法》及其他相关法律法规的规定,遵循证券交易所相关业务规则的要求,募集资金用于支持绿色产业项目的公司债券"。[①]

与普通债券相比,绿色债券主要有以下五方面不同之处。

第一,资金投资方向不同。绿色债券所募集资金应主要投资于绿色产业项目,鼓励设立专门的账户实现专款专用。

第二,债券期限不同。由于某些对于生态环境的投资需要较长时间才能形成回报,因此债券存续期限通常会覆盖整个建设期和运营期,目前市面上已发行的绿色债券大多为中长期融资债券。

第三,信息披露的要求不同。由于发行人需要向投资人和社会证明募集资金使用途径是在绿色项目并产生了真实的绿色效益,因此监管机构通常对绿色债券环境信息披露有着更高的要求,并鼓励由独立第三方专业机构在发行前进行绿色认证或评估,在存续期对环境信息披露及环境效益进行第三方鉴证。

第四,获得政府支持的程度不同。由于绿色项目所带来的正外部性,绿色项目更容易获得政府机构的政策支持,绿色债券发行也更容易获得优惠条件。

第五,债券所吸引的投资者不同。相对而言,绿色债券会吸引某些愿

---

① 中国证监会.关于支持绿色债券发展的指导意见:中国证券监督管理委员会公告〔2017〕6号[S].2017.

意为环境效益支付溢价的绿色投资者。

二、绿色债券的发行与认证

(一)绿色债券的发行

在我国,绿色债券的发行涉及以下六个要点。

第一,要明确绿色债券所依托的绿色项目。关于绿色项目和绿色债券的界定,目前国际上已经达成了共识。2015年3月27日,国际资本市场协会(ICMA)联合130多家金融机构共同出台绿色债券原则,指出绿色债券是指任何将所得资金专门用于资助符合规定条件的绿色项目或为这些项目进行再融资的债券工具。绿色项目是指那些可以促进环境可持续发展,并且通过发行主体和相关机构评估和选择的项目和计划,包含减缓和适应气候变化、遏制自然资源枯竭、生物多样性保护、污染治理等几大关键领域。

第二,绿色债券所募集资金的用途受到严格限制。发行人可以使用绿色债券融资款项为新的及现有绿色项目提供资金,针对特定绿色项目进行投资,用于发放绿色贷款或者简单投资于一般性的绿色基金。所有确定的绿色项目类别均应提供可以描述、量化及评定(倘若可行)的明确环境效益。另外,一些发行人已经开始具体排除特定业务活动,如非洲开发银行、欧洲复兴开发银行和欧洲投资银行等国际金融机构已禁止为核能或煤炭业务提供融资。

第三,绿色债券的款项管理非常严格。绿色债券的融资款项净额应当转入二级投资组合,或者由发行人通过其他方式作为其贷款和投资业务的一部分加以跟踪和管理。一旦确定符合资格的绿色项目,就立即将资金拨付到发行人的主账户,以便分配给特定项目。但是,如果资金用途部分包含在最终条款中,与其他债务工具不加以区分,则无法保证全部款项均用于绿色债券投资。如果将款项与其他债务工具区分,并单独管理,如作为二级投资组合或特殊基金,则可以专户管理,实现资金的跟踪与管理。

第四,绿色债券需要进行第三方认证。相比于普通债券,除了主体信用评级和债券信用评级,绿色债券发行人还必须使自己的"绿色"特征对投资者具有可信度和说服力。国际上对此的通用做法是请独立的专业认证机构出具对募集资金使用方向的绿色认证,即"第二意见(second opinion)"。第二意见中对绿色债券募集资金的投向有详细说明,从而可以增强绿色债券信息披露的透明性,吸引更多投资者。目前,国际上较权威的第二意见提供机构有 CICERO(国际气候与环境研究中心)、Vigeo 评级、DNVGL 集团、CBI(气候债券委员会)、Oekom 研究中心、KPMG(毕马威)、Sustainalytics 和 Trucost 公司等。截至 2014 年年底,全球已发行的 300 多支绿色债券中,约 63% 的发行人对债券进行了国际绿色认证,其中 54.22% 的发行人选择 CICERO 出具第二意见。我国若打算发行绿色债券,第二意见认证也是发行绿色债券必不可少的一个步骤,而目前国内尚未建立此类独立的绿色认证机构。

第五,绿色债券的结构比较灵活。根据债券结构的不同,国际上将绿色债券分为特定收益用途绿色债券、特定收益用途绿色担保债券、绿色项目债券、绿色资产支持债券四类。特定收益用途绿色债券的投资者对发行人有完全追索权,因此绿色债券与发行人发行的其他债券有相同的信用评级。发行人将债券收益用于支持绿色项目的子资产组合,并自行规定使用范围,设置内部机制进行跟踪和报告,大部分国际金融组织发行的绿色债券采用这种结构。特定收益用途绿色担保债券的投资者对发行人没有债务追索权,发行人以项目运行获得的收费、税收等收益作为债券担保。由发行人对债券收益的使用进行跟踪和报告,大部分市政债券采用这种结构。绿色项目债券的投资人仅限于向具体项目的资产进行债务追索,即投资人直接暴露于项目风险下。绿色资产支持债券的投资人可向一个或者多个组合在一起的特定项目进行债务追索,具体包括资产担保债券、ABS 和其他结构型产品,一般以资产产生的现金流作为还款支持。

第六,绿色债券的发行一般伴随着相关国家的配套激励政策与措施。为了鼓励投资人购买绿色债券,相关国家可能对投资者购买绿色债券所获得的利息需缴纳的企业所得税和资本利得税予以减免。针对绿色债券创新品种中的低评级高风险债券,政府性基金可以出资为相关债券提供担保,实现外部增信,降低这类债券的融资成本,提高发行人的积极性。为了引导环境污染第三方治理公司发行绿色债券,政府还可以拿出部分财政补贴资金作为发行债券的贴息,或者在现有评级公司的债券评级体系或者框架中，增加环境影响评价维度，并在现有信息披露体系中，对绿色债券建立相应的募集资金使用情况跟踪披露制度。有些地区针对碳资产、绿色收益权（如新能源发电收益）等特殊绿色资产，还逐步培养和规范专业化的资产评估机构，以便在发行绿色资产证券化产品时，可以真正通过绿色资产实现增信，并合理反映绿色资产的价值。

为积极发挥债券融资对促进绿色发展、推动节能减排、解决突出环境问题、应对气候变化、发展节能环保产业的支持作用，引导和鼓励社会投入，助力经济结构调整优化和发展方式加快转变，国家发展改革委制定了《绿色债券发行指引》（以下简称《指引》）。

《指引》提出，在现阶段，绿色债券重点支持下列项目：①节能减排技术改造项目，包括燃煤电厂超低排放和节能改造，以及余热暖民等余热余压利用、燃煤锅炉节能环保提升改造、电机系统能效提升、企业能效综合提升、绿色照明等。②绿色城镇化项目，包括绿色建筑发展、建筑工业化、既有建筑节能改造、海绵城市建设、智慧城市建设、智能电网建设、新能源汽车充电设施建设等。③能源清洁高效利用项目，包括煤炭、石油等能源的高效清洁化利用。④新能源开发利用项目，包括水能、风能、核能、太阳能、生物质能、地热、浅层地温能、海洋能、空气能等开发利用。⑤循环经济发展项目，包括产业园区循环化改造、废弃物资源化利用、农业循环经济、再制造产业等。⑥水资源节约和非常规水资源开发利用项目，包括节水改造、海水（苦咸水）淡化、中水利用等。⑦污染防治项目，包括污水垃圾等环境基础设施建设，大气、水、土壤等突出环境问题治理，危废、医废、工业尾矿等处理处置。⑧生态农林业项目，包括发展有机农业、生态农业，以及特色经济林、林下经济、森林旅游等林产业。⑨节能环保产业项目，包括节能环保重大装备、技术产业化，合同能源管理，节能环保产业基地（园区）建设等。⑩低碳产业项目，包括国家重点推广的低碳技术及相关装备的产业化、低碳产品生产项目、低碳服务相关建设项目等。⑪生态文明先行示范实验项目，包括生态文明先行示范区的资源节约、循环经济发展、环境保护、生态建设等项目。⑫低碳发展试点示范项目，包括低碳省市试点、低碳城（镇）试点、低碳社区试点、低碳园区试点的低碳能源、低碳工业、低碳交通、低碳建筑等低碳基础设施建设及碳管理平台建设项目。

另外,国家发展改革委可根据实际情况,适时调整可采用市场化方式融资的绿色项目和绿色债券支持的范围,并继续创新推出绿色发展领域新的债券品种。

在审核方面,《指引》提出了以下七方面的要求。

第一,在相关手续齐备、偿债保障措施完善的基础上,绿色债券比照国家发展改革委"加快和简化审核类"债券审核程序,提高审核效率。

第二,企业申请发行绿色债券,可适当调整企业债券现行审核政策及《关于全面加强企业债券风险防范的若干意见》中规定的部分准入条件,具体包括:①债券募集资金占项目总投资比例放宽至80%(相关规定对资本金最低限制另有要求的除外)。②发行绿色债券的企业不受发债指标限制。③在资产负债率低于75%的前提下,核定发债规模时不考察企业其他公司信用类产品的规模。④鼓励上市公司及其子公司发行绿色债券。

第三,支持绿色债券发行主体利用债券资金优化债务结构。在偿债保障措施完善的情况下,允许企业使用不超过50%的债券募集资金用于偿还银行贷款和补充营运资金。主体信用评级AA+且运营情况较好的发行主体,可使用募集资金置换由在建绿色项目产生的高成本债务。发债企业可根据项目资金回流的具体情况,科学设计绿色债券发行方案,支持合理灵活设置债券期限、选择权及还本付息方式。

第四,对于环境污染第三方治理企业开展流域性、区域性或同类污染治理项目,以及节能、节水服务公司以提供相应服务获得目标客户节能、节水收益的合同管理模式进行节能、节水改造的项目,鼓励项目实施主体以集合形式发行绿色债券。

第五,允许绿色债券面向机构投资者非公开发行。非公开发行时认购的机构投资者不超过200人,单笔认购不少于500万元人民币,且不得采用广告、公开劝诱和变相公开的方式。

第六,国家发展改革委还支持地方政府积极引导社会资本参与绿色项目建设,鼓励地方政府通过投资补助、担保补贴、债券贴息、基金注资等多种方式,支持绿色债券发行和绿色项目实施,稳步扩大直接融资比重。允许项目收益无法在债券存续期内覆盖总投资的发行人,仅就项目收益部分与债券本息规模差额部分提供担保。鼓励市级以上(含)地方政府设立地方绿色债券担保基金,专项用于为发行绿色债券提供担保。鼓励探索采用碳排放权、排污权、用能权、用水权等收益权,以及知识产权、预期绿色收益质押等增信担保方式。推动绿色项目采取"债贷组合"增信方式,鼓励商业银行进行债券和贷款统筹管理。"债贷组合"按照"融资统一规划、债贷统一授信、动态长效监控、全程风险管理"的模式,由银行为企业制定系统性融资规划,根据项目建设融资需求,将企业债券和贷款统一纳入银行综合授信管理体系,对企业债务融资实施全程管理。对于具有稳定偿债资金来源的绿色项目,可按照融资—投资建设—回收资金封闭运行的模式,发行项目收益债券;项目回收期较长的,支持发行可续期或超长期债券。

第七,支持符合条件的股权投资企业、绿色投资基金发行绿色债券,专项用于投资绿色项目建设;支持符合条件的绿色投资基金的股东或有限合伙人发行绿色债券,扩大绿色投资基金资本规模。鼓励绿色项目采用专项建设基金和绿色债券相结合的融资方式。已获准发行绿色债券的绿色项目,且符合中央预算内投资、专项建设基金支持条件的,将优先给予支持。

除发展改革委制定的前述《指引》外,中国证监会于2017年3月制定了适用于"绿色公司债券"的《关于支持绿色债券发展的指导意见》(以下简称《指导意见》)(〔2017〕6号)。

《指导意见》规定,绿色公司债券,是指符合《中华人民共和国证券法》(以下简称《证券法》)、《中华人民共和国公司法》(以下简称《公司法》)、《公司债券发行与交易管理办法》及其他相关法律法规的规定,遵循证券交易所相关业务规则的要求,募集资金用于支持绿色产业项目的公司债券。绿色公司债券募集资金投向的绿色产业项目,主要参考中国金融学会绿色金融专业委员会编制的《绿色债券支持项目目录》的要求,重点支持节能、污染防治、资源节约与循环利用、清洁交通、清洁能源、生态保护和适应气候变化等绿色产业。

拟发行绿色公司债券的发行人,除要符合《证券法》《公司法》和《公司债券发行与交易管理办法》规定的公司债券发行条件外,原则上不得属于高污染、高能耗或其他违背国家产业政策导向的行业。重点支持四类主体,包括"长期专注于绿色产业的成熟企业""在绿色产业领域具有领先技术或独特优势的潜力企业""致力于中长期绿色产业发展的政府和社会资本合作项目的企业""具有投资我国绿色产业项目计划或致力于推动我国绿色产业发展的国际金融组织或跨国公司"发行绿色公司债券。发行人应当认真履行信息披露义务,按照规定或约定真实、准确、完整、及时地披露绿色公司债券相关信息。

绿色公司债券申报受理及审核实行"专人对接、专项审核",适用"即报即审"政策。中国证监会将不断完善绿色公司债券准入管理"绿色通道"制度安排,持续提升企业发行绿色债券的便利性。

申请发行绿色公司债券时,募集说明书应当披露拟投资的绿色产业项目类别、项目认定依据或标准、环境效益目标、募集资金使用计划和管理制度等内容。同时,发行人还应当提供募集资金投向绿色产业项目的承诺函。绿色公司债券存续期间,发行人应当按照相关规则规定或约定披露绿色公司债券募集资金使用情况、绿色产业项目进展情况和环境效益等内容。绿色公司债券受托管理人在年度受托管理事务报告中也应当披露上述内容。

发行绿色公司债券所募集的资金可以用于绿色产业项目的建设、运营、收购或偿还绿色产业项目的银行贷款等债务;严禁名实不符,冒用、滥用绿色项目名义套用、挪用资金。发行人应当按照有关规定或约定开立募集资金专项账户,对发行绿色公司债券所募集的资金进行专户管理,确保资金真正用于符合要求的绿色产业项目。受托管理人应当勤勉尽责,对发行人发行绿色公司债券的募集资金使用和专项账户管理情况进行持续督导。

绿色公司债券申报前及存续期内,鼓励发行人提交由独立专业评估或认证机构就募集资金拟投资项目属于绿色产业项目所出具的评估意见或认证报告。开展绿色公司债券评估认证业务的评估认证机构,应当建立评估认证的相关制度、流程和标准,本着独立、客观、公正、规范的原则,出具绿色公司债券评估认证报告。鼓励评估认证机构之间加强沟通协调和行业自律,建立完善统一的评估认证标准和流程。

对证券交易所的要求是,交易所应当积极参与绿色金融领域的国际交流合作,探索将绿色公司债券优先纳入境内外证券交易所互联互通机制,引入境外绿色公司债券优质发行人及专业投资者。定期开展政策培训,加强绿色公司债券推广及优秀案例宣传,推动中介机构强化服务意识。证券承销机构与绿色产业优质企业应建立长效合作机制,积极主动提供绿色公司债券中介服务,加强绿色公司债券相关理论研究和业务创新。证券交易所还应当研究发布绿色公司债券指数,建立和完善绿色公司债券板块,扩大绿色公司债券市场影响力。鼓励市场投资机构以绿色指数为基础开发公募、私募基金等绿色金融产品,满足投资者需要。

另外,《指导意见》鼓励信用评级机构、中国证券业协会、证券公司发挥作用,要求信用评级机构在信用评级过程中将发行人的绿色信用记录纳入其信用风险考量,并在信用评级报告中进行专项披露。中国证券业协会应当定期发布"绿色债券公益榜"。证券公司参与绿色公司债券承销的情况,可作为证券公司分类评价中社会责任评价的重要内容。

(二)绿色债券的认证

为规范绿色债券评估认证行为,提高绿色债券评估认证质量,促进绿色债券市场健康发展,中国人民银行、中国证券监督管理委员会于2017年10月共同发布《绿色债券评估认证行为指引(暂行)》(以下简称《指引》)。

《指引》规定,绿色债券评估认证是指评估认证机构对债券是否符合绿色债券的相关要求,实施评估、审查或认证程序,发表评估、审查或认证结论,并出具报告的过程和行为,为中国境内发行的绿色债券提供评估认证服务的评估认证机构,适用该《指引》。绿色债券评估认证机构(以下简称"评估认证机构")由绿色债券标准委员会统筹实施自律管理。绿色债券标准委员会是在公司信用类债券部际协调机制下设立的绿色债券自律管理协调机制。

关于评估认证机构的资质,《指引》规定,开展绿色债券评估认证业务,应当具备以下基本条件:①建立了开展绿色债券评估认证业务所必备的组织架构、工作流程、技术方法、收费标准、质量控制、职业责任保险等相关制度。②具有有权部门授予的评级、认证、鉴证、能源、气候或环境领域执业资质。③具有相应的会计、审计、金融、能源、气候或环境领域专业人员。④最近3年或自成立以来不存在违法违规行为和不良诚信记录。

评估认证机构开展绿色债券评估认证业务,应当向绿色债券标准委员会备案,备案时应提交下列材料:①营业执照复印件。②绿色债券评估认证业务的组织架构、工作流程、技术方法、收费标准、质量控制、职业责任保险等相关制度文件。③从事评级、认证、鉴证、能源、气候或环境领域业务的历史业绩以及市场认可度相关的证明材料。④从事绿色债券评估认证业务的专业人员名单、相关资格证书复印件以及从业经验相关的证明材料。⑤不存在违法违规行为及不良诚信记录的声明。评估认证机构开展绿色债券评估认证业务,应当通过指定网站披露前述资质材料。

绿色债券标准委员会对绿色债券评估认证机构实施自律管理协调,组织相关机构和专家对绿色债券评估认证机构进行市场化评议,并通过指定网站公布评议结果,维护绿色债券评估认证市场秩序。

关于认证业务的承接,《指引》规定,评估认证机构及从业人员开展绿色债券评估认证业务,应当遵循诚实守信、客观公正和勤勉尽责原则。评估认证机构及从业人员应当通过教育、培训和执业实践,持续了解并掌握绿色产业、绿色债券评估认证相关的宏观政策、法律法规、技术标准等知识和技能,获取和保持应有的专业能力。评估认证机构及从业人员开展绿色债券评估认证业务,应当在实质和形式上保持独立性。对于评估认证机构与发行人之间存在经济利益、关联关系、自我评价、外部压力等情形的,评估认证机构不得承接评估认证业务。评估认证机构开展绿色债券评估认证业务时,原则上每个项目组应当同时配备熟悉会计、审计和金融领域的专业人员和熟悉能源、气候和环境领域的专业人员,从评估认证合同签订日到评估认证报告签发日的时间不少于15天。评估认证机构承接绿色债券评估认证业务前,应当根据《指引》的要求,评价是否具备承接评估认证业务的基本条件。评估认证机构承接绿色债券评估认证业务,应当与发行人签订书面评估认证合同,载明评估认证业务的性质、对象、内容、时间、范围、收费、报告形式等内容。评估认证机构应当遵循成本可覆盖、业务可持续的原则,合理确定绿色债券评估认证业务收费,不得采取低于业务成本的价格、承诺评估认证结论等不正当竞争手段承揽业务。

关于认证业务的实施,《指引》规定,绿色债券评估认证分为发行前评估认证和存续期评估认证。绿色债券发行前评估认证的主要内容包括:①拟投资的绿色项目是否合规。②绿色项目筛选和决策制度是否完备。

③绿色债券募集资金管理制度是否完备。④绿色信息披露和报告制度是否完备。⑤绿色项目环境效益预期目标是否合理。绿色债券存续期评估认证的内容主要包括：①已投资的绿色项目是否合规。②绿色项目筛选和决策制度是否得到有效执行。③绿色债券募集资金管理制度是否得到有效执行。④绿色信息披露和报告制度是否得到有效执行。⑤绿色项目环境效益预期目标是否达到。

绿色债券评估认证机构的评估认证方式主要包括：①访谈发行人和项目方相关人员。②观察发行人有关内部管理制度的运行情况。③检查发行人有关制度文件以及信贷、会计、账户、内审等档案资料。④分析募集资金到账、拨付、收回与已投资项目之间的勾稽关系。⑤向主管部门确认或查询项目的合规性。⑥实地勘察项目的真实性、实际运行及环境效益情况。⑦验算项目环境效益等数学或工程计算结果。⑧对来源于外部的信息进行确认。⑨对项目的实际环境效益进行实验。⑩利用外部专家的工作成果。⑪征询外部机构的意见。⑫其他必要的程序。

评估认证机构应当科学确定评估认证程序的实施范围，合理采取全查或抽查方式。综合考虑评估认证的重要性水平、重大不符风险的可能性、评估认证结论的可信度等因素。评估认证机构可以利用外部专家的工作成果和征询外部机构的意见，但应当保持合理谨慎，并对所采用的外部成果和意见负责，所采用的外部成果和意见不能减轻评估认证机构的责任。

评估认证机构还应当及时编制评估认证工作底稿，记录的内容主要包括：①实施的评估认证程序。②获取的评估认证证据。③发现的重大事项。④得出的评估认证结论。评估认证人员应在评估认证工作底稿上签字，如果没有其他法律法规或监管规定的更高要求，评估认证工作底稿应当在债券存续期届满后继续保存两年。绿色债券标准委员会检查、调阅绿色债券评估认证业务工作底稿，评估认证机构应当予以配合。

关于认证评估报告的出具，《指引》规定，评估认证机构应当向发行人出具书面评估认证报告，评估认证业务负责人应当在评估认证报告上签字。针对债券是否符合绿色债券的相关要求，评估认证结论类型包括"符合""未发现不符""不符合"以及"无法发表结论"的免责声明，鼓励在评估认证结论中披露债券的绿色程度。评估认证报告的内容主要包括：①本期绿色债券的基本情况,包括并不限于募集资金拟投资的绿色产业项目类别、项目认定依据或标准、环境效益目标、绿色债券募集资金使用计划和管理制度等内容。②评估认证工作实施情况,应当按照《指引》规定的评估认证内容要点,充分报告实施的评估认证程序,发现的事实及其与绿色债券相关要求的符合情况等。③导致"不符合"结论、"无法发表结论"的事项,或债券绿色程度评估认证的方法体系说明。④评估认证结论。

第三节 绿色信贷与绿色债券的评价与约束机制

绿色信贷与绿色债券的发行与存续都需要合理的评价与约束,相应机制有所不同。

一、绿色信贷的评价机制

目前我国不同领域有不同的绿色评价机制,有关绿色信贷的主要评价方案是《中国人民银行关于开展银行业存款类金融机构绿色信贷业绩评价的通知》(银发〔2018〕180号)中的《银行业存款类金融机构绿色信贷业绩评价方案(试行)》(以下简称《评价方案》)。《评价方案》规定,绿色信贷业绩评价每季度开展一次。它是指中国人民银行及其分支机构依据信贷政策规定对银行业存款类金融机构绿色信贷业绩进行综合评价,并依据评价结果对银行业存款类金融机构实行激励约束的制度安排。

绿色信贷业绩评价面向银行业存款类金融机构(法人)开展,坚持绿色导向、商业可持续、激励约束兼容,按照客观、公正、公平原则稳步推进,依法尊重银行业存款类金融机构合规自主经营。中国人民银行负责24家主要银行业存款类金融机构绿色信贷业绩评价工作,中国人民银行上海总部、各分行、营业管理部、省会(首府)城市中心支行负责辖区内银行业存款类金融机构(法人)绿色信贷的业绩评价工作。

绿色信贷的业绩评价指标设置为定量和定性两类,其中,定量指标权重为80%,定性指标权重为20%。后期,中国人民银行可以根据条件变化,酌情调整指标权重。

绿色信贷业绩评价的定量指标包括"绿色贷款余额占比""绿色贷款余额份额占比""绿色贷款增量占比""绿色贷款余额同比增速""绿色贷款不良率"5项。这5项绿色信贷定量评价指标的计算方法如下。

(1)"绿色贷款余额占比"等于"当期期末该银行业存款类金融机构绿色贷款余额÷当期期末该银行业存款类金融机构境内本外币贷款余额×100%",其纵向基准为"最近三期该银行业存款类金融机构绿色贷款余额占比平均值,按照算术平均法计算",横向基准为"当期全部参评银行业存款类金融机构绿色贷款余额占比平均值=当期期末全部参评银行业存款类金融机构绿色贷款余额÷当期期末全部参评银行业存款类金融机构境内本外币贷款余额×100%"。

(2)"绿色贷款余额份额占比"等于"当期期末该银行业存款类金融机构绿色贷款余额÷当期期末全部参评银行业存款类金融机构绿色贷款余额",其纵向基准为"最近三期该银行业存款类金融机构绿色贷款余额份额占比平均值,按照算术平均法计算",横向基准为"当期期末全部参评银行业存款类金融机构绿色贷款余额份额占比平均值=1÷当期参评银行业存款类金融机构数量"。

(3)"绿色贷款增量占比"等于"(当期期末该银行业存款类金融机构绿色贷款余额-上期期末该银行业存款类金融机构绿色贷款余额)÷(当期期末该银行业存款类金融机构本外币贷款余额-上期期末该银行业存款类金融机构本外币贷款余额)×100%",其纵向基准为"最近三期该银行业存款类金融机构绿色贷款增量占比平均值,按照算术平均法计算",横向基准为"当期全部参评银行业存款类金融机构绿色贷款增量占比=(当期期末全部参评银行业存款类金融机构绿色贷款余额-上期期末全部参评银行业存款类金融机构绿色贷款余额)÷(当期期末全部参评银行业存款类金融机构本外币贷款余额-上期期末全部参评银行业存款类金融机构本外币贷款余额)×100%"。

(4)"绿色贷款余额同比增速"等于"(当期期末该银行业存款类金融机构绿色贷款余额-上年同期期末该银行业存款类金融机构绿色贷款余额)÷上年同期末该银行业存款类金融机构绿色贷款余额×100%"。其纵向基准为"最近三期该银行业存款类金融机构绿色贷款余额同比增速平均值,按照算术平均法计算",横向基准为"当期全部参评银行业存款类金融机构绿色贷款余额同比增速平均值=(当期期末全部参评银行业存款类金融机构绿色贷款余额-上年同期期末全部参评银行业存款类金融机构绿色贷款余额)÷上年同期期末全部参评银行业存款类金融机构绿色贷款余额×100%"。

(5)"绿色贷款不良率"等于"当期期末该银行业存款类金融机构绿色不良贷款余额÷当期期末该银行业存款类金融机构绿色贷款余额"。其纵向基准为"最近三期该银行业存款类金融机构绿色贷款不良率平均值,按照算术平均法计算",横向基准为"当期期末全部参评银行业存款类金融机构绿色贷款不良率平均值",即"当期期末全部参评银行业存款类金融机构绿色不良贷款余额÷当期期末全部参评银行业存款类金融机构绿色贷款余额"。

这5项绿色信贷业绩评价的定量指标所占的权重都是20%。数据按照《中国人民银行关于建立绿色贷款专项统计制度的通知》(银发〔2018〕10号)有关规定采集,统计口径为本外币贷款。银行业存款类金融机构境内本外币贷款余额使用社会融资规模中对实体经济的本外币贷款口径数据。

绿色信贷业绩评价的定性得分由中国人民银行综合考虑银行业存款类金融机构日常经营情况并参考定性指标体系确定。"绿色信贷业绩评价定性指标体系"包含"执行国家绿色发展政策情况""《绿色贷款专项统计制度》执行情况""《绿色信贷业务自评价》工作执行情况"三项。其中"执行国家绿色发展政策情况"由中国人民银行研究部门综合考虑银行业存款类金融机构日常经营评定得分,占比40%;"《绿色贷款专项统计制度》执行情况"由中国人民银行调查统计部门综合考虑银行业存款类金融机构执行情况评分后提交研究部门,占比30%;"《绿色信贷业务自评价》工作执行情况"依据"当年第二季度、第三季度、第四季度及下年第一季度考核,以银保监会当年绿色信贷实施情况的评价结果为基准,结合当季银行业存款类金融机构绿色信贷业务重大事项进行综合打分",占比30%。

绿色信贷业绩评价结果将纳入银行业存款类金融机构"宏观审慎考核"(Macro Prudential Assessment,MPA)。中国人民银行对银行业存款类金融机构报送的定性指标数据进行校准及不定期核查。未如实填报评估数据的,中国人民银行会严肃处理,并要求限期整改。

二、绿色债券的评价机制

中国人民银行、中国证券监督管理委员会共同发布的《绿色债券评估认证行为指引(暂行)》(〔2017〕第20号)(以下简称《指引》)不仅规定了绿色债券的认证事宜,也规范了绿色金融债券存续期评估,规定绿色债券应该按照债券存续时间实行周期性认证。

关于绿色证券的评估方法,《指引》指出其主要内容包括:①原则上应在债券存续时间每满1年之日起4个月内进行存续期评估认证。非金融企业绿色债券存续期评估认证至少应按照项目存续状态,实行首次认证与更新认证相结合的方式。②原则上首次认证自债券存续时间满1年之日起4个月内进行,更新认证自己投资绿色项目发生更新之日起4个月内进行。

绿色债券评估认证报告应按照不同债券发行方式对信息披露范围的要求,通过指定网站向市场投资者公开披露或通过约定的渠道向特定投资者定向披露。

存续期评估认证被出具"不符合"结论的评估认证报告的,发行人应当于评估认证报告签发之日起10个工作日内,向绿色债券标准委员会提交导致"不符合"结论的情况说明及整改计划。绿色债券发行人应当针对导致"不符合"结论的事项进行对照整改。整改时间原则上为从评估认证报告签发之日起不超过3个月,特殊情况下经绿色债券标准委员会同意,可适当延长。整改期满之日起2个月内,发行人应当向绿色债券标准委员会提交整改情况报告和新的评估认证报告,取得"符合"或"未发现不符"结论的,向绿色债券标准委员会报备后,保留绿色债券标识;否则撤销绿色债券标识。对于"无法发表结论"的情形,发行人应自评估认证报告签发之日起2个月内,提请新的评估认证机构再次评估,获得"符合"或"未发现不符"结论的,向绿色债券标准委员会报备后,保留绿色债券标识;否则撤销绿色债券标识。绿色债券标识一经撤销,在存续期内不再恢复。绿色债券发行条款中针对绿色债券标识撤销设回售选择权等约定的,按约定执行。

关于绿色债券评估机构的监督管理方面,《指引》规定,评估认证机构应当根据质量控制准则,制定质量控制制度,合理保证本机构及其从业人员遵守法律法规、职业道德和行为规范的规定,出具独立、客观、公正、规范的绿色债券评估认证报告。评估认证机构应当每年至少开展一次绿色债券评估认证业务自查,对发现的问题及时进行整改,并于每年3月底前将上一年度自查情况以书面形式报送绿色债券标准委员会。

绿色债券标准委员会不定期抽取一定数量的绿色债券评估认证报告,组织评估认证机构开展执业质量交叉检查,交叉检查结果作为市场评价的重要参考。绿色债券标准委员会和相关绿色债券发行管理部门可以综合考虑绿色债券发行人所属产业、政策环境、项目特点以及评估认证机构市场评价、合规风险等情况,要求绿色债券发行人、评估认证机构补充提供或重新提供评估认证报告。

如果评估认证机构存在违法违规行为,如提交虚假资质材料,违反职业道德规范和独立性要求的,评估认证行为不符合业务实施规范要求的,评估认证报告存在重大遗漏或严重失实的,拒绝、阻碍调阅和检查相关资料的,未按规定报送相关报告的,进行不正当竞争的,或者其他损害业务质量和扰乱市场秩序的情形,可以由绿色债券标准委员会提请相关市场自律管理组织予以自律处分;情节严重的,提请相关债券发行管理部门予以行政处罚。

三、贷款人环境法律责任制度

环境污染、生态破坏情况日益严峻,一些环境事件可能造成大量的人员伤亡、财产损失和环境灾难。社会公众有关加强环境保护、严惩污染相关主体的呼声越来越高,贷款人环境责任问题也随之出现。贷款人环境责任是指贷款人在特定情形下要对借款人的设施或者容器释放的危险废弃物造成的环境污染承担责任。

在我国,当生态环境损害结果出现时,贷款人是否可能因其向借款人提供信贷支持的行为承担修复与赔偿责任,现有法律暂无直接规定。随着生态环境损害赔偿制度与绿色信贷制度的发展,贷款人环境责任的确认与承担受到越来越多的关注。在实践中,环保组织等主体开始探索尝试要求贷款人承担相关环境责任。2018年7月,在福建省绿家园环境友好中心针对宜城市襄大农牧有限公司提起的环境民事公益诉讼中,该中心向十堰市中级人民法院申请追加中国农业银行股份有限公司宜城市支行、湖北宜城农村商业银行股份有限公司作为该案的共同被告参加诉讼。2018年9月19日,该案在十堰市中级人民法院召开庭前会议,法官对追加银行为共同被告申请作出口头裁定,不予以追加。在直接法律规定缺失的情况下,该案能否根据我国现有《中华人民共和国环境保护法》(以下简称《环境保护法》)、《民法总则》、《侵权责任法》等相关法律中的一般规定追究贷款人的生态环境损害赔偿责任,在理论界和实务界引起了较大争议。

有学者指出,在我国并无认定贷款人生态环境损害赔偿责任的直接法律依据的背景下,可以运用文义解释、论理解释、目的解释、体系解释等多种狭义法律解释方法,对贷款人责任进行认定。具体包括:①运用文义解释的方法,结合立法的目的,对作为责任主体的"污染者""所有者"等法律概念进行推演,明确贷款人符合法律规范内涵的条件和情形。②运用体系解释方法,从法律体系的整体性、协调性出发,援引公司法、银行法等其他法律规范,对贷款人单纯提供资金的行为构成侵权责任进行说明和论理。③运用扩张解释方法,结合相关法律规范的关系与立法价值,将高度危险责任的损害后果进行扩张,使其致损后果不仅包括传统的人身财产损害,也包括生态环境损害等。

当前,生态环境损害赔偿制度已在全国范围内试行。首先,在追究贷款人生态环境损害赔偿责任时要确定责任的构成要件。可以根据贷款人在污染行为中的作用将其划分为污染行为人和污染关系人两类。银行授信过程与环境污染的关联主要表现为两个方面:一方面,贷款人作为污染行为人,参与担保物管理且该管理行为对借款人从事环境污染或破坏的行为具有实质性影响;另一方面,在贷款人未直接实施污染行为,而担保物造成或发生污染,贷款人作为担保物管理人、实际控制人等污染关系人在有重大过失的情形下承担赔偿责任,贷款人承担赔偿责任后有权向污染行为人追偿。其次,存在环境污染行为是承担环境损害民事赔偿责任的前提。是否以行为违法性为前提的问题存在争议。实质上是关于行为主体在遵守国家环境标准(尤其是污染物排放标注)或已获得行政许可的情况下仍造成危害后果的行为是否需要承担环境损害赔偿责任的争论。环境法学界一般不以违法性作为要件,我国现有制度规范和司法实践并未对生态环境损害赔偿责任构成要件是否包括违法性要件作出明确规定,因为排污标准通常是公共选择所无法避免的结果,排污符合规定的标准,但给他人造成明显损害的仍应负赔偿责任。最后,根据贷款人的不同主体身份以及污染和破坏情形的不同,应采用不同的归责原则,即作为污染行为人时,针对污染事故造成的损害,责任承担以无过错归责原则为主,主观上不要求有过错;作为污染关系人时,宜采用过错责任原则,主观上要求有故意或重大过失时承担责任。

第四节　绿色信贷与绿色债券的国际经验

在感受到环境与可持续发展方面的压力后,工业化国家和国际社会开始采取措施加以应对,在绿色信贷和绿色债券方面积累了许多经验。

一、绿色信贷的国际通用准则——赤道原则

赤道原则是一套适用于项目融资贷款的自愿性环境和社会标准,它为金融机构在全球矿业、石油气和林业等行业的项目融资提供了一个环境和社会风险管理框架和标准。赤道原则是根据国际金融公司(International Finance Corporation,IFC)的环境和社会绩效标准而制定的,主要适用于1 000万美元以上的融资项目。

采用赤道原则的金融机构承诺实施符合赤道原则的环境、社会政策和控制程序。在项目融资管理层面,金融机构需实施以下步骤:①金融机构筛选项目的环境和社会风险水平,并进行风险分类。②借款人完成环境、社会影响和风险评估。③借款人制订行动计划,提交针对影响和风险的缓解措施、纠正行动以及监督措施,并确定行动实施的先后次序。④借款人向受影响的相关体披露有关的影响,并与相关体进行磋商。⑤金融机构同意行动计划后,借款人实施计划和定期报告计划的实施情况。[1]

---

[1] Review of the Equator Principles: Towards EP4. [2020-10-20]. www.equator-principles.com.

根据赤道原则委员会官方的披露,赤道原则协会正在针对赤道原则进行第四版(EP4)草稿第二轮的公众和利益相关方意见征求。从 2019 年 6 月 24 日最新公布的 EP4 草稿来看,EP4 重点关注五个主要专业领域:赤道原则的适用范围、赤道原则指定国家和应用标准、社会与人权、气候变化以及生物多样性保护。

EP4 强调符合赤道原则要求的金融机构负起对环境与社会相关风险的责任,并与联合国可持续发展目标(SDGs)和《巴黎协定》相联系,高度重视气候变化,气候变化成为此次修订的一大亮点。[①] EP4 草稿与正在施行的赤道原则第三版(EP3)相比较,更新内容主要聚焦在以下五个方面。

第一,总体来看,适用范围仍在与项目相关的业务领域内,但门槛进一步降低,适用于赤道原则的产品和业务范围扩大。除仍然适用于项目融资、项目融资咨询顾问、与项目相关的公司贷款以及过桥贷款四个业务品种,EP4 第二轮草稿增加了新的业务品种,也修改了与项目相关公司贷款的门槛。与项目相关的公司贷款的总门槛从 1 亿美元降至 5 000 万美元,其中赤道原则金融机构(EPFI)的单独承诺仍然为至少 5 000 万美元。增加再融资项目,即与项目相关的再融资和与项目相关的收购融资按以下标准新添加到赤道原则的适用范围内:存量项目本身是已适用于赤道原则的项目;项目的规模或范围没有实质重大变化;在签署设施或贷款协议时,项目尚未完成。

第二,关于适用的指定国家与非指定国家。EP3 中保留了"指定国家"名单,即以高收入经济合作组织国家作为治理的标准。但是,在 EP4 草稿中澄清了对于位于"指定国家"的项目,除了遵守当地的法律,赤道原则金融机构(EPFI)也将评估项目的具体风险,以确定除了东道国法律,是否可以应用一个或多个 IFC 绩效标准来应对这些风险。此外,增加"对全球所有 A 类和 B 类项目进行尽职调查,并审查项目如何满足每项赤道原则要求,以及对于特定风险的额外尽职调查的自主权"。

第三,关于社会与人权问题。EP4"序言"指出,EPFI 将履行其根据"联合国工商业与人权指导原则"尊重人权的责任。原则 1 根据项目的潜

---

① https://equator-principles.com/ep4/.

在环境和社会风险及影响程度对其进行分类,特意指出了"包括人权和气候变化方面"。原则2强化了对于人权的要求,指出评估文件中包含的环境和社会影响评估(ESIA)应包括对潜在的不利人权影响的评估。EP4草稿也提供了与"自由,事先和知情同意"(FPIC)相关的两个选项:

(1) 对于国际金融公司绩效标准7中描述的对原住民有影响的项目,客户"应与受影响的原住民进行有意义的磋商,目标是实现他们的自由意志和知情同意"。如果不清楚是否已经达成共识,EPFI应评估是否需要进一步的咨询工作以及客户的缓解和补救计划是否合适。

(2) 对于国际金融公司绩效标准7中描述的对原住民有影响的项目,客户"必须提供令EPFI满意的方案,即获得受项目影响的原住民的自由,事先和知情同意"。

第四,更加重视气候变化问题。EP4草稿在EP3的基础上,更加重视气候变化,增加了大量气候变化的内容,这成为EP4草稿的一大亮点。例如,"序言"部分强调了EPFI在2015年《巴黎协议》中的作用,以及按照气候变化相关财务信息披露工作组(TCFD)建议报告气候相关信息的责任。原则1根据项目潜在的环境和社会风险及影响程度对项目进行分类,特意指出了"包括在人权和气候变化方面"。原则2将气候变化风险评估作为项目的主要要求:

(1) 对于A类和部分适用的B类项目,气候变化评估将包括对相关物理风险的考虑。

(2) 对于在所有地区的所有项目,当范围1和范围2的排放总量预计每年超过10万吨二氧化碳当量时,气候变化评估将包括考虑相关的转移风险并完成替代分析,以评估较少的温室气体(GHG)排放的替代方案。评估的深度和性质将取决于项目的类型以及风险的性质。

在环境和社会评估文件需要覆盖的"潜在问题清单"中,新增以下评估内容:单位产出能源消耗系数、温室气体排放强度、水资源使用情况与消耗系数以及土地覆盖与使用情况等。

第五,关注生物多样性保护。EP4草稿增加了对生物多样性保护的关注。"序言"中增加了EPFI在项目相关的融资中,对支持生物多样性保护、加强与生物多样性有关的研究。原则10中,增加"EPFI将鼓励客户与全球生物多样性信息机构(GBIF)以及相关的国家和全球数据存储库共享商业上非敏感的项目特定生物多样性数据"。①

二、绿色债券的国际规则

国际资本市场协会(International Capital Market Association,ICMA)于2014年1月31日发布了《绿色债券原则》(*Green Bond Principles*,GBP)。气候债券倡议组织(CBI)于2011年年底发布了《气候债券标准》(*Climate Bonds Standard*,CBS)。这两份规则是现在世界上公认的关于绿色债券发行与认证的标准与指南。

在性质上,GBP和CBS都属于自愿性流程指南(Voluntary Process Guide),不具有法律约束力,但因其倚重倡导机构的卓著声誉和专业技能,在某种意义上具有更优的软法治理效果,备受市场重视并广为接受。其中,ICMA是成立于1963年的享有盛誉的非政府间国际组织,由活跃于国际资本市场的发行人、证券公司、商业银行和资产管理人等机构投资者组成,目前该组织已有来自60多个国家和地区的500多名代表。其发布的《绿色债券原则》(GBP)最初由4家著名金融机构起草并得到9家重量级金融机构的支持,随后ICMA将其作为市场最佳实践进行推广,从而更好地得到了各方赞同并建立了行业内的信任。在管理上,GBP设有执行委员会,由ICMA为其提供秘书处服务。成立于2010年的CBI以投资者为导向,主要成员都是国际资本市场的重要机构投资者,所管理的资产规模高达34万亿美元,是当今最为活跃的绿色债券倡导者。CBI所倡导的《气候债券标准》(CBS)反映了主要机构投资者对绿色债券的态度和认定标准,有利于引导发行人规范运作,建立与投资者的信任关系,进而实现成功融资。为紧跟形势发展并反映技术进步,CBI聘请来自学术界、国际机构、相关行业和非政府组织的专家组成多个技术工作组,研究和推进绿色债券准入的资格标准;同时邀请彭博资讯、国际金融公司、标准普尔、毕马威等机构组成行业工作组,为CBS提供结构、内容、鉴证(Assurance)与

---

① 钱立华,鲁政委.赤道原则第四版的更新与发展[EB/OL].http://finance.sina.com.cn/stock/stockzmt/2019-07-06/doc-ihytcerm1684761.shtml.

认证(Certification)方面的建议和意见。在管理上,CBI 专门设立委员会(Climate Bonds Standard Board,CBSB),负责审查 CBS 相关规则,监督 CBS 及其认证方案的施行;同时设立秘书处(Climate Bonds Standard Secretary,CBSS)管理 CBS 的日常事务。

三、美国和加拿大的贷款人环境法律责任

在有关贷款人环境责任的立法方面,美国开始最早,加拿大在之后的实践发展,以及要求贷款人承担环境责任方面比美国更加严格。环境意识的觉醒,使美国、加拿大两国政府及公众比以前任何时候都更重视环境保护、生态平衡和环境治理。在美国,贷款人与借款人之间的商业交易,由贷款人承担环境责任,这与美国为应对严重的环境污染问题而采取的严厉措施有关。美国的贷款人环境责任立法是在土地污染相当严重的情况下出现的,具有明显的应急性和针对性。在工业化的发展过程中缺乏环境保护意识,不注重环境保护,使得美国污染问题严重。一些严重的污染事件引起了全社会的关注和政府的高度重视。"拉夫运河事件"就是典型的例子,胡克化学公司非法倾倒大量化学品到废弃的拉夫运河中,填埋后将它以一美元的价格出卖给当地建学校操场,导致周边地区的人们遭受污染之苦。针对这种情况,1976 年美国通过了《资源维持和再生法》(*Resource Conservation and Recovery Act*,RCRA),1980 年又通过了《综合环境反应、赔偿和责任法》(*Comprehensive Environmental Response,compensation,and Liability Act*,CERLA),以期通过法律手段来治理日益严重的环境污染问题,贷款人环境责任也由此产生。CERLA 创立了环境损害赔偿基金,资金来自石油公司等污染企业的税收,并授权美国环境保护署用此基金支付清理受污染场地的费用,并向可能的责任人进行追偿。1986 年的《超级基金修正和再授权法》(*Superfund Amendments and Reauthorization Act*,SARA)规定,以下四类主体要承担责任:①危险废弃物场地现在的所有者和经营者。②危险废弃物处置时设施的所有者或经营者。③对设施中的危险废弃物进行处理或处置的个人或者实体。④接受且运输危险废弃物到处置设施中的个人或者实体。贷款人为造成污染的设施的所有人提供贷款,因此可能会成为所有者和经营者。例如,

贷款人参与对有责任设施的经营管理或者贷款人在被污染的财产已经被取消抵押品赎回权后控制该财产。此外，该法还规定了豁免条款，即贷款人如果没有参与危险废弃物的处置或者拥有所有权的，无须承担环境责任。

总体来看，美国贷款人环境责任立法经历了几次修改。SARA虽然规定了严格责任和连带责任，且责任主体非常宽泛，但存在很大的模糊性，缺乏可操作性。美国环境保护署颁布的规则澄清了《超级基金法》的模糊之处，但又缺乏足够的法律效力。1996年美国颁布的《贷款人责任法》吸收了环境保护署规则的内容，减轻了贷款人的环境责任。《棕地再生法》为贷款人购买借款人财产提供了指引。尽管如此，贷款人环境责任风险依然存在。

在加拿大工业化不断发展的过程中，忽视环境保护问题导致其环境污染不断恶化，因此，加拿大加强了环境保护方面的立法，对造成环境污染的相关主体规定了法律责任。贷款人作为对借款人提供金融支持的商业机构，也面临承担环境责任的问题。由于加拿大是联邦制国家，因而其有关的环境立法同时在联邦和各省两级层次实施。提高贷款人环境责任的倾向主要体现在各省中，特别是反映在安大略省和艾伯塔省的立法中，有关的重要判例也主要发生在这两个省。

《加拿大联邦环境保护法》（*Canadian Environmental Protection Act*，CEPA）规定，任何拥有或者负责或者"造成或者引起污染物的排放受该法管辖"。这些人可能负有法律责任避免、减轻或者治理任何环境污染危险。CEPA进一步规定，加拿大联邦政府行使清理权并要求对清理的成本和费用进行清偿。因此，如果联邦政府起诉污染人，这些当事人可能会被要求从贷款人处获得补偿，贷款人因而不得不关注联邦和省立法下由于借款人破产而产生的环境清理费用的问题。除前述安大略省和艾伯塔省，其他多个省也已经在环境立法中制定了关于贷款人环境责任的内容。贷款人或者他们的代理人如破产管理人或者信托人可能被追责，即使他们并没有直接参与污染物排放活动。安大略省环境保护立法中对责任人的定义为"污染源的所有者、占有者或者负责、管理和控制污染源的人"，污染源定义为"排放到自然环境中任何污染物的任何物质"。因此，可能责任主体的范围是广泛的，任何人进行任何与"污染"有关的控制，将可能被认为要对清理危险废弃物承担责任。对贷款人而言,当借款人处于债务违约或者破产时,为实现担保债权,贷款人或其代理人会占有财产并经营该财产或者对该财产进行修理和改善,这就可能构成占有、控制或者管理,而需要承担环境责任。2001 年,安大略省的《棕色地块修正法案》缓解了贷款人所面临的环境风险。根据该法案,贷款人为维持或保护担保资产以及采取因该担保财产而对公民的健康或安全的损害的反应行动,将不会被认为是污染源的所有者、占有者或者负责、管理和控制污染源的人。同时该法案规定,在贷款人取消抵押品赎回权 5 年内,如果污染不是贷款人的故意或重大过失引起的,将豁免环境责任。在新斯科舍省的立法中,对环境污染承担责任的责任人包括:财产的所有人;土地的所有人或者占有人;已经或正在关注、管理或者控制财产的人或者在财产生产、制造、处理、销售、处置、分配、使用、储藏、运输、展示或者应用期间管理或者控制的人;前述这些主体的继承人、代理人、执行人、工作人员、破产管理人或者受托人。根据该规定,贷款人也非常有可能成为环境污染的责任人。例如,在借款人破产程序中,贷款人委托的破产管理人或者受托人可能在履行职责中造成环境污染,贷款人就很有可能要承担环境责任。

四、绿色债券发行与监管的法国经验

法国是欧洲最大、世界第二大的绿色债券发行国。① 作为绿色债券领域的领导者,法国创造了一系列第一。2015 年 8 月,法国制定了《绿色发展能源转型法》。该法设定了雄心勃勃的目标,要逐步淘汰化石能源。该法也成为法国应对气候变化挑战承诺的象征,也对其他国家降低温室气体排放构成了政治压力。现在评价该法对法国的能源转型、环境保护的贡献为时尚早,但经过一段时间的运行,已经可以对所发现的困难和挑战进行分析。Hauts-de-France 地区最早开始其地方计划,准备到 2050 年降低能源消耗 60%,覆盖可再生能源地区所有方面,减少 75% 的温室气体

---

① Success for France's First Sovereign Green Bond, Gov't France[EB/OL]. (2017-01-25)[2020-10-15]. http://www.gouvernement.fr/en/success-forfrance-s-first-sovereign-green-bond.

排放,重修 140 万套房屋,创造 16.5 万个工作岗位。根据第一阶段的计划(2014—2020 年),可以从公共与私人基金获得 50 亿欧元的资金支持。在实际运行中,市镇层级成为能源转型的执行层。[①] 由于没有明确规定哪些地方政府负责协调能源转型,相应治理体系依然不明,在计划执行者与地方政府之间,以及地方政府彼此之间存在冲突。例如,更有影响力的大城市与地方政府竞相设定地区的政治行动日程。有时,由于来自中央政府的指示相互矛盾,地方层面的行动也会受限。

2017 年,法国率先发行了 70 亿欧元的主权绿色债券,是当时最大的一笔单支绿色债券。法国一直认真对待气候变化,在过去几十年中采取了一系列改革措施加以应对。法国采纳了 173 - Ⅵ 条款[②],在能源领域向绿色转型。基于对金融部门在应对气候变化方面关键地位的认识,该法要求上市公司采取强制性的碳排放信息公开机制,并要求向机构投资者作出碳排放报告。在该法通过时,它被赞誉为开创性的举措,吸引了商界领袖、环境活动人士以及各国政府的注意。法国是世界上第一个要求其金融部门主动促进绿色能源转型的领先国家。该法直接适用于资产管理人、机构投资者以及所有类型的资产,包括风险资本、债券、有形资本等。该法包含四个基本原则:①对机构投资者开始进行强制性要求。②将气候影响作为 ESG 标准的核心。③要求投资者关注他们投资的影响。④允许一定的灵活性与过渡性。它对上市公司、银行和借款人、机构投资者分别提出了不同的要求。例如,上市公司需要在年度报告中披露:与气候变化相关的财政风险;公司所采取的降低这些风险的措施;以及解释公司行为及其所生产的产品和服务对气候变化的影响。银行与借款人必须在年度报告中披露其对外贷款对于碳排放的影响。最后,机构投资者必须在他们的年度报告中披露:第一,他们是如何将环境、社会以及政府准则融入其投资决策的;第二,机构投资人如何实现国家能源与生态转型政策的。各个机构必须遵守该法,或解释没有遵守该法的原因。该法刚开始

---

① Magali Dreyfus, Roselyne Allemand: Three Years After the French Energy Transition for Green Growth Law: Has the 'Energy Transition' Actually Started at the Local Level.

② Article 173 - Ⅵ: Understanding the French Regulation on Investor Climate Reporting, Forum Pour L'Investissement Responsible 2 (Oct. 2016).

施行时,有关如何解释才符合要求并不明确。资产总额在 5 亿欧元以下的资产管理人不需要进行这种解释,只需要说明其如何将 ESG 标准融入其投资决策即可。

有观察家评论道,该法在法国得以通过的原因在于:第一,法国的强监管文化有要求进行"金融外部因素"报告的传统;第二,法国投资者自身希望将 ESG 标准纳入其投资决策以应对气候变化的意愿;第三,国际组织与公民团体的支持;第四,政治方面的可行性;第五,巴黎气候协议的通过。这些因素将来也有可能促成美国类似的立法。该法建立在法国现有的积极监管与激励绿色金融市场的意愿之上。法国政府也公开支持"有社会责任的投资"(Social Responsible Investment,SRI)标签。该标签整合了一系列标准,以便通过对贡献于可持续发展的公司及公共实体的投资,使经济绩效能够与积极的社会与环境影响相容。如果要从法国财政部获得 SRI 标签,相应的金融产品必须满足相应标准,也必须事先从政府认可的认证机构获得认证。该标签有效期为三年,其间须经过不定期审计,以验证其合规性。除了 SRI 标签,法国还推出了能源与生态气候转型标志(Energy and Ecological Transition for Climate,EETC),推动设立新基金,促进绿色经济。带有 EETC 标志的投资必须有特定的环境益处,并只能在交通和可再生能源等领域发行。该标志直接排除了与化石燃料有关的任何勘探、生产与使用行为,也排除了核工业。EETC 认可绿色债券为符合其标准的债券,并严格要求相应债券所募集资金的 90% 必须用于指定的项目。该法并没有要求投资者与相关机构以特定方式遵守。相关"负责任投资论坛"指出:体现该法精神的最好方式是,以一种开放与有弹性的方式解释该法,以激励投资者在进行投资时将社会与环境效果作为一个优先选项。当然,该法也给了投资者更多的权力与公司讨论气候议题。该法对公司披露方面要求的变化非常关键,以前,投资者很难在股东大会上作出相关决议。该法所预期的一个收获是:增强公司与其股东讨论能源与环境议题的意愿,而很多股东希望强制要求公司披露相关事项。这也是对该法的一个挑战。该法的执行并没有覆盖有关执行细节,导致行政部门在很多方面无法执法。法国政府将在消费领域细化该法。该法还缺乏第三方对公司年度报告的审计的规定,缺乏监督与执行的正式机制。法国也建立了工作组帮助进行改革。法国财政部与生态部支持投资者、发行人、非政府组织一起努力找到更好的解决方法。专业协会也在指引机构投资者在资产管理人方面发挥着作用。对该法的评估在 2018 年年底进行。欧盟理事会可持续金融高级专家组(The European Commission's High-Level Expert Group on Sustainable Finance, HLEG)呼吁其他欧洲国家效仿该法[1]，即建议效仿该法有关披露报告方面的规则，也对欧洲国家提出了其他建议。

  法国在绿色债券方面的实践说明，绿色债券行业需要自上而下推动，但也面临着一系列挑战。要想达到目标，政府、央行、开发银行非政府组织需要携手合作，制定统一的术语和标准，如投资者在全球市场投资时，需要知道其在中国投资的绿色债券资金是用于风电建设，与其在法国投资于太阳能电站是一样的绿色投资。知晓了这种需求后，欧洲开发银行(EIB)与中国金融学会绿色金融委员会共同研究以整合其标准。

  法国应对气候变化的努力也面临着挑战。能源转型的成功需要在一国之内进行重要的制度变革。气候变化的全球属性，以及应对措施的国际合作性，并不能掩盖绝大多数气候变化应对措施是在地方层面展开的。学者们已经证明了地方政府在气候治理与能源转型中的重要性。地方政府通过两个管道参与气候治理，一是作为地方事务的自治机构，对地方事务有管理权；二是作为上级部门的执行者。此外，学者们已经论述了传统的集中型能源体系是如何不适应新的全球挑战的，也呼吁去中心化。他们认为，能源转型的成功不仅仅建立在技术升级的基础上，也需要新的治理模式。因此，在各个层级将权力与事务管理进行重新分配对促进低碳经济发展非常关键。[2]

五、印度的绿色债券

  很久以来，印度都在与环境污染问题作斗争。有一段时期，印度有

---

[1] EU High-Level Expert Grp. on Sustainable Fin., Financing a Sustainable European Economy 25 (2018)[EB/OL]. https://ec.europa.eu/info/sites/info/files/180131-sustainable-finance-final-report_en.pdf.

[2] DREYFUS M, ALLEMAND R. Three Years After the French Energy Transition for Green Growth Law: Has the 'Energy Transition' Actually Started at the Local Level[J]. Journal of Environmental Law.

13个城市入选世界20个污染最严重的城市名单。为了应对环境挑战,印度政府出台了几百个环境法律规定,并努力落实。印度最高法院甚至要求各个城市拿出污染治理方案。如今,绿色债券为印度提供了一个新的、可能更有效的出路。

与中国相比,印度的债券市场还处于初创期。由于糟糕的破产法的存在,投资者们担心,如果其投资的项目破产,其投资可能血本无归。一般来说,为债权保障的方式是设定担保。但在印度,因为破产问题一般要4.3年才能解决,短期投资者无法找到一种机制来对冲债权无法收回的风险。印度政府经常为债务提供担保,但为了避免风险敞口过大,印度政府只在特定情况下才提供担保,如为大型基础设施担保。在其他场合,只有拥有雄厚实力的大公司才有能力进入债券市场,而大公司却很少进入印度自己的债券市场,经常进入其他国家,如卢森堡的债券市场。2016年,印度政府制定了一部新的法律,以解决破产法的问题。支持者们相信,新破产法将帮助国内外的小额投资者在印度从事商务活动。根据新法,破产程序会大大精简。正常情况下,公司的清算时间是180天,破产监督专员有权根据情况决定是否延长90天。印度总理莫迪保证将使印度的商业环境更加便利,作为世界发展最快的主要经济体,这个改革举措非常关键。新破产法会对外国投资者在印度绿色债券市场的投资产生影响。

印度绿色债券市场在2015年起步。当时,印度进出口银行与印度工业发展银行最先发行了绿色债券。2017年4月,印度已经发行了32亿美元绿色债券。气候债券倡议组织(CBI)认为,印度发行人是"接受外部评估认证比例最高的绿色债券发行主体"。[①] 印度发行人发行的绿色债券中的6支在新加坡上市,其他的在伦敦和柏林交易所同时上市,所发行的债券主要是美元债券,这降低了外国投资者的风险,其平均规模也超过了其他类型的债券。2018年,印度在绿色债券市场上排名第八。CBI认为,印度的认证机制已经制度化,可以保证国际投资者对其国内绿色债券真实

---

① Climate Bonds Initiative, Bonds and Climate Change: The State of the Market/Update 2017 India [EB/OL]. https://www.climatebonds.net/files/files/CB-HSBC-2017-India-Final-01.pdf.

性的信心。绝大多数印度绿色债券经过了 CBI 的 CBS 标准认证。62% 的印度绿色债券资金投向了可再生能源项目,其他的包括低碳交通、低碳建筑。印度有仅次于中国的世界第二大的可再生能源目标,计划在 2022 年达到 17 万兆瓦的水平。印度绿色债券市场的诞生与发展需要引起监管者的注意,2016 年,SEBI 推荐了一个新的绿色债券发行名录框架。2017 年,SEBI 完善了其规则。该规则努力建立一整套制度体系,以保证在 2030 年为达到印度的气候应对目标而发行总额达到 2.5 万亿美元的绿色投资。印度的绿色债券与 ILDS 债券的规则是一样的,但印度政府希望明确绿色债券的进一步标准。SEBI 也发出了对"洗绿"行为的担心以及达成绿色债券统一标准的愿望。

六、其他国家和地区的绿色债券实践经验

(一)德国的绿色债券实践

德国是绿色金融的发源地之一,早在 1974 年就成立了世界上第一家政策性环保银行,命名为"生态银行",专门负责为一般银行不愿接受的环境项目提供优惠贷款。2003 年,赤道原则的颁布使绿色金融的发展步入正轨,赤道原则是由国际金融公司与荷兰银行共同提出的一项关于企业项目贷款的原则,目的在于控制企业项目的环境风险和社会风险,从源头上降低金融风险。它并不是硬性的法律条文,但是经过多年发展,现已成为国际金融行业不可忽视的道德水平衡量标准。现在,赤道原则已成为国际项目融资的新标准,全球已有 60 多家金融机构宣布采纳赤道原则,其融资额约占全球项目融资总额的 85%。

(二)美国的地方绿色债券案例

作为联邦制的国家,虽然美国联邦政府在应对全球气候变化方面的态度总体上非常消极,但美国地方上的有识之士一直在区域范围内进行着自己的努力。旧金山的绿色债券发行就是其中的典型。

旧金山大湾区快速交通有限公司(Bay Area Rapid Transport,BART)在 2019 年 8 月初向社会投资者发行了其最新的绿色债券,对机构投资者的发行将在晚些时候进行。在其名为"做环境友好者—向 BART 投资"的发行活动中,其 2017 年的绿色债券发行非常成功。该次

发行优先面向 Alameda 和 Contra Costa 两个县以及旧金山市和所有湾区核心地区的居民,BART 的上次绿色债券的发行是在 2017 年 6 月和 12 月,分别发行了 3.847 亿美元和 1.855 亿美元,使得该次发行成为其到目前为止最大规模的绿色发行项目。2016 年 2 月,最早以环境的名义向社会投资者发行绿色债券的做法是纽约的 MTA 公司。他们的口号是"投资我们的星球——投资 MTA",这标志着向纽约居民进行绿色金融工具发行的开始。BART 估计最后发行达到 6.74 亿美元,该笔募集的款项将用于支持 BART 的地震安全防护工程,并用于轨道、隧道、系统升级等 BART 的核心基础设施建设。摩根士丹利、花旗集团、Siebert Cisneros Shank 被任命为这次发行的牵头管理人,JP 摩根、Stifel、Backstrom McCarley Berry 和 Raymond James 为联席管理人。与其他主要的世界级大都市如巴黎、东京、纽约等地的公共交通机构类似,BART 遵循了既定的气候债券认证规则,以满足大发行额度的绿色债券分批次发行的要求。BART 的本次债券发行符合气候债券发行有关"第一方环境认证报告"的要求。①

BART 是美国第五繁忙的轨道快速交通系统,在 2018 年累计运输超过 1.2 亿人次旅客。BART 所用的绝大部分机车都是电动的,在 2018 年其所需电力的大约 98% 来自太阳能和水电,其他机车使用可再生柴油。BART 系统可以每天节省 135 472 加仑汽油,减排 2 652 161 磅二氧化碳。

七、国际绿色债券发行中存在的问题

绿色债券的生命在于其绿色性,而绿色性的真实与否依赖于对绿色债券的外部审查。一般来说,绿色债券发行前的外部审查包括鉴证、第三方意见、绿色债券评级以及认证等。鉴证主要对是否符合绿色债券或者绿色贷款原则进行确认,以确定是否符合绿色债券或者绿色贷款原则;对发行人绿色债券项目框架进行评估,对是否符合资质资产环境和气候效益进行分析。绿色债券评级主要对债券的绿色资质进行评估,并由第三

---

① Andrew Whiley California: 'Be Climate Smart says BART': $674m GB for Low Carbon Transport: Climate Bonds Certified: SF & Bay Area.

方核查机构确认募集资金的使用是否符合绿色债券标准和行业标准,具体进行核查的机构既有安永、德勤、毕马威等世界知名会计师事务所,也有穆迪、标普、中诚信、中债资信等中外资评级机构,或者由气候债券倡议组织授权的机构进行核查。①

有关绿色债券方面存在的最大问题可能就是"洗绿"现象的存在。"洗绿"是指虽然某些债券自称绿色债券,但实际上其所募集的资金并非用于真正的绿色产业,或者只有很小比例的资金用于绿色产业。

尽管绿色债券的前景很乐观,但规则的缺失与投资者对其偏离轨道的疑虑为其扩张投下了一层阴影。② 首先,绿色债券的发行人只是自我标榜其"绿色性",而不是由独立的第三方认证或者审核机构来确保其真正的绿色,因为这还不是强制性要求。其次,有关绿色债券所募集资金的使用缺乏足够的透明度,因此让公众合理地怀疑其并非用于真正的绿色领域甚至有"洗绿"之嫌。为了解决这些问题,类似 GBP 和 CBS 这样的国际性标准和指南提出了比较宽泛的绿色项目分类标准和信息披露规则。在绿色债券规则方面的缺失会阻碍社会公众,尤其是机构投资者对其的参与,因为机构投资者认为,如果不能够落实绿色债券的"绿色性",他们投资的风险控制与回报预期就很难实现。理论上,绿色债券的资金应该用于清洁能源、清洁交通等环境友好型的项目上。但是,由于缺乏有约束力的规则,很多所谓的绿色债券处在争议之中。一个典型的例子是,2015 年,马萨诸塞州立大学发行了绿色债券,以筹集资金建设位于大学附近的一座 725 个车位的停车库。该大学声称,该车库将为拼车者提供专属车位,并为电动车设立充电桩,该车库会降低寻找车位的学生数量,因而会降低碳排放与污染。然而,在该车库是否对环境有利这一点上存在极大的争议。反对者说,该车库的建设鼓励了更多学生开车。③ 因为现存绿色债券国际标准的自愿性而非强制性,即使绿色债券发行人按照相应标准发行了绿色债券,也无法对他们进行核查。一个类似的例子是,2015 年,中国制定

---

① 《中国绿色债券市场 2018 年度报告》(附录 2).
② WANG E K. Financing Green: Reforming Green Bond Regulationin the United States.
③ CHERNEY S M. 'Green Bonds' for a Parking Garage[EB/OL]. https://www.wsj.com/articles/green-bonds-for-a-parking-garage-1426176294.

了自己的绿色债券规则,该规则允许发行绿色债券用于清洁煤炭项目。2017年8月,天津的一家公司发行了1.5亿美元的绿色债券用于其烧煤的火电厂。新电厂引入新技术煤炭消耗、减低碳排放,以实现清洁发展。但有争议的是,尽管这个新电厂确实有利于提高行业效率,降低煤电厂的总体碳排放,但还是受到环境保护组织的激烈批评,因为基于现有的国际标准,这个项目并非"绿色"。① 在另一个类似的例子中,泰国的一家炼油企业"Bangchak Petroleum Public Co. Ltd"发行的9 000万美元绿色债券也引起了争论,大家争议石油企业是否可以被允许发行绿色债券。一些分析师担心,没有统一的绿色债券标准,可能导致投资者面临不确定性,因而妨碍绿色债券市场的发展。国际标准的不一致也会影响绿色债券的跨境投资,另外,也没有一个绿色债券的统一数据库,更增加了分析师对单支债券分析的难度。可口可乐公司在几年前曾发布广告,宣传其"生态瓶子",声称这种瓶子材料的30%是有机的,可以降低碳排放,对环境有潜在的益处。② 在2009年的哥本哈根气候峰会上,可口可乐公司大肆宣传了这种瓶子。但是可口可乐公司未能提供任何支持其比其他瓶子更环保的证据,依据丹麦与欧洲的市场行为法,2013年的一个裁决认定可口可乐的"生态瓶子"宣传是"洗绿"行为。③ 2016年,因为担心"洗绿"行为,特别是考虑到波兰为保护其煤炭工业而持续否决有利于气候的政策,最古老的家族银行,瑞士隆奥公司(Lombard Odier)的世界气候债券基金就没有购买波兰的主权绿色债券。

针对上述问题,学者们给出的建议是:应该建立统一的绿色债券标准,并对绿色债券进行合理分类。相应的绿色债券应该是分层的系统,加强绿色债券发行人对投资者的信息披露义务,每季度向投资者披露资金用途,对那些偏离绿色用途的发行人进行处罚。

首先,要对何为绿色债券进行非常明确的界定,以遏制"洗绿"行为。

---

① China Coal-Fired Power Plant Issues Green Bonds[EB/OL]. https://www.reuters.com/article/china-power-financing/china-coal-fired-power-plant-issues-greenbonds-idUSL4N1KP3RQ.

② GOLDMAN D. New Coke Bottle Made Entirely from Plants[EN/OL]. http://money.cnn.com/2015/06/04/technology/coke-plastic-plant-bottle/index.html.

③ LUDVIGSEN P. Advanced Topics in Green Bonds: Risks[EB/OL]. https://www.environmental-finance.com/content/analysis/advancedtopics-in-green-bonds-risks.html.

一个比较简便的方法是借鉴现有的 GBP 和 CBS 的分类标准,这两个标准已经对符合绿色债券要求的项目设定了目录,但这还不够。GBP 设定了一个比较宽泛的项目名录,符合这个名录要求的都可以作为绿色债券发行。GBP 的这个名录包含 9 个大类,即可再生能源、污染防治、自然资源的可持续利用、生态多样性保护、清洁交通、可持续水资源利用、气候变化应对、生态经济、绿色建筑等。但是 GBP 标准没有设定明确的负面清单,即哪些项目不是绿色项目。它也未能明确哪些项目可以获得最好的环境益处。如果按照 GBP 的名录和标准设定绿色债券监管规则的话,债券发行人实际上会获得一样的税收优惠和绿色债券溢价,并不能确保相应项目会产生可持续的环境有益型结果。[①] 例如,中国认可清洁煤炭项目可以发行绿色债券,并宣称清洁煤炭项目比传统的煤炭工业清洁 70%,但是根据国际标准,清洁煤炭项目并不能发行绿色债券。[②]

其次,绿色债券规则的边界应该清晰化,如债券的收益可以用于哪些方面的问题。例如,The Calvert Green Bond Fund(CGBF)基金设立于 2013 年,它的投资范围非常广,并将绿色债券的收益用于购买苹果公司发行的债券,理由是苹果为消除碳足迹进行了努力,这也被看作是对环境作出贡献的一种间接途径,但也存在着争议。解决这个问题的一个办法是建立一个分层化的绿色债券分类机制。这样就可以设立不同等级或者层级的绿色债券项目,它们都可以带上绿色债券的标签,但是不同层级的绿色债券享受不同的税收或者其他方面的优惠。这种分类机制也允许特定的行业以较符合其实际的较慢的速度向绿色转变。毕竟,每种行业或者每个国家都有不同的标准和环境需求,因此,设定一个全球统一的绿色标准可能并不适合所有国家。例如,中国的清洁煤炭项目发行了大约 3‰～12‰的中国绿色债券,虽然有关这种项目是否符合绿色债券标准一直存在争议,但无论如何,清洁煤炭好过传统煤炭。这也为技术进步促进减排提供了一种新的转型路径,但按照目前的 GSP 标准,清洁煤炭项目是无法

---

① COOPER G. Green Bond Market Needs Dialogue with Policymakers, Says Think Tank [J/OL]. https://www.environmental-finance.com/content/news/greenbond-market-needs-dialogue-with-policymakers-says-thinktank.html.
② TROMPETER L. Green Greed is Good: How Green Bonds Cultivated into Wall Street's Environmental Paradox[J]. 17 SUSTAINABLE DEV. L. &POL'Y 4, 7 (2017).

发行绿色债券的。然而,在多层级的分类系统中,中国的清洁煤炭项目符合低层级的绿色债券要求,是可以获得特定的、比高层级的如清洁能源项目较少的税收优惠的。这对建设一个更加可持续发展的社会当然是有利的。

最后,应该建立强制性的第三方独立认证制度。由独立的第三方进行的绿色认证应该是强制性规则,以便对绿色债券的绿色性进行评估。现有的 GBP、CBS 规则都只是将第三方认证作为绿色债券发行人的一个自愿选择而已,无法持续对相应绿色债券的进程进行适当的监督和验证。如果采用强制认证规则,就可以在债券资金的使用方面保持更多的透明度,也使得投资者对其债券的绿色性更有信心。除了第三方认证,SEC 应该制定有关合理谨慎的标准,并要求绿色债券发行人遵守,发行人还应该定期对资金使用情况进行披露,包括资金使用效率、使用进度以及项目进展、项目的影响等。根据现有的经验,这种披露按季度作出比较合理。定期披露使投资者有机会监督其资金的使用情况,也使发行人有机会澄清其"洗绿"的嫌疑。投资者应有权随时了解其资金用在什么方面。相应制度还应该允许投资者在怀疑发行人有"洗绿"行为时向适当的主管机关,如 SEC 投诉,或者直接向法院提起诉讼。

尽管对于绿色债券的市场参与者和利益相关者来讲,绿色债券的绿色性非常重要,但还是有人争辩说,对绿色债券市场的过多管制会束缚其发展。这可能也是 GBP 和 CBS 的绿色标准是自愿性而非强制性的原因。然而,根据绿色金融迅猛发展的趋势,以及世界各国尤其是发达国家对绿色金融的持续关注,普通民众都关心咖啡豆的产地,并选择环境友好型的咖啡产品。另外,以大阪公约、巴黎协定为代表的全球碳排放的标准越来越严格,联合国建立的绿色环境基金等国际基金越来越扩张,更说明这种担心是不必要的。这些共同努力将碳排放规则推向前进,并进一步推动投资者将其关注重心转向环境友好型金融。[1]

---

[1] WANG E K. Financing Green: Reforming Green Bond Regulation in the United States,12,Brook. J. Corp. Fin. & Com. L. 467.

第五节 我国绿色信贷与绿色债券法律制度的现状及构想

一、我国绿色信贷与绿色债券法律制度的现状

（一）当前绿色信贷与绿色债券的主要制度供给

绿色金融与传统金融的本质差别，就在于其所能产生的环境效益与社会效益，但投资者和金融机构普遍缺乏环境、能源等相关领域的专业知识，难以对其绿色属性作出准确的判断。因此，绿色信贷与绿色债券的环境与社会效益的评估和认定需要有专业的第三方机构和严格规范的认证标准和方法，也需要对"洗绿"等违法违规行为进行监督与追究。这样才能够保障信贷与债券的绿色性，保护社会公众投资者投资绿色产业的信心与积极性。

目前，我国关于绿色信贷与绿色债券的制度主要是各类规范性文件。总括性规范的文件主要有《关于构建绿色金融体系的指导意见》《中国人民银行、银监会、证监会、保监会关于进一步做好金融服务支持重点产业调整振兴和抑制部分行业产能过剩的指导意见》《中国人民银行关于改进和加强节能环保领域金融服务工作的指导意见》《绿色债券支持项目目录（2015年版）》等。绿色信贷的规范性文件主要有中国人民银行、中国银行业监督管理委员会《关于进一步做好支持节能减排和淘汰落后产能金融服务工作的意见》，国家环境保护总局、中国人民银行、中国银行业监督管理委员会《关于落实环保政策法规防范信贷风险的意见》，中国银监会《关于节能减排授信工作指导意见》，中国银监会《绿色信贷指引》，中国银监会《绿色信贷实施情况关键评价指标》，中国人民银行《关于开展银行业存款类金融机构绿色信贷业绩评价的通知》等。

目前我国已经出台的有关绿色债券的主要政策有：中国人民银行于2015年12月22日出台的《在银行间债券市场发行绿色金融债券的公告》。该公告重点要求：第一，发行人应当在募集说明书承诺的时限内将募集资金用于符合《绿色债券支持项目目录》的绿色产业项目信贷投放；

第二,募集资金闲置期间,发行人可以将募集资金投资于非金融企业发行的绿色债券以及具有良好信用等级和市场流动性的货币市场工具。

国家发展改革委于2015年12月31日发布的《绿色债券发行指引》规定:第一,审核方面,绿色债券的发行比照"加快和简化审核类"债券审核程序,提高效率;且调整了企业债券现行审核政策及准入条件,发行绿色债券的企业不受发债指标限制;第二,各级政府对于绿色项目给予支持鼓励的财政政策并积极引导社会资本参与绿色项目建设;第三,拓宽绿色债券的担保增信渠道;第四,鼓励债券品种创新,支持股权投资企业、基金等发行债券投资于绿色项目。

上海证券交易所于2016年3月16日发布的《关于开展绿色公司债券试点的通知》和深圳证券交易所于同年4月22日发布的《关于开展绿色公司债券业务试点的通知》要求:第一,设立绿色公司债券申报受理及审核的绿色通道,加快发行及审核效率,中证机构间报价系统也为绿色债券设立绿色通道;第二,交易所对被认定为绿色的公司债券进行统一标识——G标;第三,交易所适时发布绿色公司债券指数。

另外,还有非金融企业绿色债务融资工具交易商协会制定的《非金融企业绿色债务融资工具业务指引》。在2018年2月的一次信息披露研究小组会议上,中国金融学会绿色金融委员会副主任马险峰从参与披露新规制定的角度,完整介绍了披露新规制定的背景、过程和重大进展。马险峰称,证监会的上市公司环境信息披露工作实施方案分为三步走:第一步为2017年年底修订上市公司定期报告内容和格式准则,要求进行自愿披露;第二步为2018年3月强制要求重点排污单位信息披露环境信息,未披露的需作出解释;第三步为2020年12月前强制要求所有上市公司进行环境信息披露。

(二)当前绿色信贷与绿色债券法律制度存在的问题

国家出台的各项规范性文件与政策极大地完善了我国绿色债券市场的基础制度体系,更为绿色金融体系整体的完善作出了重要的探索。但是,当前绿色信贷与绿色法律制度仍然存在各方面的问题。

以2012年中国银行业监督管理委员会印发的《绿色信贷指引》(以下简称《指引》)为例,《指引》要求银行业金融机构应当从战略高度推进绿色信贷,加大对绿色经济、低碳经济、循环经济的支持,防范环境和社会风险。《指引》还对风控、绿色信贷理念、绿色信贷政策制度方面、绿色信贷政策制度建设方面、具体能力建设方面、流程管理方面、授信管理方面、信贷资金拨付方面、内控管理方面提出了要求。

以绿色信贷理念为例,《指引》要求银行业金融机构董事会或理事会应当树立并推行节约、环保、可持续发展等绿色信贷理念,重视发挥银行业金融机构在促进经济社会全面、协调、可持续发展中的作用,建立与社会共赢的可持续发展模式。绿色信贷发展战略由银行业金融机构董事会或理事会负责确定,并负责审批高级管理层制定的绿色信贷目标和提交的绿色信贷报告,监督、评估本机构绿色信贷发展战略执行情况。银行业金融机构高级管理层应当根据董事会或理事会的决定,制定绿色信贷目标,建立机制和流程,明确职责和权限,开展内控检查和考核评价,每年向董事会或理事会报告绿色信贷发展情况,并及时向监管机构报送相关情况。高级管理层还应当明确一名高管人员及牵头管理部门,配备相应资源,组织开展并归口管理绿色信贷各项工作。必要时可以设立跨部门的绿色信贷委员会,协调相关工作。这些要求的确很高,但还是过于宽泛,可操作性不强。总体来说,我国的绿色信贷与绿色债券制度还需要进一步完善。

第一,绿色债券标准亟待统一。目前国内绿色债券市场可采用的标准包括绿色债券原则(GBP)和气候债券标准(CBS)两大国际标准,以及中国人民银行《绿色债券支持项目目录》及国家发展改革委《绿色债券发行指引》两大国内标准。四项标准之间存在较多的交叉,但同时也有一些差异。形成统一的绿色债券标准,不仅有助于扩大市场规模,更能够促进国际合作与市场对接,配合债券通扩大我国绿色金融市场的国际影响力。

第二,认证及报告编制的标准和方法亟待明确。目前国内的第三方认证机构根据自身特点在评估认证时侧重点有所不同,采用的方法也有所差异。目前国际审计机构采用的准则主要是《国际认证业务标准第3000号——除历史财务信息审计和审阅之外的认证业务》(ISAE3000),其他机构采用的方法则有ISO环境管理体系认证方法等,另有少数机构开发并发布了自己的评估认证方法。

第三,需要进一步强化绿色债券发行人环境信息披露要求。绿色债券与普通债券最大的区别就在于募投项目的"绿色"属性。从现在可参考的《绿色债券支持项目目录》,再到国家发展改革委《绿色债券发行指引》中的适用范围和支持重点可看出,绿色债券的发行范围还是相当大的,从节能环保设备技术改造到清洁低碳产业生产,再到绿色城镇化建设项目等,内容涵盖了现有技术改造、新型生产线建设以及为了支持绿色产业所建设的城镇、示范园区等。对于绿色项目的界定,监管机构中提出鼓励发行人聘请独立的机构对所发行绿色债券进行评估或认证,但并没有强制要求提供第三方绿色认证,因此可能存在一些"假绿"甚至"洗绿"的情况。《绿色债券发行指引》及其他绿色债券相关监管规定中对绿色债券的发行前和存续期绿色认证、募集资金使用管理等内容做了较为详细的规定,然而对于相关信息的披露却尚未有明确的要求。若发行人的募投计划不甚清楚,由此产生较大的道德欺诈风险,容易影响绿色债券的整体形象。绿色债券以及发行主体环境绩效相关信息的披露,对于提升绿色债券的市场透明度、优化绿色投资决策、推广绿色投资理念都有着深远的影响。

第四,绿色信贷与绿色债券的收益难以确定,需要国家更明确、稳定的制度支持。由于绿色产业的范围较大,因此涉及的行业领域也较复杂。目前绿色行业中最吸引资本追逐的是新能源领域,但此类行业中公司多为中小型企业,竞争激烈,行业的整体回报率也较低。如果大量资金无论是出于逐利还是公益考虑,涌进投机级绿色债券市场,刺激发行人加大杠杆进行无序的资本扩张,有可能导致产能严重过剩,最终出现大量因企业破产引发的债务违约问题。对于发行项目收益类绿色债券的企业,由于项目尚处于在建或拟建阶段,未来项目建设将面临一定的工程建设风险和资金到位风险,都将影响绿色项目的顺利投产以及正常运营,进而影响绿色债券本息的偿还。为了达到投资者的预期,国家的法律和政策需要给予明确而稳定的支持。

二、完善绿色信贷与绿色债券法律制度的构想

针对绿色信贷与绿色债券发展中所出现的问题,绿色信贷、绿色债券

的相关制度必须要从理念、制度设计、产品设计等多个方面系统地进行改造。

（1）为了能够让各个商业银行自觉树立绿色信贷的理念，除了法律手段和行政手段，还要完善绿色信贷的外部激励制度。对商业银行而言，其对节能环保项目实行利率优惠一定会导致利润的减少，建议国家在现有的绿色信贷优惠政策上完善各种细节，运用税收优惠、利率优惠、财政贴息等多种金融手段，为银行大力推广绿色信贷加码添力。

（2）明确各主体的法律责任。监管部门要加强对银行信贷项目审核的监督力度，督促金融缩减"三高"产业信贷规模。建立严格的惩罚机制，对于不合作的商业银行采取必要的处罚措施，并由相关的监管部门督促执法。银监会和央行将违反绿色信贷规则的商业银行记录在案，直接影响其考核评定和业内排名。

（3）完善信息披露和分享机制。目前大部分银行不公开或只公开部分绿色信贷开展情况，建议银行业监管机构明确界定绿色信贷的信息披露内容与范围。环境披露主体不能仅限于总行，重要污染区域的分行和支行也应该向公众披露详细的绿色信贷开展现状。同时要完善与环保部门的信息交流机制，环保部门要把搜集到的企业污染信息完整地提供给银行的征信系统，并且要定期及时更新，以保证信息的准确性，给银行项目环评提供有力证据。

（4）加强绿色信贷专业人才的引进和培养，成立专门的绿色信贷部门。很多绿色项目会涉及较深层次的技术领域，因此人才储备不能仅仅限于金融领域，必须加快多元化和专业化员工的培养，或是建立与某些专业化环保项目评审机构的长期稳定业务联系，并邀请环保节能领域专业人士来为绿色信贷相关业务人员进行系统的指导和培训。

（5）帮助绿色金融的相关员工树立社会责任和环境责任意识，将环境风控因素融入员工日常考核中，提高绿色信贷在信贷工作中的地位。让员工意识到经济环境协调发展的必要性，真正愿意将绿色理念贯彻到平常的工作中去。

（6）建立绿色担保机制。专业的绿色担保机构可以有效解决部分风险较高的绿色项目融资难、融资贵的问题。建议可以在福建、浙江等试点地区由政府出面组织,成立一批有政策意义的环保节能项目担保机构,再由市、县等多级政府机构组织成立地方性的绿色项目风险补偿基金,达到分摊绿色项目风险损失,支持绿色担保机构运转的目的。

(7) 建立国家级绿色银行,即绿色信贷政策性银行,其主要任务就是支持当地绿色项目或者环境友好型中小企业的发展,招揽一批同时具有环保能源和金融背景的人才,从项目挑选、审核直到最后的贷款形成一整套成熟的操作流程,提高效率,专人专用,真正达到促进当地环保产业发展的目的。

(8) 统一我国的绿色债券标准。目前国内绿色债券市场可采用的绿色债券原则(GBP)和气候债券标准(CBS),以及中国人民银行《绿色债券支持项目目录》及国家发展改革委《绿色债券发行指引》,四项标准应该统一,以扩大市场规模,促进国际市场对接,扩大我国绿色金融市场的国际影响力。建议采用GBP和CBS国际标准,考虑到我国目前一些产业和企业的需要,可以设立5～10年的过渡期。

(9) 绿色债券和绿色信贷应该实行强制性第三方认证。绿色债券的发行与存续期认证,以及绿色信贷的认证应该实行强制性的第三方认证。国内的第三方认证机构应该参考目前国际审计机构准则《国际认证业务标准第3000号——除历史财务信息审计和审阅之外的认证业务》(ISAE3000),以及ISO环境管理体系认证方法等,这样才可以保障绿色债券和绿色信贷绿色的可靠性。

(10) 需要进一步强化绿色信贷发放人、绿色债券发行人环境信息披露要求。为了避免"假绿"甚至"洗绿"情况的发生,对绿色债券发行前和存续期的绿色认证、募集资金使用管理等内容相关信息的披露应该有明确的强制性披露要求。澄清发行人的募投计划,遏制道德欺诈风险的发生,维护绿色债券的整体形象。另外,对于绿色信贷发放人,可以参考国外的做法,在符合法定条件的情况下要求其承担贷款人环境法律责任。

(11) 需要国家对绿色信贷与绿色债券给予更明确、稳定的制度支持。为了达到投资者的预期,国家的法律和政策需要给予明确而稳定的支持。

第五章 绿色证券法律制度

第一节 绿色证券法律制度的理论基础与实践经验

一、建立健全我国绿色证券法律制度的重要意义

绿色证券法律制度是绿色金融体系的重要组成部分,它是以可持续发展理念为指导,综合运用行政、经济、社会、科技等多种手段,对证券市场各方参与主体的环境行为进行调整,引导证券市场发挥资本资产定价、资源配置和促进资本形成的功能,形成保护环境和高效利用资源相统一、经济社会发展和环境效益相统一、市场多元主体激励与约束相统一的公共政策制度与机制。[①] 我国当前急需建立健全绿色证券制度,其必要性和紧迫性主要体现在以下三个方面。

(一)适应经济绿色化的发展需要

为改善环境、加快经济走向可持续发展的步伐,2015年3月24日,中央政治局会议首次将党的十八大提出的"四化"提升为"新型工业化、城镇化、信息化、农业现代化、绿色化"的"新五化"。2015年9月,中共中央、国务院印发了《生态文明体制改革总体方案》,提出要加强资本市场相关制度建设,研究设立绿色股票指数和发展相关投资产品,研究银行和企业发行绿色债券,鼓励对绿色信贷资产实行证券化,支持设立各类绿色发展基金,实行市场化运作,建立上市公司强制性环保信息披露机制,积极推动

---

① 马险峰,王骏娴.加快建立绿色证券制度,服务支持生态文明建设[EB/OL]. (2015-03-06)[2016-01-03].http://www.csrc.gov.cn/pub/newsite/yjzx/yjbg/201602/P020160203526185782550.pdf.

绿色金融领域各类国际合作。鼓励绿色投资是推动我国经济发展模式向"绿色化"转型的关键。在"十三五"期间资本市场建立健全较为完善的绿色证券体系是党中央、国务院的战略决策,可促使更多的社会资本投入绿色产业,积极助推实现"绿色化"的发展总目标。

(二)满足绿色行业的直接融资需求,降低融资成本

在"十三五"期间,我国每年新增的绿色融资需求至少2万亿元人民币,而政府最多只能投入2 000多亿元来支持环保、节能、新能源等绿色产业。根据生态环境部测算,5年内我国治理大气污染的融资需求为1.7万亿元,而在"十三五"初始的3年内的财政支持最高只有500亿元。因此,鼓励并撬动民间绿色投资将成为满足绿色行业融资需求的关键环节。建立绿色证券体系,能够为绿色企业拓宽直接融资渠道,降低融资成本。一方面,可鼓励专业的绿色投资机构(如养老基金和保险公司)投资绿色行业;另一方面,支持绿色证券产品的推出与创新,以支持清洁能源、低碳交通等绿色行业的发展,可积极推进经济转型升级。

(三)促进资本市场实现长期稳定发展

长期以来,我国资本市场的波动性较大,投资者多以短期投资为主,较少关注长期投资。美国明晟公司(MSCI)的绿色行业指数投资研究表明,绿色企业的发展具有稳定性及可持续性,其长期收益率略高于其他行业,适合长期价值投资。目前在我国主板上市的绿色企业数量(包括环境、节能、清洁能源和清洁交通等)约为150家,仅占上市公司总数的6%,其市值总和仅占上市公司总市值的5%,绿色企业发行上市具有较大的发展空间。[①]

建立健全绿色证券体系,有利于资本市场实现长期稳定发展。一是将更多的绿色环保企业引入资本市场能够降低市场的波动率,增强市场的稳定性和可持续性;二是可增强上市公司的ESG(环境、社会及治理)信息披露,加强投资者对ESG信息披露的认识,促进投资者更多关注企业的长期发展;三是增加绿色指数投资产品,从而鼓励长期价值投资,减少短期投机行为。

---

① 马险峰,王骏娴.加快建立绿色证券制度,服务支持生态文明建设[EB/OL].(2013-12-21)[2017-05-02].http://www.csrc.gov.cn/pub/newsite/yjzx/yjbg/201602/P020160203526185782550.pdf.

二、我国绿色证券制度的具体内容

我国目前有关绿色证券的制度主要是指有关绿色企业的上市信息披露,绿色债券发行、认证与信息披露,上市公司的环境保护核查制度,上市公司环境绩效评估制度等。[①]

上市公司通过披露上市公司可持续发展信息,可增强企业和投资者的可持续发展意识。我国正处于经济转型和产业结构重组阶段,加强上市公司的环境信息披露,能够帮助企业有意识地评估和系统地改善其环境和社会绩效。与此同时,信息公开能够帮助投资者理解环境和社会问题对投资的影响。

2001年国家环境保护总局(以下简称"国家环保总局")发布《关于做好上市公司环保情况核查工作的通知》。随后国家环保总局(现环境保护部)和中国证监会陆续发布了相关政策,做了许多有益的尝试。2008年2月28日,国家环保总局正式出台了《关于加强上市公司环保监管工作的指导意见》,标志着我国绿色证券制度的正式建立。2014年11月6日,中华人民共和国环境保护部(以下简称"环保部")取消了上市环评核查,减少了不必要的前置审核。证监会也不再要求在IPO环节提供环保部门出具的环保核查文件及证明文件,但进一步强化了上市公司关于环保的信息披露要求及中介机构核查责任。

我国还积极开发绿色证券指数,引导资本市场投资。我国股票市场上的绿色环保指数主要分为三个大类:第一类为可持续发展指数(ESG),主要针对企业在环境、社会责任、公司治理等方面的综合评价;第二类为环保产业类指数,这是目前国内绿色环保指数的核心品种,主要涵盖资源管理、清洁技术、产品和污染管理等范围内的上市公司,在综合的环保产业指数里面,还有更细分的类别,如新能源、新能源汽车、环境治理等;第三类为碳效率类指数,通过计算上市公司的碳足迹(二氧化碳排放量÷主营收入)来选取碳排放量比较低的上市公司。第一类和第二类指数主要

[①] 绿色证券制度包括绿色债券,鉴于绿色债券是绿色证券与绿色信贷的交叉领域(从标的的角度讲,绿色债券是绿色证券的一种类型,从融资的角度看,绿色债券是绿色信贷的一种标准化融资手段),本书在绿色信贷中对绿色债券已经进行了分析,所以这里不再介绍。

反映重视环境治理的公司,第三类指数聚焦在传统类公司的节能减排,视角有所差异。截至 2015 年 10 月,中证指数公司编制的绿色环保类指数约 16 支,约占其编制的 A 股市场指数总数(约 800 支)的 2%;2018 年,中证指数公司再发布绿色股票指数 2 支;到 2018 年年末,上海证券交易所发布可持续发展、环保产业、环境生态、绿色收入与环境影响等绿色股票指数 30 支。[①] 绿色证券指数可以起到行业风向标的作用,为投资者提供易懂、易得的资本市场及绿色行业、绿色企业绩效与环境友好信息,从而引导有社会责任感的资本进行适当的市场投资。

与绿色证券相联系的还有绿色证券基金的培育,它可以满足节能环保产业的发展需求。党的十八大以来,我国全面加强环境保护。党的十八大报告把环境保护、资源节约、能源节约、发展可再生能源、水、大气、土壤污染治理等一系列事项统一纳入"生态文明"范畴,把环境保护地位提高到前所未有的高度。基金行业也普遍看好环保行业的投资机会,近两年相继推出以环保为主题的基金产品。2015 年对水、土壤专项规划以及"十三五"规划的逐步出台,使环保概念成为 A 股市场的重要投资主题。截至 2015 年 10 月底,基金管理机构设立的以环保为主题的基金约有 32 支,其中指数型基金 15 支,主动管理型基金 17 支。

从投资方式来看,基金管理机构基于绿色证券指数开发的基金产品主要为指数型产品,包括 ETF、连接基金、指数分级基金等被动工具性基金产品等。随着绿色产业在国民经济中战略地位的提升,以及鼓励绿色产业发展政策的陆续出台,绿色证券投资将迎来发展良机。

(一)上市公司环境保护核查制度

1. 上市公司环境保护核查制度概况

上市公司环境保护核查是指环境保护行政主管部门依法对首次申请上市并发行股票、申请再融资、资产重组或拟采取其他形式从资本市场融资的公司的环境保护管理、环境保护守法行为的全面核查、环境保护信息的持续披露、后续监管的措施。[②]

[①] 中国人民银行研究局.中国绿色金融发展报告[R].2018:47.
[②] 邹鲲.上市公司环保核查的法律问题及解决途径[EB/OL].(2017-03-08)[2019-10-09].http://www.h2o-china.com/news/254992.html.

在我国,上市公司环保核查制度源自 2001 年。2001 年 9 月,国家环保总局发布《关于做好上市公司环保情况核查工作的通知》,全国各省市开始启动环境保护核查工作。2003 年 6 月,国家环保总局发布了《关于对申请上市的企业和申请再融资的上市企业进行环境保护核查的通知》,对核查对象、核查内容和要求、核查程序等做了具体的规定,上市环保核查开始进入规范化阶段。2007 年 8 月,国家环保总局又陆续发布了一系列规范重污染行业生产经营公司申请上市或再融资环境保护核查的特别规范,并开始培训环保核查专业技术人员。2008 年 2 月,国家环保总局对进一步完善和加强核查工作、环境信息披露、开展绩效评估研究与试点、加大环保法规监督检查力度方面提出要求,特别指出了下一步上市环保核查发展的方向,即对上市公司环境绩效评估制度的建立及评估指标体系的研究。

2. 上市公司环境保护核查的对象与主要内容

我国上市环境保护核查的对象主要有从事火力发电、钢铁、水泥、电解铝等 14 个重污染行业申请上市的公司和申请再融资的上市企业。再融资募集资金投资于重污染行业,也涵盖上市公司的分公司、全资子公司和控股子公司。

对于申请上市的企业核查内容包括:排放的主要污染物达到国家或地方规定的排放标准;依法领取排污许可证,并达到排污许可证的要求;企业单位主要产品主要污染物排放量达到国内同行业先进水平;工业固体废物和危险废物安全处置率均达到 100%;新、改、扩建项目"环境影响评价"和"三同时"制度执行率达到 100%,并经环保部门验收合格;环保设施稳定运转率达到 95%以上;按规定缴纳排污费;产品及其生产过程中不含有或使用国家法律、法规、标准中禁用的物质以及我国签署的国际公约中禁用的物质。

对于申请再融资的上市企业核查内容除符合上述对申请上市企业的要求,还需核查募集资金投向不造成现实的和潜在的环境影响。募集资金投向有利于改善环境质量;募集资金投向不属于国家明令淘汰的落后生产能力、工艺和产品,有利于促进产业结构调整。

上市环保核查的核查程序一般是:申请上市的企业和申请再融资的

上市企业应向登记所在地省级环保行政主管部门提出核查申请,省环保厅初审合格后,企业向环保部提交环境保护技术报告等申请材料,受理部门进行形式审查接收材料后展开现场核查,现场核查形成初评报告送环保部专家审查、召开技术审查会议,技术审查会通过后进行公示,公示期间发现问题的进行调查核实,环保部常务会审议后结合公示情况提出核查意见及建议,报送中国证监会,环保核查结束。

对申请上市的公司环保核查申请前的连续36个月环境保护情况。对申请再融资的上市公司,如属首次进行环保核查的,核查时段为申请环保核查前连续36个月;如属再次进行环保核查的,核查时段应按接续上一次环保核查时段确定,如果超过36个月,应核查36个月。

3. 上市公司环境保护核查中存在的法律问题

上市环保核查在运行一段时间后,还发现了一些问题。

首先,实施环保核查的主体限定于技术咨询单位,体现了上市环保核查重合理性核查轻合法性审查的现状,这种做法不符合中国证监会规章,存在重大法律瑕疵。在环保核查工作中,环保部对承接该项业务的技术咨询单位的资质、人员、管理、技术能力、业务范围提出了明确要求,对从业人员的行为规范和法律责任进行了明确规定。这对于保障环保核查的技术审核的客观性和准确性无疑是非常重要的。但是,上市环保核查实施的主体没有能够承担合法性审查的环境法律专家、律师的广泛参与,可能与证监会的监管方式相互冲突。

其次,环保部的专家审查实际为技术专家审查,但技术审查会议内容几乎完全忽略合法性审查,重技术核查、轻合法性核查,造成了环保核查工作机制的缺陷。一般而言,技术咨询单位现场核查结束后,环保部组织专家进行论证,主要以书面审核方式进行。书面审核中遇到不清楚的问题,在技术审查会议中提出。技术审查会讨论形成技术审查会意见,包括建议通过、附条件通过和重新编制报告三种结论意见;技术审查会意见是作出环保核查结论的重要依据。但是,专家审查意见中没有关于合法性审查的内容。可能发生违法评估、不当评估的现象,动摇核查结论的权威性和可信度。

由于存在问题和争议,环保部于2014年10月20日发布《关于改革调整上市环保核查工作制度的通知》(环发〔2014〕149号)。为加快推进环境治理体系和治理能力现代化,充分利用市场手段和信息公开途径,进一步强化上市公司和企业的环境保护主体责任,环保部决定改革调整上市环保核查工作制度,自通知发布之日起,停止受理及开展上市环保核查。

证监会虽然不再要求在IPO环节提供环保部门出具的环保核查文件及证明文件,但对于已经上市的公司,则进一步强化了关于环保的信息披露要求及中介机构核查责任。《公开发行证券的公司信息披露内容与格式准则第一号——招股说明书》第二章第四节第二十八条规定需披露的风险因素中有两处涉及环保:①投资项目在市场前景、技术保障、产业政策、环境保护、土地使用、融资安排与他人合作等方面存在的问题;②由财政、金融、税收、土地使用、产业政策、行业管理、环境保护等方面法律、法规、政策变化引致的风险。此外,证监会在上市公司重大资产重组中也对环保信息提出了明确要求。《关于规范上市公司重大资产重组若干问题的规定》第四条规定:"上市公司拟实施重大资产重组的,董事会应当就本次交易是否符合下列规定作出审慎判断,并记载于董事会决议记录中。交易标的资产涉及立项、环保、行业准入、用地、规划、建设施工等有关报批事项的,在本次交易的首次董事会决议公告前应当取得相应的许可证书或者有关主管部门的批复文件。"这些构成了我国的上市公司环境信息披露制度。

(二)上市公司环境信息披露制度

1. 上市公司环境信息披露制度概述

公信力是绿色金融市场健康、持续发展的基石,合规、透明的信息披露是绿色金融市场公信力的基础性保障措施。供需双方信息不对称是导致市场失灵,阻碍绿色金融发展的巨大瓶颈之一。企业环境信息披露是提高绿色金融市场公信力,防止"洗绿"行为的重要保障措施。上市公司是资本市场的基石,环境法律风险已成为上市公司尤其是排污型企业最重要的经营风险之一,环境信息披露工作关系到政府监管及企业形象等,此项风险应当引起上市公司的足够重视,以推进内部环境治理工作的持续改善。在我国,上市公司的环境信息披露工作是所有上市公司应当履行的法律义务。建立适当的上市公司环境信息披露制度有助于提升上市公司的质量,推动资本市场稳健发展,是促进绿色金融持续发展的重要举措。

我国环境信息披露相关政策最早始于1997年,《公开发行股票公司信息披露的内容与格式准则》第一号文件明确要求上市公司在招股说明书中应披露环境相关信息。此后二十多年来,证监会和环保部门陆续发文,要求上市公司披露环境信息,如2016年中国人民银行等七部委发布的《关于构建绿色金融体系的指导意见》(以下简称《指导意见》)、2017年证监会与环保部签署的《关于共同开展上市公司环境信息披露工作的合作协议》、2017年年底证监会修订的上市公司年报和半年报信息披露内容与格式准则,均明确要求上市公司及重点排污单位应披露环境信息。我国连续地披露与企业环境信息相关的系列制度和法规,从原先由环保部门或证券监管部门等独立制定到后来跨部门合作联合制定相关制度,环境信息披露从自愿性逐渐向强制性过渡,制度日趋完善,规定更加细化,标准逐步提高,环境立法逐渐适应当前经济形势需要,我国环境信息披露法律法规监督体系雏形已基本形成。随着我国绿色金融快速发展,国内环境信息披露取得积极进展,并在实践中不断完善。

2016年七部委的《指导意见》的分工方案,计划分步骤建立强制性上市公司披露环境信息制度:第一步,2017年年底修订上市公司定期报告内容和格式准则,要求进行自愿披露;第二步,对所有上市公司实现半强制披露要求:强制要求重点排污单位信息披露环境信息,未披露的需作出解释(2018年3月);第三步,强制要求所有上市公司进行环境信息披露(2020年12月前)。

我国上市公司披露环境信息的形式较为多样,主要包括"社会责任报告(CSR)""环境、社会及管治报告(ESG)""可持续发展报告""环境报告书"(包括"环境信息报告")等。此外,不少公司会将环境信息披露在公司年报/半年报、财务报告中(主要是环境会计信息)。我国环境信息披露数量逐年增多,特别是自2016年以来增速较快。截至2018年8月,我国上市公司单独以环境报告形式累计发布125份。2004年宝钢股份发布了国内首份环境报告,分别从环境管理、影响环境的因素、污染控制措施、与社会互动、环境友好产品及环保纪事等方面披露公司的环境信息。可持续发展报告从 2009 年开始出现，截至 2018 年 8 月，我国上市公司累计发布 286 份可持续发展报告。2015 年联交所发布《环境、社会及管治报告指引》（以下简称《指引》），部分上市公司开始陆续发布环境、社会及管治报告，截至 2018 年 8 月，我国上市公司累计发布 1 013 份 ESG 报告。社会责任报告发布的最多，截至 2018 年 8 月，累计发布 5 808 份 CSR 报告，占报告总数量的 80%。ESG 报告和 CSR 报告的主要区别在于目标读者不同，ESG 报告主要参照《指引》，目标读者是投资者和监管机构，而 CSR 报告主要参照中国社科院的 CSR 指南和全球报告倡议组织（GRI）发布的《可持续发展报告指南》，目标读者群体更广泛，包含不同利益相关方，如公司员工、供应商、投资者、顾客、第三方机构等。目前来看，CSR 报告和 ESG 报告是未来上市公司环境信息披露的主要形式。

环境信息披露在我国尚处于起步阶段，信息披露的数量和质量还有待于进一步提升。从披露数量来看，根据《中国上市公司环境责任信息披露评价报告（2015 年）》，2015 年我国上市公司发布环境信息报告的数量为 747 家，比 2014 年增加了 39 家，占所有上市公司数量的 26.6%，沪市总体环境信息披露水平略高于深市。虽然以独立报告披露环境信息的上市公司逐年增加，但每年只有不到一半的上市公司进行披露。据东方金诚统计，截至 2018 年 8 月，我国沪深市场总上市公司 3 551 家，其中属于火电、钢铁、水泥等 16 类重污染行业的企业有 1 208 家，占所有上市公司约 34%，其中纳入国家重点监控并实施强制性信息披露的仅 165 家。

从披露内容来看，根据我国重污染企业环境信息披露研究报告《企业环境信息披露指数（2017）》，我国重污染企业信息披露质量逐年提高，但大部分企业的环境信息披露仍是"自愿"行为，信息碎片化特征明显。根据《中国企业绿色透明度报告（2018）》，沪深总体企业环境信息披露情况仍不容乐观，企业环境信息披露水平两极分化严重。研究表明，地区经济发展水平、公司管理层、股权结构、公司债权人、投资人状况、制度与市场压力、相关技术改进等因素对环境信息披露质量影响显著。由于内外部监管机制不健全，企业环境信息披露内容具有选择权，出现"报喜不报忧"和"避重就轻"的现象，且以定性描述为主，缺少定量说明，导致信息披露质量不高，投资者难以对企业披露的环境信息作出客观评价，进而无法进行有效决策。此外,极少数企业会披露未来的环境信息,而事实上投资者可能更关注未来信息的披露情况。

2. 上市公司环境信息披露所秉持的原则

1) 真实性原则

环境信息披露的真实性原则要求上市公司披露的环境信息应当在技术水平允许的范围内做到真实,不得披露虚假环境信息。上市公司披露的环境信息在一定程度上反映了企业的经营水平和公司面临的潜在风险,是投资者或者合作伙伴作出商业决策的重要依据。上市公司披露虚假环境信息使得投资者或者合作伙伴作出错误决策,是破坏市场秩序的行为。除此之外,上市公司披露环境信息涉及公众的环境知情权、参与权和监督权,企业不披露环境信息或者披露虚假环境信息侵犯了公众的环境知情权,社会公众将会因企业造成的环境污染而承担人身或财产损失。因此,真实性原则是上市公司环境信息披露的基础。如果不能保证信息真实性而盲目追求及时性和全面性,反而会造成严重后果。在理解真实性原则时,应当注意考虑当前的技术水平,当公司收集自身环境信息遇到技术瓶颈时应给予其一定程度的豁免。

2) 及时性原则

环境信息披露的及时性原则要求上市公司披露的环境信息在技术水平允许的前提下应当及时,不得拖延。环境信息和新闻一样具有时效性,并且它涉及商业决策和公民的人身财产安全,延时披露的环境信息则无法发挥其应有的作用。及时性原则应当在一定程度上优于真实性原则。对于一些突发性环境事件,受技术限制,一些信息需要按部就班地发掘、分析,若过度追求披露信息的真实性,则可能导致公众在短时间内对于突发环境事件的具体情况一无所知,也就无法采取预防措施,一旦造成损失,往往是无法弥补的。在此种情形下,不必片面追求信息的准确性,上市公司应当尽快披露已掌握的环境信息,向政府环境主管部门报备,警示周边民众做好预防和疏散准备,对后续发现的问题应及时纠正和补充。

3) 全面性原则

环境信息披露的全面性原则要求上市公司披露的环境信息应尽可能

全面、客观,不得避重就轻,也不得只披露对企业有利的部分,回避对企业不利的部分。环境信息之间紧密相连,牵一发而动全身,仅仅披露部分环境信息无法保证信息的真实性,也就无法发挥环境信息的作用。在处理突发性环境事件时,全面性原则要让步于及时性原则,但全面性原则应当作为环境信息披露的终极目标。如果不能短时间内发掘全部环境信息,可以采取分步披露的方式,但是每一步骤要做到及时、真实,并且对现阶段无法披露全部信息作出声明,最终实现环境信息的完全披露。同时,对于不同行业、不同能力的上市公司,全面性应当与责任能力理论相符,在全面性方面不能"一刀切"地要求所有公司按照统一标准披露环境信息。

3. 我国上市公司披露环境信息的法律依据

上市公司进行环境信息披露的法律依据包括《证券法》《环境保护法》、《大气污染防治法》、《上市公司信息披露管理办法》(证监会令第 40 号)、《企业事业单位环境信息公开办法》、《排污许可管理办法(试行)》、《环境信息公开办法(试行)》、《公开发行证券的公司信息披露内容与格式准则第 2 号——年度报告的内容与格式(2017 年修订)》、《公开发行证券的公司信息披露内容与格式准则第 3 号——半年度报告的内容与格式(2017 年修订)》等。

目前的环境法律法规主要针对重点排污单位的环境信息公开义务作出了强制规定,强制性上市公司披露环境信息制度尚未全面建立。上市公司或其关联公司中,如存在重点排污单位,应严格加强环境信息披露工作。未被所在地市列为重点排污单位的排污型上市公司及其关联公司同样应该按照前述相关法律的要求,规范开展环境信息披露工作。

4. 上市公司环境信息披露内容

在日常经营中,上市公司基本的环境信息应通过年度报告、半年度报告等形式及时进行披露,如不披露,需充分说明原因。应予披露的具体内容有:①基础信息,包括建设项目基本情况、生产经营和管理服务的主要内容、产品及规模等。②排污信息,包括主要污染物及特征污染物的名称、排放方式、排放口数量和分布情况、排放浓度和总量、超标情况,以及执行的污染物排放标准、核定的排放总量。③防治污染设施的建设和运行情况。④建设项目环境影响评价及其他环境保护行政许可情况。⑤突发环境事件应急预案。⑥其他应当依法公开的环境信息。

上市公司应将环境信息需披露的内容和方式纳入信息披露事务管理制度中。信息披露事务管理制度中已具备环境信息披露内容的,需要进一步细化环境信息披露内容和披露要求等。对于日常的基础环境信息,企业可以通过其网站、企业事业单位环境信息公开平台或者当地报刊等便于公众知晓的方式公开环境信息,同时可以采取以下一种或者几种方式予以公开:公告或者公开发行的信息专刊;广播、电视等新闻媒体;信息公开服务、监督热线电话;本单位的资料索取点、信息公开栏、信息亭、电子屏幕、电子触摸屏等场所或者设施;其他便于公众及时、准确地获取信息的方式。

重要环境事件发生后,上市公司应及时进行临时报告,并对外发布公告,即如果发生可能对上市公司证券及其衍生品种交易价格产生较大影响的重大环境事件,在投资者尚未知晓时,上市公司应当立即进行披露,说明事件的起因、目前的状态和可能产生的影响及后续进展。例如,公司发生突发环境事故,公司因环境管理不力被环境监管部门行政处罚,新公布的环境法律、法规、规章可能对公司产生重大影响。

已经领取排污许可证的上市公司应当按照排污许可证规定的关于执行报告内容和频次的要求,编制排污许可证执行报告。排污单位的年度执行报告应当每年在全国排污许可证管理信息平台上填报、提交并公开,同时向核发环保部门提交通过全国排污许可证管理信息平台印制的书面执行报告。年度执行报告包括:排污单位基本生产信息;污染防治设施运行情况;自行监测执行情况;环境管理台账记录执行情况;信息公开情况;排污单位内部环境管理体系建设与运行情况;根据自行监测结果说明污染物实际排放浓度和排放量及达标判定分析;排污单位超标排放或者污染防治设施异常情况的说明;其他排污许可证规定的内容执行情况等。

除前述事项,机动车生产、进口企业还应当向社会公布其生产、进口机动车车型的排放检验信息或者污染控制技术信息,以及有关维修技术信息。

5. 违反环境信息披露义务面临的法律后果

根据法律法规的规定,上市公司未按规定制定上市公司信息披露事务管理制度的,由中国证监会责令改正。拒不改正的,中国证监会给予警告、罚款。

上市公司未按照规定披露信息,或者所披露的信息有虚假记载、误导性陈述或者重大遗漏的,责令改正,给予警告,并处以 30 万元以上 60 万元以下的罚款;对直接负责的主管人员和其他直接责任人员给予警告,并处以 3 万元以上 30 万元以下的罚款;未按照规定报送有关报告,或者报送的报告有虚假记载、误导性陈述或者重大遗漏的,责令改正,给予警告,并处以 30 万元以上 60 万元以下的罚款;对直接负责的主管人员和其他直接责任人员给予警告,并处以 3 万元以上 30 万元以下的罚款。上市公司的控股股东、实际控制人指使从事前两款违法行为的,依照前两款的规定处罚。上市公司通过隐瞒关联关系或者采取其他手段,规避信息披露、报告义务的,按照前款规定处罚。

机动车生产、进口企业未依法向社会公布其生产、进口机动车车型的排放检验信息或者污染控制技术信息,以及有关维修技术信息,将被处 5 万元以上 50 万元以下的罚款。

上市公司的股东、实际控制人、收购人及其董事、监事、高级管理人员违反信息披露义务的,中国证监会可以采取以下监管措施:①责令改正。②监管谈话。③出具警示函。④将其违法违规、不履行公开承诺等情况记入诚信档案并公布。⑤认定为不适当人选。⑥依法可以采取的其他监管措施。

上市公司及其他信息披露义务人违反信息披露规定,情节严重的,中国证监会可以对有关责任人员采取证券市场禁入的措施;涉嫌犯罪的,依法移送司法机关,追究刑事责任。

国家发展改革委、中国人民银行等 31 个部门联合印发的《关于对环境保护领域失信生产经营单位及其有关人员开展联合惩戒的合作备忘录》规定,联合惩戒措施包括限制市场准入、行政许可或融资行为等。

推动企业重视环境信息披露工作,以此促进内部环境治理的持续改善,是环境信息披露制度建立的初衷。企业不但由此避免了环境行政处罚的损失,而且能够通过环境治理的改善获得相关的环保补助、政策支持等。但如果企业敷衍、被动地进行环境信息披露,从外部性讲,影响了投资者和公众对上市公司的有效监督,从内部性讲,实际上是企业主动放弃了新形势下高质量发展的良机。总体来说,研究者认为,鼓励性的环境信息披露尚不能更好地激励信息披露工作的主动性,会影响环境信息披露效果,难以实现该制度设立的价值。全面强制性环境信息披露要求具有必要性,期待统一的上市公司环境信息披露指南尽快出台。①

三、我国绿色证券的典型基层实践经验

我国绿色证券法律制度建设虽然存在一些问题,但随着绿色证券的不断发展,也积累了一些有益的经验并形成了一些创新举措。

(一)成立绿色金融工作领导小组

浙江省为全面开展"国家绿色金融改革创新试验区"创建和"全省绿色金融综合改革试点"工作,扎实推进绿色产业发展和生态文明建设,衢州市政府研究决定成立衢州市绿色金融工作领导小组。领导小组负责全市绿色金融改革创新工作的组织领导和统筹协调,具体职责包括制定绿色金融改革创新的发展政策、体系建设、方案计划、实施措施,确定绿色金融改革创新的实施项目库,组织召开全市绿色金融改革创新推进工作会议,制定绿色金融改革创新考核办法,开展绿色金融改革创新工作年度考评。领导小组办公室设在市人民银行,分设6个工作组,分别为综合组、绿色银行组、绿色保险组、绿色证券组、绿色债券组、绿色基金组。各工作组的组成与职责由领导小组办公室研究发文。有关绿色金融的各项规则草案由工作领导小组组织制订。

其他地方关于绿色金融的工作则由原管理单位负责。例如,北京市中关村管委会通过开展征集绿色债券试点企业工作,推动绿色债券发行认证开展试点。2016年4月6日,中关村管委会向园区企业发出通知:"为支持中关村企业利用债券市场做强做大,在中国证监会的支持和指导下,我委将开展中关村企业发行创新创业债和绿色债试点,试点将整合相关金融服务资源,在企业发债产品设计、评级、增信、审批、承销等环节进行政策引导和支持,有效提高企业债券融资规模并降低企业融资成本,促

---

① 刘闺臣.上市公司环境信息如何披露[N].中国环境报,2018-07-25(8).

进中关村科技型企业快速发展。现征集首批中关村创新创业债和绿色债试点企业……"

(二)搭建地方平台,提供便利措施

2015年7月14日,北京市金融工作局与中国人民银行营业管理部、北京市节能环保中心等16家单位共同签署了《绿色债券联盟发起成员单位合作备忘录》,助推北京辖内企业在境内外资本市场发行绿色债券。首钢基金、北京水务投资中心、碧水源、启迪控股已分别与汇丰银行、工行等金融机构进行工作对接,设计绿色债券发行方案,将通过境内外资本市场(伦交所、港交所等)进行直接融资,支持首钢旧厂区建设、水环境改善及新能源建设等绿色环保重点项目。

2017年3月,陆家嘴金融城正式揭牌成立"陆家嘴金融城绿色金融专委会"(以下简称"陆家嘴绿专委")。2017年7月1日,陆家嘴绿色金融发展中心理事会成立,有近百家成员单位,涵盖了开展绿色金融的各类市场主体。陆家嘴绿专委已加入中英金融服务峰会绿色金融中方专项小组,并在绿色信息披露、责任投资、绿色债券标准、绿色金融产品创新等方面与国内外市场主体开展了深入交流并得到了积极响应。2017年10月27日,由陆家嘴绿专委联合相关市场主体共同发布了《陆家嘴金融城绿色信息自愿披露倡议》和《陆家嘴金融城绿色责任投资倡议》。这两大"陆家嘴倡议"通过引入和倡导国际先进的发展理念和投资方式,共同呼吁和推动形成一个透明、可持续、治理良好的绿色金融生态体系,实现经济发展与环境保护的和谐统一。2017年10月27日,"陆家嘴金融城绿色金融综合平台"建设项目揭牌,确立绿色债券、绿色融资工具、绿色融资项目三大类推广项目,并对"首次"与"跟踪"推广项目按4∶1的比例进行划分,逐年调整。推广流程包括项目认证、项目立项、项目审核、推广安排、信息披露等。

在2015年联合国气候变化大会上成立的绿色基础设施投资联盟(Green Infrastructure Investment Coalition,GIIC)是由投资方、多边开发银行、金融服务机构和潜在发行人组成的平台,促进发行人和投资人的对接。气候债券倡议组织(CBI)、国际相互合作保险组织联盟(ICMIF)、长期基础设施投资人协会(LTIIA)、责任投资原则(PRI)以及联合国环境署可持续金融体系设计之探寻项目(UNEP Inquiry)共同运营GIIC,以消除绿色基础设施建设面临的投资壁垒。

(三)实施财政激励政策

发行成本和发行利率是发债企业最关心的问题。发行绿色债券要在普通债券发行流程的基础上增加独立第三方的评估认证,这部分增加的成本往往也是由发行企业承担的。因此,政府若能实施财政激励,直接或间接降低发行成本和发行利率,将会极大鼓励绿色债券的发行。地方政府可采取的财政激励的手段十分多样化。首先,地方政府可以通过发行补助、担保补助、债券贴息等方式进行成本分担,直接降低发债企业的发行成本。其中,发行补助可以是给发债企业的补助,也可以是给承销机构、第三方评估认证机构的补助。其次,地方政府可以通过设立担保基金、鼓励债贷组合、鼓励专项建设基金与绿色债券组合等方式进行信用增进,间接降低发债企业的发行成本。再次,在中央政策框架内,地方政府可以为发行人、投资人提供相应税收减免优惠。例如,按现行政策,投资国债、政府债、政策性金融债免税,投资铁路债减半征收。最后,地方政府可以通过引导投资的方式,鼓励辖区内外资本投资辖区内发行的绿色债券。

上述财政激励的手段多数已在国家发展改革委发布的《绿色债券发行指引》中列明,证监会也明确指出,鼓励支持地方政府综合利用贴息、财政补贴、设立绿色公司债券投资基金等多种优惠政策支持绿色公司债券发展。目前,各地政府推出实质性的财政激励措施还比较少。根据公开信息,力度最大的财政激励当属深圳市福田区政府对辖区企业发行双创债、绿色债贴息2%,对辖区内中央机构贴息1%。[①]

河北省发布的《资产证券化奖励资金管理办法》规定,对于成功发行

---

① 在第十一届中国(深圳)私募基金高峰论坛上,深圳市福田区副区长何杰发言时介绍,福田将推动绿色债和双创债的发行。何杰说:"福田区政府通过决议,对每个企业发行双创债、绿色债的贴息2%,对中央机构贴息1%。"过去,类似的财政激励措施已经被地方政府运用到债券融资奖励中。2012年,多个地方政府出台了针对中小企业私募债的优惠贴息政策,譬如深圳市政府对深圳地区前10家发行私募债的企业首年按发行额的1%进行贴息;北京中关村管委会对中关村旗下企业发行私募债给予票面利息30%的贴息。2016年,河北省为鼓励资产证券化融资,制定了《河北省资产证券化奖励资金管理办法》。

资产证券化产品的地方法人金融机构,按不超过发行金额1‰的比例予以奖励;对成功发行资产支持专项计划或专项资产管理计划的企业,按不超过发行金额1‰的比例予以奖励;对成功发行资产支持票据的企业,按不超过发行金额1‰的比例予以奖励;对在机构间私募产品报价与服务系统成功发行资产支持证券的企业,按不超过发行金额1‰的比例予以奖励;对成功发行我省资产证券化产品的证券、基金及银行业金融机构等承销机构,按照奖励年度累计发行金额排名,对前五名的机构,按照在奖励年度内,单笔最大发行金额对应的企业此笔资产证券化产品获得奖励金额的50%给予奖励。

在国际上,各国际组织、各国政府、开发性金融机构、交易所也都在探索从财务上实实在在激励绿色债券市场的方法。新加坡金融管理局2017年宣布推出绿色债券资助机制,为期限大于3年且额度大于2亿新加坡元的绿色债券发行人提供第三方评估认证费用补贴,补贴额度最高为10万新加坡元,旨在支付全部第三方评估费用。巴西开发银行(BNDES)成立了1.44亿美元的可持续能源基金,投资绿色债券,以引导私有部门投资,促进巴西绿色债券市场的发展。

(四) 实施信用增进,提高绿色证券信用等级

作为市场初期的过渡措施,公共部门可运用信用增级工具,包括提供担保、次级债券或股权、保险和政策风险保险等,以改善绿色债券等绿色证券的风险收益状况。美国政府的经济发展机构海外私人投资公司(Overseas Private Investment Corporation, OPIC)为绿色债券发行人提供增信服务。OPIC的绿色担保(Green Guarantee)为参与证明(Certificates of Participation)的基金提供支持,并根据绿色债券原则为参与证明贴标。2014年,OPIC首次为美国国内债券市场4 700万美元的债券提供绿色担保,为智利的Luz del Norte光伏项目的建设融资。

欧盟现有的基础设施建设增信机制,如项目债券倡议(Project Bond Initiative),也可被扩展运用于绿色债券。通过项目债券倡议,欧洲投资银行可以向合格的基础设施项目提供项目债券信用增进(PBCE),以次级金融工具的形式——借贷,或者应急协助(在项目产生的现金流不足以保障优先级债券,或者支付建设费用超支的情况下注资)来支持由项目公司发

行的优先级债券。另一个运作比较好的是荷兰的绿色基金机制(Green Funds Scheme)。该机制由荷兰政府于1995年发起。如今大多数荷兰银行都设有绿色基金,基金来源于私人客户,私人客户可以选择以存款的方式或者低风险投资的方式将钱交给基金管理。银行承诺70%的资金将投向绿色项目,资金回报比市场均值低1%。这有利于绿色项目的项目业主,但同时降低了私人客户的收益。为此,荷兰政府为参与绿色基金的私人客户提供总计2.5%的税收优惠作为激励。据统计,2010年荷兰政府虽然为此少收了1.5亿欧元的税,但撬动了60亿欧元的私人资本投向绿色项目。

(五)认可与表彰

各国中央政府、地方政府与国际组织还可以通过认可及表彰的方式对发行绿色债券、绿色证券的发行企业及参与机构予以鼓励。这可以是荣誉上的一个认可,如颁发一个荣誉称号或奖项,也可以是动员媒体进行专项报道。这些认可表彰活动可以让发行企业及参与机构获得额外的收益,同时也可以对绿色债券这一创新产品进行广泛宣传。2016年11月4日,中国证券业协会发布首期绿色公益榜,就是一个不错的尝试。[①] 更进一步说,地方政府可以将绿色债券纳入其他常规性的评审奖励之中,加大激励力度。青海省在《关于发展绿色金融的实施意见》中提出,省内各金融机构在绿色信贷、绿色债券、绿色保险等方面的主要指标完成情况将被作为参与全省金融支持地方经济社会发展和货币政策工具运用等评审奖励的重要依据。内蒙古自治区也提出了类似的措施。

在国际上,气候债券倡议组织从2016年开始每年颁发一次绿色债券奖。全球领先的利益相关方如银行、企业、地方政府、中央银行等会因其

---

① 2016年11月4日,中国证券业协会发布首期绿色公益榜,这也是金融业首份绿色公益榜单。该榜单以证券公司发行主承销绿色债券及绿色资产证券化产品情况为口径,分别从发行产品数量和发行金额两个角度,以截至2016年第3季度末的数据,筛选出排名靠前的证券公司上榜。证券业协会表示,绿色债券及绿色资产证券化产品具有明显的社会公益性质,"绿色公益榜旨在鼓励督促证券公司提高社会责任意识",未来,"将持续督促证券公司积极履行社会责任,同时加大对责任投资理念的推广力度,引导证券公司提高服务绿色投资的主动意识"。中国证券业协会、基金业协会还推出双创债、绿色投资等排行榜,作为证券公司、基金公司履行社会责任的重要指标。

在全球绿色债券市场发展中的贡献获得奖励。颁奖活动也有利于分享并传播相关的知识、经验,起到市场教育的作用。

第二节 绿色证券法律制度的比较法经验

一、中国香港的绿色证券制度

中国香港作为世界金融中心之一,一直都很重视包括绿色证券在内的金融制度建设。香港特区政府于2018年9月21日发布的《绿色金融战略框架》(*Strategic Framework for Green Finance*, 2018)指出:全球的绿色金融发展都受到了2015年"巴黎气候变化公约"的影响和推动。公约呼吁"使金融的流动符合低碳发展与气候友好的发展方向"。绿色金融是国家推动粤港澳大湾区、"一带一路"经济发展和区域合作的重要策略工具。2019年公布的《粤港澳大湾区发展规划纲要》提到,中央政府支持香港特区打造绿色金融中心,建设国际认可的绿色债券认证机构;支持香港特区成为解决"一带一路"建设项目投资和商业服务中心,以及举办相关主题的论坛。

香港证券及期货事务监察委员会(The Securities and Futures Commission,SFC)自2016年起开始指导绿色金融发展政策。中国内地已经将绿色金融作为一个优先发展战略,以实现经济的可持续发展。香港绿色金融发展战略的重心在绿色债券。香港特区政府在2018年度的《财政预算案》中提到,其正积极筹备发行首批政府绿色债券,以鼓励更多企业透过香港资本市场为绿色项目融资。绿色金融认证计划(the Green Bond Grant Scheme,GBGS)亦于2018年6月正式推出,为有意发行绿色债券的企业提供第三方认证服务;同时提出绿色债券资助计划,向符合条件的绿色债券发行机构提供资助,补贴其使用绿色金融认证计划的成本。香港金融管理局的香港品质保证局(Hong Kong Quality Assurance Agency,HKQAA)专门负责绿色金融的相关事宜。根据气候债券倡议组织(Climate Bonds Initiative,CBI)所做的一个市场研究报告,2018年,香港特区发行了总额达到110亿美元(HK$85.8 billion)的绿色债券,其中的83%是香港特区以外的主体发行的,这意味着中国香港是一个对海外投资者很有吸引力的债券发行平台。

香港特区政府致力于发展绿色金融项目,帮助降低其金融成本。香港特区政府绿色债券的发行,表明了香港特区政府对绿色债券的支持,推进了经济向低碳与高附加值产业的转变,也进一步推进了绿色金融的可持续发展。为吸引更多的绿色投资者,香港特区政府应该要求相关主体清晰、明确地披露环境信息,以保证绿色金融的项目与产品实实在在地用于应对气候变化、促进可持续发展。也就是说,政府应该参考气候债券倡议组织(CBI)设定的气候变化债券标准(Climate Bonds Standard,CBS),制定现行的绿色金融认证机制的标准和规则。在2018年9月宣布绿色金融战略框架时,香港SFC声明会采纳合适的国际绿色债券披露标准,加强对上市公司环境信息披露的一致性与相容性。2018年,全球绿色债券的总发行量是1 673亿美元,美国是第一大发行人,发行了309亿美元,中国内地是第二大发行人。中国香港可以在中国内地与世界之间起到桥梁作用,促进双方绿色债券市场的沟通。这样,中国香港不仅可以促进绿色债券发行,还可以扩大投资者范围,加强其作为世界绿色金融中心的作用,保障自身有足够的专业人士评估与处理环境与气候事务。

为了发展绿色债券投资市场,与世界其他地区竞争下一代的世界金融中心,中国香港于2018年6月15日发起了"绿色债券认证机制"。该机制为期3年,主要对绿色债券发行过程中的外部认证成本进行补贴。只要是在香港市场发行和交易,不管以何种货币计价发行,只要其额度达到等值5亿港元,不管是首次发行还是再次发行,均可以申请此种补贴。该补贴的最高额度是80万港元,一般来说,足以覆盖对债券进行绿色认证的成本。[1] 与其他市场相比,这个补贴更有吸引力。以新加坡为例,它也有对绿色认证的补贴机制,但要想申请补贴,债券的发行额度必须达到2亿新加坡元(大约11.48亿港元),且补贴的额度只有10万新加坡元(大

---

[1] Benefits at local and regional scale of establishing green finance in Hong Kong[EB/OL]. (2019-01-04)[2020-05-06]. http://www.fsdc.org.hk/sites/default/files/GreenFinance Report-English.pdf.

约57.4万港元)。与新加坡相比,香港特区的高补贴额度与低申请门槛更加显示了它发展绿色金融市场的诚意。香港特区推进绿色金融市场发展的另一个举措是,香港特区政府计划发行1 000亿港元的绿色政府债券,所筹集的资金将投入香港"市场工作准备金"(Capital Works Reserve Fund),以便为绿色公共工程提供资金支持。可再生能源项目、节能工程、低碳建筑都可以从中受益。项目初期面对的主要是机构投资者,以便政府积累更多经验。这将是目前为止全球最大规模的一笔主权绿色债券发行,向世界以及潜在投资者显示了中国香港发展绿色金融的决心和勇气。中国香港的行动表明了对绿色金融的支持,贯彻了习近平主席发展生态文明的思想。中国香港能否成为世界绿色金融市场的中心还不确定,但其发展前景是非常积极乐观的。

二、主要发达国家关于上市公司环境信息披露制度的立法与实践

(一)美国对上市公司环境信息披露制度的立法与实践

相较于其他西方国家来讲,美国是较早披露环境信息的国家之一。1992年,美国的环境经济联盟要求联盟企业要按照可持续发展报告指南的规定编制环境报告书以披露企业的环境信息,其中包括企业对环境的影响及环境信息对企业财务的影响。美国主要采用的是强制性环境信息披露,其相关的法律法规要求如下。

1. 环境法律的相关规定

美国对环境进行保护的法律有两个方向:一个是对污染排放进行管控的法律法规,如《固体废弃物管理法》《清洁空气法》;另一个是侧重补偿类的法规,如《资源保护回收法》《超级基金法》等,上述法律法规对环境信息披露的内容和方式都有详细阐述。例如,美国的《超级基金法》就规定环境监管部门有权对可能造成污染的企业进行严格管制,可能造成污染的企业链条包括涉及污染源头的产品的提供者、污染传输者(运输者),以及污染排放的企业的经营者。被环境监管部门认定为可能产生污染的企业,必须进行环境信息的披露。

TRI(有毒物质名录)的强制披露制度,是美国环保法规中最出名的实例。美国国会要求任何聘用超过10个全职员工,并属于标准工业分类体系中第20～39项的工厂,生产或持有 TRI 所列的302种化学品种任何一种,产量超过25 000磅的,或者使用10 000磅以上的,或生产、持有 TRI 所列任何20种有毒化学物品的任何一种工厂,需将本年度储存和排放的有毒化学物品信息整理归档并向美国环境保护总署(EPA)提交年度报告,以便制定应急措施。报告中的信息将被编入 TRI 并对公众开放。TRI 的产生,明晰了有毒物质排放的行业和企业情况,督促了企业积极进行环境信息的披露,并逐渐演变成正式的、独立的与年度财务报告相似的正式的环境报告,为环境信息披露法律法规制度的建立提供了有力的支持。

2. 金融和会计方面的相关规定

上市公司如果单纯就遵循环境法律法规公布环境信息,没有对精确的环境财务信息进行统计,那么披露的内容势必空泛化。所以,在美国,企业除了遵循环境法律,还要遵循证监会的要求对相应的环境会计信息进行披露。关于环境会计信息的披露,美国法律有专门的规定,即要求量化污染的成本和收益,如果公司在美国上市或者扩大融资,披露的内容凡是涉及非财务信息的都要遵循证监会的《S-K 规则》。该规则在第100条到第105条中都有对上市公司环境会计信息披露的阐述,主要有以下三个方面:第一,遵守污染排放或者环境保护的资本支出、收益、对企业形象的影响,以及投放运营的污染处理设备的支出;第二,涉及环境类诉讼案件;第三,对可能出现的环境风险事项的推测。另外,美国证券交易委员会和环境监管部门对上市公司环境信息披露施行协同监管,要求环境监管部门定期向证监会提供相关企业的环境信息。在美国,相比环境监管部门,证监会对上市公司环境信息披露更具有强制的约束性。美国证券交易委员会(SEC)发布的《92财务告示》对上市公司环境信息披露的内容和方式进行了阐述,监督上市公司对环境负面信息及时有效地进行披露。对拒不进行披露或者披露不符合法律规定的企业,美国证券交易委员会将给予高达50万美元的惩罚,并在公众场合进行通报。

美国的财务准则委员会(FASB)作为专门的会计数据分析机构对企

业经营当中可能出现的环境负债、收益、环境资产等内容作出了明确的阐述,为上市公司环境会计信息提供了指导。美国会计协会(AICPA)发布的关于环境信息公开的补偿责任报表为披露的环境信息成本核算提供了标准的格式依据。美国会计学会(AAA)为了能够对环境信息进行全面的了解和分析,专门在学会里设立了环境影响委员会,在企业运营过程中专门研究环境信息问题,并要求企业通过内部的报表和外部报表披露企业的环境信息,为企业处理财务或者非财务信息问题提供良好的指引。

综上所述,现阶段美国上市公司环境信息披露法律法规较为完善,具体的业务指导细则和配套的实施办法也比较完善,为上市公司的环境信息披露提供了操作规范,同时有利于利益相关者对披露的环境信息进行筛选和对自己的投资可能产生的环境风险责任进行合理预估。

(二)日本对上市公司环境信息披露制度的立法与实践

日本的企业环境信息披露出现相对较晚,1993年以后,日本的企业才开始在年报中披露环境信息。随着日本建设"循环型经济社会"口号的提出,日本企业的环境信息披露在实际运用中快速发展。实施初期,日本对企业环境信息披露一直采取支持自愿披露的态度,进入21世纪,大多数日本上市企业发布了独立的环境报告。在日本,环境信息披露通过法律法规给出了具体和规范的要求。

1. 环境法规的相关规定

日本政府建立了健全的环境法律法规体系,并对以《循环性社会基本法》或者与企业自身环境信息相关的环境法律进行了相应的修订和完善。目前日本已经制定的环境法律法规有700余种,不但通过强制手段开展环保工作,还重视利用市场、企业和公众的自主性。日本制定的《环境基本法》《环境基本规划》《环境影响评价法》《节能法》《合理用能及再生资源利用法》《废弃物处理法》《化学物质排出管理促进法》等法规,使企业不采取污染控制的成本明显高于采取环境污染控制措施的成本。

2. 金融和会计方面的相关规定

日本管理企业环境保护及环境信息披露的部门是环境省。日本环境省出台的主要文件包括:1993年制定的企业就环境问题的行为指南,在该文件中初次阐述了企业应当制定环境报告书的问题;1999年日本政府制定的《环境成本公示指南》,将环境成本、收益,环境负债等问题上升到了法律层面,形成了环境会计基本框架,加强了公司对环境信息的进一步认识;日本政府随后发布的《环境会计指南》在《环境成本公示指南》的基础上,对环境成本问题做了进一步量化说明,并对实践活动中货币或实物怎么在报告中表示环境成本和收益提出了指引性建议,让企业环境信息披露制度开始在日本推行。日本环境保护监管部门在2003年制定的《环境报告书指南》中,要求企业在环境信息报告中披露环境绩效信息。

日本政府在不断完善健全环境法律体系的基础上,先后发布了《环境会计指南》《环境会计和报告》《环境报告书指南》等企业环境信息公开的相关法律法规,《环境报告书指南》详细介绍了环境报告书的概念、该书的制作目的和方法、报告的内容和对象,并对环境信息披露的时间、对象、内容进行了较为详细的规定,以增强环境信息披露的可靠性、可比性和可理解性。日本还重视充分发挥行业协会和研究机构的作用。2008年7月,对东京、大阪、名古屋的6 484家企业进行深入调查的结果显示,进行环境信息披露的企业已经从1997年的169家增至2007年的1 011家,其中大部分上市公司编制了自己的环境报告。

3. 第三方认证

随着日本《可持续发展基本法》等相关环境法律法规的制定和完善,日本取得社会第三方认证的企业就超过了1万家。由于日本的政府监管部门少,因此日本的专业第三方协会或者机构团体尤为盛行,这也在一定程度上促使企业将自己的环境审计或者环境信息报告交给专业的第三方如日本的会计协会、资源利用协会、水污染防治协会等进行认证。在日本,为企业环境报告进行认证和审计的协会就是以会计协会为主的机构团体,他们在生活中得出的数据相对于政府更具有社会公信力,更能提升企业的形象,维护企业的利益。日本的环境报告第三方认证为企业环境信息披露在日本的发展提供了积极的帮助。在日本,上市企业不同于别的国家在年度财务报告中对环境信息进行披露,他们大多数以环境报告书的形式对环境信息进行专门的披露,对外发布的环境报告书须由会计师事务所进行校验并提出审核意见,这与美国的企业环境信息披露颇为相似,但日本的规则较美国的环境信息披露规则更侧重发挥企业的自愿性。日本政府在环境信息披露方面制定了一系列规范,从最初制定法律要求企业必须遵循到鼓励企业自主进行环境信息披露,主要在于提升企业的自觉意识。另外,日本上市公司大多数在公司网站上设置环境专栏,为信息使用者获取有关公司的环境信息提供便利。

(三)欧盟主要国家对上市公司环境信息披露制度的立法与实践

欧洲环境信息披露的历史悠久,特别是近年来环境信息披露受到上市公司利益相关者如投资者、公司雇员、媒体、消费者和环保组织的重视,得到了迅速的发展。

1992年,欧盟官方发表的《走向可持续发展》报告指出,必须把环境信息作为企业信息报告中的关键内容进行披露,由此各国政府开始积极鼓励企业披露环境信息。德国是最早进行环境信息披露研究的国家。德国环境监管部门指出,高污染企业、对社会影响大的企业有义务对自身的环境信息编制报告进行披露。报告根据针对的主体不同分为两大类:一类是针对环保部门作出的报告书;另一类是涉及民众利益的报告书。德国法律规定有义务披露环境信息的企业必须在报告书中对企业就环境保护采取的措施、环护投入成本、污染处理的负债、环境收益进行阐述;披露的方式根据自身报告的特性,可以选择文字叙述,也可以选择数据统计,所列数据均经过外部审计。英国在1985年修订的《公司法》中规定,企业通过定期报告的形式披露承担社会责任情况,社会责任报告一直是英国环境报告的组成部分。1990年英国颁布的《环境保护法案》规定,企业披露环境信息必须披露自身的环境处理行为。1991年,英国会计协会针对企业上交的年度环境报告设定了环保奖励,奖励的获得标准包含企业设定的环境目标、遵循的环境法规情况的评价等。这些规定都为英国企业尤其是为上市公司进行环境信息披露提供了规范和激励。

1989年,挪威政府在修订过的《公司法》中,要求企业向公众报告公司的排污情况,以及相应的环保努力和绩效。当年挪威诺斯克海德鲁公司第一个发布了公司环境报告。此后,挪威越来越多的公司开始发布独立的环境报告。总体上,挪威的上市公司和公民的社会责任意识和环保意识,在世界居于前列。丹麦等其他欧盟国家也在20世纪90年代后制定和修缮了一系列的企业环境信息公开法规,为欧洲各国推行企业环境信息披露制度奠定了坚实的基础。

欧盟企业的环境信息披露具有较大的差异,单从披露方式这一方面,部分国家选择将其列入企业年度财务报告中,有的选择单独制定年度环境报告,有的选择文字叙述环境信息,有的采取数据统计或者列表格画图的形式进行说明。企业环境信息披露方式的多样性,体现了欧盟对企业环境信息披露缺乏规范的约束性,这就需要通过跨国的行政力量予以规范。

三、绿色证券制度建设的相关国际经验

(一)资本市场发展与环境保护密切相关

联合国环境规划署(UNEP)的可持续金融体系项目的研究表明,资本市场与环境保护之间具有密切关系:一是上市公司在环境方面的不良表现会降低客户的盈利能力,增加其债务风险。二是环境事件(如原油泄漏、化工厂水体污染、化学品爆炸等)可能对资本市场产生巨大影响,在短时间内冲击上市公司的股票及其衍生品价格。三是上市公司通过节能降耗可以降低成本,增加利润。四是资本市场的相关者,包括上市公司股东、所在地方政府和社区、客户、雇员对公司提出环境保护方面的要求。

(二)建立上市公司环境信息披露制度

近年来,随着全球环境问题凸显,发达国家不同程度地加强了对上市公司环境信息披露的要求。规范上市公司环境信息披露主要从两方面着手:一是将信息披露要求纳入法律法规规范,对上市公司强制实施环境信息披露。通过立法或者制定监管标准,规范上市公司的年报环境信息披露行为,要求上市公司公开环境绩效报告。二是允许选择自愿披露标准和框架,即由非政府组织制定和完善信息披露标准。这些组织包括全球报告倡议组织(GRI)、碳披露标准委员会(CDSB)和国际综合报告委员会(IIRC)等。这些组织提供了比强制信息披露要求更加详尽的信息披露规则,包括披露形式、主题以及详尽的绩效指标。

境外成熟资本市场推行强制信息披露的主要目的是加强企业的社会责任和综合竞争力,同时认识到对资源的有效利用、风险管理和绿色金融

创新对国家长期竞争战略的重要性。欧盟 1992 年发布的《走向可持续发展》报告认为,会计必须将环境信息作为一个重要内容纳入相关决策信息中。1993 年 3 月,欧盟通过并发布了环境管理与审计体系(EMAS)。2014 年 12 月,欧盟修改了审计指导原则,要求员工人数多于 500 人的企业在审计报告中披露 ESG 信息。

美国证券交易委员会从 1993 年开始要求上市公司从环境会计的角度对自身的环境表现提供实质性报告,这是首次在证券市场上要求上市公司定期提供与环境有关的报告。2014 年,美国近百家上市公司提交了 110 份关于应对企业可持续发展挑战的股东会决议,内容包括气候变化、供应链问题和水资源相关风险等。

世界各主要证券交易所积极实施企业教育计划,引进相关发展指数,并设置了可持续发展和 ESG 披露标准作为公司上市的先决条件。其中一些交易所将可持续报告视为企业长期盈利性的重要因素,这些交易所包括伦敦证券交易所、巴西证券期货交易所、香港交易所等。

绿色环境信息披露的标准体系在各国际组织的长期探索和实践中逐步得到完善。1992 年,世界可持续发展委员会(WBCSD)在里约热内卢召开的联合国环境与发展大会上提出了"生态效率"的概念,要求企业在创造经济价值的同时兼顾生态系统的平衡,并于 2000 年 6 月正式公布了全球第一套生态效率指标体系。国际标准化组织(ISO)于 1999 年 11 月颁布了 ISO14031 标准《环境绩效评估标准》。非政府组织制定的信息披露标准,如全球报告倡议组织(GRI)、碳披露标准委员会(CDSB)、国际综合报告委员会(IIRC)等提供了比政府法律法规要求更加详尽的信息披露规则,完善了企业信息披露报告所需要的披露形式、主题以及详细的绩效指标。

(三)发展绿色证券指数和指数投资基金

20 世纪 90 年代,各类绿色证券指数相继推出,使更多的投资者和上市公司开始关注可持续发展问题。有价值的投资将带来长期良好的投资回报,而绿色指数正是指引价值投资方向的有效参考工具。绿色指数选取出来的在社会责任方面表现良好的企业,未来能产生较高的投资回报。具有良好社会责任表现的企业更加关注可持续发展,因此保证了较低的投资风险和相对稳定的投资收益。跟踪该类指数的资产投资通常具有较大的资产规模和较好的经济收益。目前境外绿色证券指数主要分为三类,即社会责任ESG指数、环境生态指数以及环保产业指数。2015年上半年,绿色指数投资的总资产规模超过49亿美元。

（四）发展绿色债券市场

绿色债券是将收益专款专用于绿色项目的债券。该债券可以由公司实体、中央和地方政府及开发银行发行,并由机构投资者或散户投资者购买。绿色债券能够用较低的融资成本为绿色信贷和投资提供资金来源,并减少期限错配的风险。2008年,世界银行发行了世界上第一支绿色债券。国际金融公司、亚洲开发银行、欧洲投资银行以及一些主权国家（如英国、印度、加拿大、冰岛）政府纷纷加入发行绿色债券的行列。在国际市场中,绿色债券已经成为一个成熟的绿色金融产品,其融资期限长、融资成本低的特征与绿色金融领域的投资项目相匹配,因此受到投资者和项目融资者的青睐。绿色债券市场发展迅速,发行量已从2013年的110亿美元增长至2014年的近400亿美元。目前大多数发行的绿色债券属于资产挂钩型,而非资产抵押型,这意味着债券收益与绿色资产挂钩,债券投资者只对发行实体享有追索权。随着市场日趋成熟,直接由绿色资产的收益支持的绿色资产抵押债券正在出现。各国政府一般通过两种方式鼓励绿色债券市场：一是制定减少绿色债券投资项目风险的政策和监管框架,包括绿色信贷具体细则和长期价格机制。二是利用政策红利提供发行规模、流动性以及投资者必要的风险回报,如提供去风险化的工具（如损失准备金和担保）。在绿色债券市场发展的初级阶段,需要对许多规模较小的绿色项目进行汇总,使其达到债券市场所需的规模,其中暂持融通是促成规模化的一种有效工具。政府需要为此类暂持融通发行的债券提供直接的信用增级来达到绿色债券的交易量。例如,将很多小规模的区域性绿色贷款捆绑在一起做资产抵押债券,使其达到资本市场所需的必要规模。资产抵押债券的信用增级对达到投资者所需的风险收益是必要的。

（五）发展绿色风险投资基金

绿色风险投资基金是将资金引导至不具备上市资格的中小绿色项目

的金融工具,多以股权投资的形式参与绿色项目投资,其投资对象是蕴藏较大市场风险的资源节约型企业和环境友好型的高新技术企业。基金在指导所投资企业尽快成熟并取得上市资格后,可通过在证券市场转让股权而获得资金增值,以继续投向其他绿色风险项目。绿色风险投资基金契合了绿色发展项目高风险的特征,无需风险企业的资产抵押担保,是一种以高资本收益降低外部性的金融工具。

四、国际组织及主要发达国家上市公司环境信息披露法律制度的经验借鉴

(一)披露内容方面的借鉴

在披露内容上,具有正面影响的环境管理、环境投资和环境治理一直是国内上市公司主要披露的内容,而对环境成本和环境负债等负面的信息则不愿意过多地去披露,甚至不愿意去披露。在美国,上市公司公开的环境信息披露必须包括环境投入成本、环境负债以及环境政策披露三类内容。环境投入成本主要是指企业在经营活动中对环境的资本投入;环境负债是指对环境在企业生产过程中产生的负债,或者未来可能产生的负债进行说明;环境政策披露是指对环境负债和环境成本有关的特定经营政策进行披露。

强制性的量化披露环境信息是美国对本土企业的要求,主要针对环境报告书中的环境成本、负债、绩效、污染物排放信息等。2003年,日本政府制定的《环境报告指南》指出,上市企业必须在环境信息报告中对任何可能产生环境影响的经济活动进行披露。

现阶段我国应借鉴美、日等国家的立法实践,在我国上市公司环境信息披露内容的可信性与可用性方面进行补充和完善。

(二)披露形式方面的借鉴

从形式上来看,我国在年报中多采用文字记载的形式对环境信息进行记录,主要分散在董事会报告、财务报表附注等年报的相关章节中。以独立报告形式披露环境信息的重污染企业仅占总数的四分之一。美国则侧重于以量化形式对环境信息在年报中独立披露,为投资者提供环境具体信息,而非简单地以文字形式描述环境信息,造成投资者对公司环境信息的理解偏差。

在日本,大多数企业采用单独报告、重点列举的方式对环境信息进行重点分析,更加透明、集中地反映上市企业披露的环境信息,给社会公众和政府以反馈。从1999年开始,日本有超过一半的企业开始在自己的网站上公开环境信息,通过公司网站向全世界展示本企业的环境信息报告。在日本环境报告书发展的过程中,相关的环境信息编制指南起到了至关重要的作用。以美、日等国为代表,越来越多的国家和相关组织开始提倡通过单独的社会责任书或者年度环境报告披露本企业的环境信息。通过以上形式披露的环境信息的可信性、可用性和可比性有很大程度的提高。

（三）审查监管机制方面的借鉴

在环境信息的监管方面,着重发挥政府环境部门和会计审计职业组织在环境信息披露中的协同监管作用是发达国家环境信息披露监管的特色之一。政府环境管理部门通过法律和行政手段建立了完善的环境信息披露法律法规体系,同时通过激励政策积极地引导企业自觉进行信息披露。发挥环境监管部门和证券会的协同监管作用,对加强环境信息的互联互通具有积极的意义,如美国证券交易委员会与美国环保总署达成了相关协议,让环保部门定期向证监会提供某些环境信息,这对监管上市企业更好地进行环境信息披露具有极大的推动作用。在第三方专业机构的认证方面,日本企业发布的环境报告通常由第三方专业机构进行审核,第三方专业机构审核在日本尤为盛行,一定程度上推动了环境信息披露的迅猛发展;第三方审核的专业性也使得上市公司披露的环境信息更具有权威性、全面性、可信性。

（四）奖惩机制方面的借鉴

当前我国上市公司环境信息披露制度发展缓慢的主要原因是大部分上市公司没有动力进行环境信息披露。相对来说,发达国家不再盲目地追求经济增长,政府财政支出更多关注并投向环境保护方向。例如,日本环境保护监管部门提出环境保护行动奖项,引导企业在经营活动中积极进行环境治理,提供环境报告。德国在《政府采购基本法》中规定,政府在购买产品时要首先考虑绿色无污染产品,目的就是引导企业进行环境管理,并取得一定的成果。英国的环境报告奖项,将获奖的标准限定在企业环境绩效、污染的处理评价上。这些规定都为发达国家企业尤其是上市公司进行环境信息披露提供了规范和激励。就惩罚措施来讲,在一些发达国家如美国,企业一旦被发现违反了环保规定,就会遭受高额的环境违规惩罚,不披露信息在美国可能面临着每日 25 000 美元的罚款。高额的罚款加剧了上市企业的环保风险,也反过来通过资本市场倒逼上市企业主动进行企业信息披露,推动了上市公司环境信息披露法律制度的建立与完善。

通过对联合国环境规划署(UNEP)的可持续金融体系项目调查发现,金融市场与环保方面具有紧密的关系。一方面,如果上市公司在环境保护上没有给予足够的重视,出现了危及环境的事项,那么有可能会降低交易对方的盈利能力并增加自身的债务危机;另一方面,如果出现非常严重的环境问题,如核泄漏、原油泄漏、水体污染等,严重影响资本市场的正常秩序,那么有可能会造成股票市场上的价格波动,导致股票持有者恐慌。最后,上市公司可以利用自己的技术优势和资金优势,降低产业能耗、节约资源,这样既降低了成本,也增加了其盈利。[①]

相较于国内的上市公司,国外上市公司在环境信息披露法律法规的规范上更加完备,义务的履行上也更加严格。美国的上市公司早在 20 世纪 70 年代就开始进行环境信息披露,经过这么多年的发展以及在国会、国家环保署(EPA)、证券交易委员会(SEC)、财务会计准则委员会(FASB)多方的共同推动下,美国的上市公司环境信息披露的制度规范逐步走向完整化。美国的一些有关环境保护的法律法规,如《清洁空气法》《清洁水法》《资源保护和恢复法》《环境反应、赔偿和责任法》等都有专门的章节针对上市公司的环境信息披露事项进行细致的规定,除了遵守以上法律法规,还要严格按照证券交易委员会的规定。在上市公司环境信息披露的发展历程上,日本与美国有所不同,日本的证券交易法中没有环境信息披露的规定,主要依靠环境保护之类的法律法规来进行约束,如《对环境敏感经营活动促进法》《污染物排放和转移登记法》,两者均要求上市公司每年定期公告生产经营活动所造成的潜在环境风险。随着日本民众环保意识的提高以及环境信息披露体系

---

① 马险峰,王骏娴.加快建立绿色证券制度[J].中国金融,2016(6):60.

的逐步完备,日本企业对此的自觉性也得到了提高。除了股票市场上的有关规定,国外的绿色债券市场和绿色风险投资基金也发展得非常成熟。2008 年,世界银行第一次出售绿色债券产品,引起了许多国家的关注。英国、加拿大、冰岛等国家和地区也纷纷购买了绿色债券,融资成本低廉是其具备市场竞争力的重要优势。

第三节 绿色证券法律制度的完善

一、完善我国上市公司环境信息披露法律制度的建议

在我国,绿色证券法律制度的关键是上市公司环境信息披露制度,因此,如何提高环境信息披露质量、完善环境信息披露具体内容,就成为完善绿色证券法律制度的核心内容。

(一)强制性披露和自愿性披露相结合的环境信息披露要求

从我国当前的情况来看,企业在排污信息方面披露得较少或者对有关环境问题的行政处罚不进行披露,因为前者涉及上市公司的商业秘密,后者关系到上市公司的声誉。对于信息的接受者来说,信息的刺激分为绝对部分和相对部分。绝对部分是指具体的内容,如废水、废气的绝对排放量。相对部分是指与同行业竞争对手和上市公司的历史水平相比的节能数据。这些具体的数据只有在上市公司披露时不失偏颇,才会有利于外部利益相关者和资本市场更好地理解公司的实际环境状况。为避免上市公司在环境信息披露的过程中只侧重挑选有利于公司形象的正面信息进行披露,对自身不利的方面故意隐瞒,需要对上市公司信息披露的内容和形式进行法律规制。只要上市公司能明确其遵从了国家的环保标准,满足企业持续性经营的假设,至于具体的排污数据,为避免暴露上市公司商业秘密,上市公司可以选择性自愿进行披露。[①] 披露内容应包含强制性

---

① 刘武朝,张俊桥.论建立上市公司环境信息披露制度[J].河北师范大学学报(哲学社会科学版),2007(1):22-25.

披露内容和非强制性披露内容。强制性披露内容侧重证券法和环境法中规定的上市企业在什么情况下应当公开的内容;非强制性披露内容是指除法律规定上市企业必须强制公开的信息,企业有权利选择对其他的环境信息公开或者不公开。

(二)完善环境信息披露具体内容

2003年,国家环境保护部在环境信息公开的报告中规定企业必须对环境政策、污染排放情况、环境绩效等信息进行公开。2010年,要求对环境管理、环境成本、环境负债等信息进行公开,并要求上市公司在突发环境事件时必须及时向社会公开环境信息报告,并对事故发生的原因、污染的排放量、处理事故的措施进行披露。我国现有法律对环境信息披露的强制规定主要涉及环境管理、重大事件、污染处理、环境成本、环境负债等内容。上述重大事件除了包括企业出现的重大环境事故,还包括新制定或者修改的环境法律法规对上市公司公布环境信息有重大影响的、上市公司自身违反环境法律规定,受到行政以上处罚的、公司的扩大融资等可能对年度环境报告产生重大影响的事件。对于上市公司信息披露非强制性内容,2008年上海证券交易所实行的《关于上市公司环境信息披露指引》中指出,上市公司在选择法律强制规定必须披露的环境信息外,可以在环境报告中就环境政策、环境收益、污染技术研发等情况自愿公开。对公司的环境管理如环境风险的管理体制、紧急状态或者应急准备情况等都少有涉及,为实现自愿性环境信息披露,提高上市公司环境管理水平,树立上市公司良好的社会形象,可以从以下几个方面对其自愿性环境信息披露进行补充,如经营者理念,上市公司概况,上市公司的环境方针、管理结构和环境目标,环境管理环境操作,产品环境业绩,其他环境信息,以满足不同的利益相关者对环境信息的需求。

(三)统一环境信息披露形式

目前,大多数发达国家以及相关环保组织提倡以环境报告书或者可持续发展报告来进行环境信息的披露,在不断的实践中,环境信息的相关性、可信性和可对比性得到不断提高。环境信息披露在西方的实践比较早,目前已经形成多种不同的披露形式:在财务会计报表附注中披露,以环境会计报表形式披露,在独立的环境报告书中披露。我国通过借鉴其他国家上市公司环境信息披露的形式,对我国现阶段上市公司环境信息的披露形式提出以下建议:注重对财务指标的影响,目前我国上市公司在财务会计报表的附注中进行环境信息披露时,尽量避免使用公众难以理解的专业术语,在报告中凸显环境信息对财务的影响;使用专门的环境会计报表对环境信息进行披露,把要公开的环境信息通过会计数据形式呈现在会计报表中,运用在财务报告中叙述,在现有报告中添加新项目、附注等方式披露环境信息,对上市企业来说,就是将上市企业的年报融合环境信息、财务信息、会计信息三部分内容;独立制定环境年报对环境信息进行披露,即上市公司通过数据分析、文字描述、图表等形式就环境信息通过报告的形式进行披露。环境年报独立于上市公司的会计报表和财务报告,直接反映上市公司的环境管理理念、管理绩效,与当前我国上市公司环境经营战略相结合,通过吸收国外成熟的环境信息披露形式对环境信息进行真实、有效的披露。

(四)建立环境信息共享机制,打破信息不对称导致的绿色投融资瓶颈

尽管个别民间组织在环境信息收集和分析领域进行了大量探索和努力,如公众环境研究中心(IPE)已构建环境信息数据库,但由于缺乏政府的必要支持,在相关数据采集整合等方面仍存在明显短板,难以有效满足各类投资者以及政府部门的决策需要。跨部门的信息共享机制可保障绿色金融稳健发展,证监会、环保部等相关部门应形成合作机制,积极构建环境信息共享平台,实现企业能源消耗信息、污染排放信息、环境违法违规信息、绿色项目融资信息等环境相关信息的全覆盖和及时准确公布。此外,应鼓励相关部门运用大数据和计量统计技术,研发和引进有利于提升环境信息披露数据质量的技术、方法和模型,对环境披露数据进行核对校验,提升数据一致化、可获得性、准确性及合理性,打破信息不对称所导致的绿色投融资瓶颈,有效制约污染性投资。

(五)推动第三方机构参与环境信息披露工作,提升环境信息披露质量

目前,大多数企业对环境信息披露具有选择性,只披露对其有利的信息,且信息披露的真实性和准确性无法保证,尚不能满足利益相关方对信

息实质性的期望和诉求。因此,国家亟须培育第三方专业机构为上市公司和发债企业提供环境信息披露服务,参与采集、研究和发布企业环境信息与分析报告,并且通过第三方专业机构对企业环境信息披露进行鉴证与审核,使信息披露更加规范化和透明化;将环境信息披露工作市场化有利于推动更多的人加入监督行列,强化社会公众对企业履行环境与社会责任的监督,提高环境信息披露的真实性、全面性和准确性。

(六)实施分类监管,强化环境信息披露的奖惩机制

上市公司是各地的经济支柱、纳税大户,地方政府对其管束宽松,形成地方保护,污染惩罚力度弱。发生环境污染后,上市公司违法成本较低,不少企业宁愿选择被罚款,也不愿意解决实际环境污染问题,更不愿意公开披露。因此,首先,可以通过实施部级或省级挂牌督办,督促地方政府整治到位,再通过后续的约谈、专项督察、严厉追责问责等措施,将地方政府及相关部门责任落实。其次,可以通过制度设计加大企业信息公开的奖惩力度,对于定期披露环境信息,且披露质量较好的企业给予一定激励,使"环境守法行为"变为"融资和财务利好",而对于违反强制性环境信息披露义务的企业实施金融惩处,如限制其投融资活动,使"环境违法风险"切实转换为"融资和财务风险",实现环境信息披露与企业融资成本的挂钩。最后,应鼓励投资者将环境信息纳入投资决策中,促使投资者由短期投机转向长期价值投资,从而推动资本市场健康、平稳发展。①

二、关于健全我国绿色证券法律制度的总体政策与法律建议

除了上述完善上市公司信息披露政策与制度的建议,就绿色证券整体制度的完善,我们认为应该做如下改进。

(一)将绿色证券法律制度的内容纳入《证券法》和《公司法》

国家应健全上市公司环境信息披露制度,应将上市公司和发行债券公司披露环境信息等相关内容纳入《证券法》和《公司法》,为绿色证券奠

---

① 东方金诚.我国上市公司环境信息披露进展与建议[R/OL].(2018-09-21)[2020-09-08].http://finance.eastmoney.com/news/1365,201809211950664046.html.

定法律基础;加强上市公司的环境信息披露制度对于督促企业切实履行社会责任,保护证券市场投资者的利益和防范环境风险具有重要意义。我国应进一步强化关于环保的信息披露要求及中介机构的核查责任。目前上市公司环境信息披露水平还处于起步阶段,行业间环境信息披露质量水平差异较大,国有控股企业环境信息披露质量相对较高,服务业企业整体水平略高。企业负面环境信息披露不足,披露的平衡性有待提升。多数企业报喜不报忧,规避披露企业的负面信息。多数相关信息的披露及报告没有经过第三方机构审计,公信力有待加强。

2015年9月21日,中共中央、国务院印发《生态文明体制改革总体方案》要求"建立上市公司强制性环保信息披露机制制度",建议在自愿环保信息披露制度的基础上逐步建立并完善强制环保信息披露制度,在披露内容上加大对比性强且披露成本低的定量指标的环保信息披露,并逐步在部分细分行业和大型上市企业先行启动。要加强IPO过程中的环境信息披露:一是要求拟上市公司提供第三方出具的环境信息报告或在审计报告中披露环境信息,并设定清晰的报告要求,这些信息披露要求一方面需要与国际的准则接轨,另一方面需要根据我国的环境现状来制定。二是建立健全激励机制,鼓励企业自我完善信息披露。例如,可规定符合一定披露要求且所披露信息真实的企业优先上市。

(二) 鼓励发展绿色基金

根据2015年10月29日十八届五中全会通过的《中共中央关于制定国民经济和社会发展第十三个五年规划的建议》中提出"发展绿色金融,设立绿色发展基金"的要求,资本市场需大力发展绿色基金。绿色基金可以整合直接融资和间接融资,组合各类融资工具,降低融资成本。建议鼓励构建多样化的绿色基金,以适应不同类型绿色项目的融资需求,加快建立支持绿色PPP项目的绿色基金体系。

(三) 鼓励发展绿色股票指数及相关投资产品

国家在健全上市公司信息披露的基础上,鼓励发展绿色股票指数,健全绿色股票指数体系,鼓励境内资产管理机构开发多种形式的绿色金融投资产品。鼓励长期资金的投资者,如保险公司、社保金、养老金等与绿色指数编制机构对接,让长期资金通过多样化的指数产品投资绿色行业。

(四)制定绿色债券指引

建议制定面向交易所投资者的绿色债券指引。指引内容主要包括绿色债券的基本原则、审批程序、监管责任、对资金用途的报告、披露要求和效果评估等,指引应对绿色债券给予简化审批程序,增加资金用途灵活性,优先允许金融创新和对外资投资者开放等。构建跟踪评价体系。培育有专业能力的第三方评估机构,在发行前对绿色债券进行认证,在发行后对绿色债券的资金使用情况及效益进行评估。提高债券评级机构、机构投资者和券商分析员对绿色债券的分析与评估能力。

(五)加快绿色环保企业上市进度

绿色产业注重环境保护,借助现代科技进行生产经营,力求节约资源、加强节能减排、减少污染。目前包括环境、节能、清洁能源和清洁交通等在内的绿色产业上市公司约为150家,约占上市公司总数的6%、市值的5%。绿色产业企业融资途径较为单一,上市审核时间较长,不利于企业的发展。加快绿色企业改制上市,应为其提供便捷通道,缩短上市审核时间和流程。一是在明确绿色产业和企业认定标准的基础上,简化绿色企业IPO审核或备案程序,适度放宽募集资金用于补充绿色企业流动资金或偿还银行贷款的金额和比例限制,加快绿色企业上市步伐。具体可借鉴汶川大地震后对震区拟上市企业和2012年后对西部地区(包括西藏和新疆等地)拟上市企业的特殊政策,在IPO审核环节优先安排绿色企业,均衡安排其在沪深交易所挂牌上市。二是鉴于现阶段IPO进程比较缓慢,绿色企业短期内在主板上市融资仍较为困难,建议全国中小企业股份转让系统(新三板市场)采取有效措施,鼓励绿色企业挂牌转让股份,对符合条件的挂牌企业开展转板试点,并对绿色企业制定相应的优先政策。具体可借鉴中国人民银行发布的《绿色债券支持项目目录》等规范性文件。

(六)利用互联网金融,健全多层次绿色资本市场互联网金融是对传统金融业的重要补充,其核心是将移动互联、大数据以及云计算等技术应用到现代金融服务业务中,可有效提升金融服务效率。互联网金融有别于传统金融的风险定价能力,有助于缓解绿色行业信息不对称的问题,为绿色企业提供资金支持。股权众筹的投融资门槛低,呈现小额、分散、流动性强的特征,能够有效地分散绿色行业的不确定性风险,在一定程度上解决中小微绿色企业融资难的问题,促进多层次绿色资本市场的发展。

(七)营造绿色证券的投资舆论环境

营造良好的投资舆论环境。加强对投资者进行针对性的绿色证券投资教育与服务,充分发挥媒体的舆论引导和宣传教育功能。引导社会对绿色证券投资的关注,营造健康的投资环境。在投资者保障基金中,完善针对环保风险的保护制度,研究建立向上市公司计提环保风险准备金等制度。

(八)完善绿色证券投资者体系

本质上,绿色证券体系的建设是要吸引更多负责任的投资者加入绿色投资的领域。完善绿色证券投资者体系,鼓励有影响力的机构投资者在投资决策中引入环境评估,督促上市公司承担社会责任和完善信息披露等,推动绿色证券投资者教育与保护的能力建设,对于绿色证券制度健全有着基础性作用。

(九)建立上市公司的环境绩效评估制度

研究建立上市公司环境绩效的全面评估和持续改进机制。借鉴国际先进经验,组织研究上市公司环境绩效评估指标体系。建议选择比较成熟的板块或高耗能、重污染行业,适时开展上市公司环境绩效评估试点。[①]

---

① 马险峰,王骏娴.加快建立绿色证券制度[J].中国金融,2016(6):60.

第六章 绿色保险法律制度

第一节 绿色保险法律制度的建立与发展

一、绿色保险法律制度概述

绿色保险是伴随着20世纪70年代人类生态意识和可持续发展理念的觉醒而发展起来的,它最早是为规避环境污染问题造成的金融风险而提出的。20世纪90年代,一系列自然灾害给民生经济带来重创,传统再保险市场受到严重冲击,巨灾衍生品开启保险嫁接资本市场的先河。进入21世纪,伴随着人口激增与财富聚集,极端天气导致的损失呈指数级增长态势,保险发挥风险管理优势,致力于提高社区减灾能力。2008年全球金融危机后,各国面临经济下行压力,绿色发展成为世界主要经济体走出低谷、提质增效的战略共识,绿色保险快速融入低碳减排和绿色消费领域。

总体而言,绿色保险是一种市场化、社会化的环境风险治理金融机制。狭义上讲,绿色保险仅指环境责任保险,是以被保险人因污染了水、土地或空气等自然、生态环境,应该依法承担的赔偿责任为保险对象的商业保险。国内研究及公众认知绿色保险主要集中在环境污染责任险领域。广义上讲,绿色保险属于可持续金融的范畴,除了狭义的环境保险,还涵盖气候保险(巨灾保险)、农业保险等。巨灾保险是一种为遭受巨大气候灾害、特殊气候风险的资产、生计和生命损失提供支持的促进机制,它可以进一步划分为巨灾保险和低碳保险。巨灾保险从被动适应的角度分散和转移气候变化带来的危害,低碳保险则注重采用主动干预的措施减缓气候变化的负面影响。[①] 在巨灾保险方面,国际保险市场主要运用巨灾衍生品分散巨灾风险,它是一种结合金融工具、保险精算原理以及巨灾模型理论为巨灾损失进行融资的金融工具,是保险证券化在巨灾领域的应用。在低碳保险方面,2005年颁布的《京都议定书》建立了清洁发展机制(CDM),作为国际公认的碳交易机制,它允许发达国家与发展中国家通过CDM项目合作减排温室气体,所有CDM项目需要通过联合国清洁发展机制执行理事会(EB)注册及核证,才能取得相应的碳信用额度。目前国际上碳保险主要针对CDM项目的运营风险、交付风险、交易对手风险和政治风险,常见的保险产品有CDM项目工程险/利损险/操作险、碳信用价格保险、碳排放信贷担保保险、清洁发展机制支付保险、碳损失保险、采碳执照吊销保险等。

绿色保险的研究者认为,长期以来,在绿色金融领域存在重防治轻预防、重直接融资轻间接风险管控的问题,导致绿色保险的风险分散作用没有得到充分发挥。未来保险应进一步争取发展绿色保险的良好政策环境,尽快在环境风险治理的事前、事中和事后等关键技术领域取得突破,构建完善的绿色产品体系,促进传统产业绿色转型,培育绿色发展动能,为绿色产业提供全面的金融服务。

联合国环境规划署金融行动认为,绿色保险在应对环境风险中主要发挥三方面作用:一是建立绿色保险补偿机制,运用金融风险定价原理,识别潜在的环境风险,推动环境风险量化评估,实现环境风险可保。二是完善环境风险管理机制,运用风险管理和灾害学原理,加强对异常气候变化的预警,采取积极干预措施应对气候变化,提升社区应灾和备灾能力。三是参与构建绿色融资体系,建立环境外部效益激励和约束机制,推动环境风险外部性内生化,抑制污染型及高耗能型投资,引导公共资源及社会资本流向环境友好和绿色生态产业。

由于构建全球气候风险管理体系是个庞大的系统工程,在缺少顶层设计和政策支持的情况下,受专业领域、职责分工以及经营模式等方面的限制,很多创新与探索无法形成可供全行业推广、复制的服务模式,所以

---

① 张帆.绿色保险:将资源资本引向绿色经济[N].经济参考报,2018－09－27.

不能实现规模经济。

第一,从需求方面看,长期以来,在绿色金融领域存在重防治轻预防、重直接融资轻间接风险管控的问题,导致绿色保险的风险分散作用没有得到充分发挥。从目前全球的自然灾害风险的分担机制看,主要有三个层次:①以国家财政收入为支撑的救助体系。②商业保险对自然灾害的有限保障。③非政府组织和国际援助机构的社会支援。大部分国家在灾后重建中仍沿用由公共财政支持的中央政府主导型巨灾救助模式,不可避免地导致政府为巨灾险、气候险乃至环境责任险担保和兜底。

第二,从供给方面看,由于环境事故兼具突发性、长尾性和影响广泛等特性,如何定量评估环境风险、厘定科学风险费率、确保偿付充足,一直是保险人面临的重大挑战。此外,绿色保险的发展还面临缺乏法律支持、信息披露不完善、赔偿标准不统一、缺乏参与主体激励措施的困境,导致保险机构在承保环境风险时面临较高的道德风险,这也限制了保险人供给绿色保险产品和服务的意愿。

第三,从政策方面看,由于环境问题具有很强的外部性,仅靠商业保险无法完全消化环境风险,需要政府引导,逐步建立环境风险定价机制并加大财政收入,提高社区防灾水平。各国政府存在防灾减损基础设施投入不足以及支持绿色保险发展的税收及政策补贴措施不到位的问题。此外,尽管绿色发展已在世界各国具有一定的认知度,但部分国家出于采能效率或当地资源禀赋的考虑,仍沿用高耗能高污染低效率的能源结构,其中也包括一些发达经济体,有些国家如美国甚至仍然对高污染行业进行补贴,发出误导市场投资者的价格信号。

第四,从第三方机构看,获取有效环境风险数据并进行科学分析的难度大。首先,环境风险评估涉及大量气象、灾害、地质以及区划分布等多源数据的综合评估,这些数据目前分散在不同职责部门,调取以及分析成本高,第三方评级或认证机构要将环境信息纳入数据库,或面临高昂的信息搜索和获取成本。其次,数据的记录形式也不能直接用于环境风险评估,需要进行二次加工或者重新采集,对于涉及敏感的地理坐标及国家安全信息,存在数据缺失或数据颗粒过大的难题。再次,尽管相关国际组织已提出建立和完善上市公司和发债企业强制性环境信息披露制度,但由于缺少统一的报告规范,数据格式不统一,无法准确分析各个行业在向低碳经济转型中面临的物理风险、责任风险和过渡风险。最后,各行业在应用压力测试以及情景分析等环境风险分析工具上仍然存在差异,这进一步增加了统计全行业环境风险数据的难度。

在我国,绿色保险最早的时候也是仅指环境污染责任保险[①],是以企业和单位发生污染事故对第三者造成的损害依法应承担的赔偿责任为标的的保险。我国环境污染保险制度的发展是一个由点到面、逐步扩张的过程。我国最早体现环境污染责任保险理念的文件是《国际油污民事责任公约》。该公约第七条明确规定,"在缔约国降低的运载2 000吨以上散装货油船舶的船舶所有人必须进行保险或取得财务保证"。该规定明确了在船运业推行环境污染责任保险制度以及与之配套的财务保证机制。我国履行该公约的规定标志着我国承认并开始尝试环境污染责任保险机制。1982年,我国颁布的《海洋环境保护法》第二十八条中第一次以国内法的形式明确了环境污染责任保险制度的存在。随后我国分别在不同的法律或规范性文件中规定了环境污染责任保险制度,包括1983年颁布的《海洋石油勘探开发环境保护管理条例》,1999年颁布的《海洋环境保护法》,2000年颁布的《防止海洋建设环境管理条例》,2011年颁布的《危险化学品管理条例》,2011年颁布的《太湖流域管理条例》,2013年颁布的《船舶油污损害民事责任保险实施办法》,2014年新修订的《环境保护法》。这些制度的具体的实施情况是:第一阶段,于1990年在东北地区率先开展环境污染责任保险制度。1990年辽宁大连市首先开展环境污染责任保险试点,沈阳市、长春市等其他地区紧随其后。但最初的实施效果并不理想。根据学者的调查,在刚开始实施的前3年内,大连市仅有15家企业参保,推行效果并不理想。第二个阶段是2007—2014年,环境污染责任保险在全国推广。2007年,我国颁布《关于环境污染责任保险工作的指导意见》,这标志着国家正式全面启动环境污染责任保险工作。该办法出台后,环境污染责任保险的实行区域开始由最早的东北地区向全国范围扩展。虽然环境污染责任保险的实行区域扩大,但这个阶段的环境责任保

---

① 中国人民银行研究局.中国绿色金融发展报告2018[M].北京:中国金融出版社,2019:12.

险仍属于自愿保险类型。第三阶段是自 2014 年开始推行环境污染责任强制保险制度。2013 年,国家环境保护部与中国保险监督管理委员会联合颁布了《环境污染强制责任保险试点工作指导意见》。

值得注意的是,在绿色保险发展过程中,有部分试点地方将环境污染责任保险列为"强制"责任保险。以江苏省徐州市为例,首批有 108 家企业参与试行,试点启动后 3 个月,已有 80% 的企业与保险公司签订了保险合同。这些企业全都是涉及重金属污染物的企业,化工、焦化、热电等具有环境风险源隐患的企业,以及危险化学品生产、贮存、运输等企业。一旦企业因污染事故造成损失,就可以通过保险赔偿的方式,将损失降到最低。按照当时的分类标准,徐州市的环境污染责任保险限额分为 7 档,分别为 100 万元、200 万元、500 万元、800 万元、1 000 万元、2 000 万元和 4 000 万元。保险公司根据企业规模、环境风险水平等因素,分别签订赔偿限额。同一时期,四川省也要求污染排放量大、环境风险隐患较多、生产规模较大的企业率先纳入环境污染责任保险,其中涉重、涉危、化工等重污染高风险企业应全部纳入强制保险试点范围,投保企业享受优先安排环保专项资金等激励政策。

强制纳入保险的做法得到了保监会原副主席李克穆的认同。"环境污染责任保险等险种应该以强制险的方式来推行,因为这些事故危害大,影响难以估量,可能会影响几十年甚至上百年。"李克穆建议,相关部门推行的力度可再大一点、步子可再快一点。[①]

在我国,绿色保险一般从广义上理解,除了狭义的环境保险,还包括气候保险(巨灾保险)、农业保险等。

二、绿色保险的主要功能和作用

绿色保险的参与方有保险人、投保人、被保险人、保险中介服务机构、社区、国家等各个主体,其中,保险人是绿色保险的主要参与方。从保险人的角度看,可以将绿色保险分为两个方面:从保险人负债端来看,绿色保险是指绿色保险产品和服务,通过产品创新、服务创新、机制创新,绿色

---

① 江帆,姚进.绿色保险:如何叫好又叫座?[N]经济日报,2015-09-09.

保险产品及服务可以在加强环境风险管理、助力绿色产业发展、助力绿色技术创新成果的市场化应用、加强生态环境保护、参与极端天气导致的自然灾害的风险管理等方面发挥作用;从保险人的资产端来看,绿色保险是指保险资金的绿色投资,通过保险资金的绿色投资,为绿色产业发展提供资金支持。从保险人及其他参与方的不同视角观察,绿色保险主要有以下六大功能与作用①。

(1) 对于社会来说,绿色保险可以助力加强环境风险管理。2016 年 8 月,中国人民银行等七部委联合发布《关于构建绿色金融体系的指导意见》,要求"在环境高风险领域建立环境污染强制责任保险制度,鼓励保险机构发挥在环境风险防范方面的积极作用,对企业开展'环保体检',并将发现的环境风险隐患通报环境保护部门,为加强环境风险监督提供支持"。2018 年,环境污染责任保险为 1.6 万余家企业提供风险保障 326.58 万亿元。②开展环境污染责任保险业务,是保险业参与企业环境污染风险管理的重要方式。在开展环境污染责任保险的过程中,保险机构为投保企业提供的环境风险管理服务贯穿于投保、承保、日常风险监测、理赔管理等保险服务的全流程中。

首先,保险机构通过对投保企业的环境风险管理状况进行评估,帮助企业查找环境风险管理隐患,协助企业完善风险管理体系。其次,根据不同投保企业的风险管理水平确定的保险费率是有差异的。通过差异化保险费率等方式,促进企业重视环境风险管理问题。对于达不到承保要求的企业,保险机构会提供环境风险管理改进意见书。对于承保的企业,保险机构会复查企业环境风险管理状况,并帮助企业培训环境风险管理人才。最后,保险机构会通过保险条款约定,如免赔额约定、赔偿限额约定、施救费用条款等,督促投保企业加强日常环境风险管理。

2017 年 6 月,国务院常务会议决定,在浙江、江西、广东、贵州、新疆五省(区)选择部分地方,建设各有侧重、各具特色的绿色金融改革创新试验区,在体制机制上探索可复制可推广的经验。五省(区)绿色保险试点工

---

① 蔡宇.对绿色保险功能作用的探索、实践和思考[J].当代金融家,2018(9):92-95.
② 中国人民银行研究局.中国绿色金融发展报告 2018[M].北京:中国金融出版社,2019:48.

作内容各有特色、各有侧重,均包括推进环境污染责任保险试点工作开展的内容。以试点地区之一浙江省衢州市为例,衢州市是重化工业基地,人保财险通过对环境污染责任保险、安全生产责任保险和危险品运输保险进行产品组合,在衢州设计并推出的组合式保险产品(安环险),可以为企业提供从生产经营到仓储、运输的全流程环境风险管理服务。投保企业可根据自身特点及需求选择购买其中的一项、两项或三项产品。全方位的保险服务帮助企业有效增强了环境风险管理意识,提升了环境风险管理水平。2017年,中央环保督察组在衢州督察期间,参保的71家企业中没有一家因环保问题被问责。

在相关政策支持下,近年来保险业在参与养殖业环境风险管理方面也进行了积极探索。以参与农业保险理赔与病死牲畜无害化处理联动机制试点工作为例,通过建立联动机制,将病死牲畜交给无害化工厂集中处理作为保险理赔的前提条件,防止了因病死牲畜的不当处理造成的环境污染,为无害化工厂收集病死牲畜提供了便利。试点工作最初于2013年在浙江、河南两省开展,目前试点地区不断扩大。在浙江省湖州市的试点工作中,已实现联动机制全市覆盖,覆盖的病死禽畜、水产由生猪扩展至羊、鸡、鸭、甲鱼等。

(2)从产业发展的角度来说,绿色保险可以助力绿色产业发展。风力发电、光伏发电等新兴产业日常生产经营中的保险风险管理需求,既有与其他企业类似的需求,如企业财产损失保险需求、营业中断损失保险需求、雇主责任保险需求等,也有其特殊需求。例如,天气变化会给风力发电企业、光伏发电企业的生产经营带来重大影响,风速的高低会影响风力发电企业的发电能力,太阳辐射的强弱会影响光伏发电企业的发电能力。若天气条件在较长的时间内持续处于不理想状况,就会对风力发电企业、光伏发电企业的年度收入造成不利影响。针对这一新的风险管理需求,保险机构开始探索研发风力发电指数保险、太阳辐射指数保险,为这类企业因天气状况导致的收入损失提供保障。它在帮助风力发电企业、光伏发电企业平滑年度企业经营结果的同时,也能够在一定程度上为这类企业提供融资增信。此外,绿色企业贷款保证保险、农产品质量安全溯源责任保险、耕地地力指数农业保险等创新绿色保险产品和服务正在积极探索中。

（3）从技术推广的角度来讲，绿色保险可以助力绿色技术创新成果的市场化应用。为缺乏市场应用案例的新产品设计并提供产品质量责任保险等保险产品及服务，可以帮助新产品的购买方消除对新产品质量的顾虑，便于新产品的市场化应用。为企业生产经营需要配置的关键设备提供相应的保险产品和服务，可以帮助企业化解因关键设备意外出现故障而产生的风险。近年来，保险机构积极探索，陆续推出了太阳能光伏产品长期质量保险、再制造汽车零部件质量保险、碳保险（为环保设备因意外出现故障导致企业排放超标损失提供的风险保障）等绿色保险产品和服务。

2017年8月，工业和信息化部、财政部、原保监会发布《关于开展重点新材料首批次应用保险补偿机制试点工作的通知》，决定建立新材料首批次应用保险补偿机制并开展试点工作。在试点期间，保险补偿政策重点支持列入工业和信息化部分别制定并发布的相关指导目录中所包括的新材料产品、首台（套）重大技术装备。相关目录包括绿色建材等绿色新材料以及节能、节材、环保效果突出的重大技术装备。

试点机制的建立有很多共同的创新之处：一是都由三部门合作，通过创新合作机制，助力新材料、重大技术装备的市场化应用。二是都打破传统的"谁投保谁受益"的保险补偿模式，采用了新材料、重大技术装备的购买使用企业受益的模式。若出现新材料、重大技术装备推广应用的特殊风险导致出险，则由保险公司向购买方直接赔偿。三是都采用保费财政补贴模式，有利于提高生产企业的投保积极性，运用保险机制加强风险管理。

（4）从环境保护的角度来看，绿色保险可以有力促进生态环境保护。例如，农业保险、森林保险业务在帮助化解林业生产经营风险的同时，还可以服务于生态环境保护工作。在相关政策的支持下，近年来森林保险责任正由火灾保险责任向综合保险责任扩展。森林综合险包括火灾、旱灾、暴雨、暴雪、霜冻、暴风、洪水、病虫害等灾害造成的林木损失责任。在开展森林保险的过程中，保险机构通过运用无人机、卫星遥感、GPS等新技术，不仅有利于提高理赔工作质量、提升理赔工作效率，也有利于及早发现风险隐患，消除日常林业经营中的隐患，减少事故损失。2017年，我国森林保险承保覆盖率达到森林总面积的三分之二。

2017年7月,四川省平武县推出了中华蜜蜂保险。它由两个产品组成,即因自然灾害、意外导致蜂群死亡的损失风险以及因花期、蜜源周期、蜂蜜产量及价格波动导致的收入损失风险。中华蜜蜂保险创新产品的推出,不仅有利于调动贫困户养蜂的积极性,也对稀缺物种中华蜂的保护发挥了作用。

(5) 绿色保险可以参与完善因极端天气导致的自然灾害的风险管理。2017年12月,中再巨灾平台CRP 1.0正式推出。CRP 1.0通过整合地震、台风、暴雨、风暴潮、洪水、滑坡-泥石流、雪灾、冰雹、雷电九大灾种风险数据,集成实时台风及气象灾害预警信息,叠加最新GDP(国内生产总值)、人口、地形、水系、城市夜光等基础数据,以地图方式向其保险公司客户进行直观展示。保险公司可以获取风险识别、风险地图、灾害预警、历史灾害回放、风险累积控制、在线专家咨询等再保险服务。目前,巨灾平台CRP 2.0建设即将完成。

自2014年5月广东省深圳市开展巨灾保险试点工作以来,浙江、云南、四川、黑龙江、上海等省市相继开展了巨灾保险试点工作。不同试点地区的巨灾风险管理内容根据当地的实际情况有所不同,如浙江、广东、黑龙江、上海等省市试点的巨灾保险风险管理内容包括了暴雨等与极端天气有关的自然灾害事件。

(6) 从产业发展的角度看,绿色保险还可以为绿色产业发展提供长期的资金支持。保险资金具有期限长、追求稳定收益等特点。绿色投资项目多是中长期项目,从资产负债管理的角度,保险资金是非常适合进行绿色投资的资金。目前保险业已参与的绿色投资项目涉及城市轨道交通建设、高铁建设、清洁能源、污水处理、土壤修复、湖泊治理、荒漠化治理、生态农业等多个领域。截至2018年4月底,保险资金以债权投资计划形式进行绿色投资的总体注册规模达到6 854.25亿元。此外,保险资金还参与了绿色债券投资。

三、我国的环境污染责任保险制度与基层实践

在绿色保险中,环境污染责任保险最具代表性。这种保险产品主要

承保企业等主体发生环境污染事故对第三者造成的损害而依法应承担的赔偿责任。据统计,我国每年由环境污染造成的直接经济损失达1 200亿元。① 一旦发生重大环境污染事故,在巨额赔偿和污染治理费用面前,肇事企业即便赔得倾家荡产,受害者也难以得到应有的补偿,最终只能由政府和社会"埋单"。以环境污染责任保险为代表的绿色保险能够减少环境污染事故发生的概率,或当事故发生时,帮助企业和受害者挽回损失。有效运用这种保险工具,对于促使企业加强环境风险管理,减少污染事故发生,迅速应对污染事故,及时补偿、有效保护受害者权益方面,都可以产生积极的效果。

环境污染责任保险随着环境污染事故和环境侵权行为的频繁发生以及公众环境权利意识的不断增强,从公众责任保险、第三者责任保险中逐渐独立出来。投保人以向保险人缴纳保险费的形式,将突发、意外的恶性污染风险或累积性环境责任风险转嫁给保险公司,再由保险公司的风险分散机制将损失分摊给整个社会。

2013年,国家环境保护部与中国保监会联合印发了《关于开展环境污染强制责任保险试点工作的指导意见》(以下简称《指导意见》),指导各地在涉重金属企业和石油化工等高环境风险行业推进环境污染强制责任保险试点。《指导意见》明确了强制投保企业的范围:一是涉重金属企业,包括重有色金属矿(含伴生矿)采选业、重有色金属冶炼业、铅蓄电池制造业、皮革及其制品业、化学原料及化学制品制造业等行业内涉及重金属污染物产生和排放的企业。二是按地方有关规定已被纳入投保范围的企业,都应投保环境污染责任保险。三是其他高环境风险企业。国家鼓励石化行业企业、危险化学品经营企业、危险废物经营企业、存在较大环境风险的二𫫇英排放企业等高环境风险企业,投保环境污染责任保险。

实践中,我国各地方根据自己的实际需要,不断推出有针对性的、创造性的环境责任保险险种。例如,2018年12月,山东省青岛市推出了一种"公共区域环境责任保险"。为提升青岛市西海岸新区工业企业集中区域的环境安全保障和应急救援能力,西海岸新区政府通过公开招标形式

---

① 江帆,姚进.绿色保险:如何叫好又叫座?[N].经济日报,2015-09-09.

为辖区内一处面积为13.05平方千米的工业企业集聚区购买了公共区域环境责任保险,由中国太平洋财产保险股份有限公司青岛分公司以1年45万元的价格取得了承保资格,承保的险种全称为"公共区域环境污染清理费用保险",承保额为2 000万元,其中海水部分为600万元。这是全国首例以一个区域为单位,以公共区域环境污染清理为标的,由政府为工业企业集中区域投保的一项创造性工作。① 该保险承保区域为西海岸新区南至淮河路、北至富源三十五号路、西至黄张路、东至辽河一支路,面积约13.05平方千米的区域,承保的主要内容是对该工业企业集聚区因各种原因造成公共区域的环境污染,实施无害化处理,先行赔付因污染造成的公共区域群众财产损失和应急救援过程产生的费用。西海岸新区以区域为单位,投保环境责任险,有利于区域经济的健康稳定发展,公共环境的安全保障,同时大大提高应急救援和风险防控能力,实现经济、民生、环境多方共赢。一是预防为主,防控结合。保险公司承保后,将主动组织专业力量对区域环境安全进行整体性跟踪分析评估,并提出整改意见和建议,为主管部门的日常监管工作提供辅助,督促区域内企业及时整改存在的风险隐患,将进一步完善区域环境安全防控体系。二是保障有力,处置及时。相当于储备2 000万元保障准备金,一旦发生事故后,保险公司将在第一时间启动救援理赔程序,提升区域综合应急能力,有利于及时开展应急救援、生态修复等工作,减轻政府在污染清理等方面的财政压力负担。三是责任追偿,警钟长鸣。针对因污染造成的财产损失,保险公司将依据投保协议内容,提起诉讼,依法代位向污染责任主体进行追偿,有利于警示责任主体加强管理,杜绝侥幸心理,自觉维护区域环境安全。

更早时候,浙江省推出了安全生产和环境污染综合责任保险。② 2016年12月,人保财险衢州市分公司签订全国首张保单,为浙江中天氟硅材料有限公司企业从业人员和周边受影响的第三者提供安全生产事故和环境污染事故风险保障,保障金额达到2.9亿元。

---

① 青岛市环保局.全国首创:西海岸新区为工业集聚区投保公共区域环境责任保险[EB/OL].http://mbee.qingdao.gov.cn/n28356059/n32562684/n32562688/180322093133111083.html.
② 人保财险全国首创安全生产和环境污染综合责任保险[EB/OL].https://news.vobao.com/zhinan/caichanxian/8715750321 89624283.shtml.

衢州市是浙江省著名的化工产业制造基地,拥有国家级的氟硅新材料高新技术特色产业基地。近年来,全市化工行业产值、利润逆势而上,但化工产业面临生产安全和环境污染的高风险。虽然政府直接投入与管控措施较好地降低了安全和环境风险,但如何进一步利用市场、有效调用社会力量、合理高效使用各类资金,成了政府需要面对的新问题。衢州市政府提出了发展"绿色保险",利用集安全生产和环境污染保障为一体的"安环保险",解决了生产和环境风险难题。

2016年11月21日,衢州市印发了《安全生产和环境污染综合责任保险试点工作实施方案》,市政府计划拿出2 000万元左右资金,按照考核结果,对头3年参加保险的企业每年提供最高50%保费金额补贴,对保险公司第三方服务费用提供最高30%金额补贴。11月24日,由衢州市安监局牵头,人保财险衢州市分公司派出了7个小组,与71家企业进行现场对接,一企一策制定承保方案。26家企业与人保财险衢州市分公司签订了"安全生产与环境污染责任保险"投保合同。此险种的特点主要有3个"补":一是补短项。针对工伤保险(五险一金)赔偿金额较低和道路危险货物承运人责任保险保障额度偏低的短板,大幅提升了保障标准,保障额度达到100万元每人。二是补空白。对未参保或无法参保工伤保险的员工也提供保障,对事故造成的第三者人身伤亡和直接财产损失进行赔偿。三是补过程。引入清华大学环境学院等多家第三方技术服务机构,由第三方技术服务机构为企业找出风险点,提出风险管理建议,并进行风险管理培训。第三方专业的服务加强了过程管控和事故预防,也加速了企业的转型升级。

"安环保险"作为衢州市创新绿色金融改革的一项重要内容,在全国率先推出,具有深远意义。一是服务创新。引入清华大学环境学院、衢州巨程安全技术服务有限公司、衢州市环境医院等第三方安环服务机构,重点为投保企业开展风险评级、安全巡查、安全培训等服务,使保险公司的职能从以往单纯的赔偿职能向"保险+服务"转变,丰富了保险的内涵。二是险种优化。整合了以往分散实施的险种,责任广泛,保费优惠,保费仅为原有产品的三成左右,减轻了企业的负担。此外,还针对企业生产、运输、仓储等全流程的风险情况提供套餐式选项,企业可根据自身实际经营过程的不同风险情况进行差异化的产品选择。公司实行费率浮动机制,根据企业实际风险状况等级进行差异化定价,运用费率杠杆促使企业降低自身风险。三是保障有力。投保企业的总体保障金额大幅增加,经测算,累计保障金额将超过100亿元;同时,每人保障金额也显著提升至100万元。此外,针对以往道路危险货物承运人责任保险保障额度偏低的情况,还新增危化品运输车辆超额保障,累计保障额度从500万元提高到1 100万元,每次事故保障额度从100万元提高到350万元。上述保障标准的提升,在重大事故发生时可提高企业抗风险能力,满足了企业的实际需求。

近年来,浙江省重点发展巨灾保险、城乡居民大病保险、责任保险(食品安全责任保险、环境污染责任保险、安全生产责任保险)、科技保险、社区居家养老服务机构综合保险、残疾人意外伤害保险、小额人身保险等,进一步发挥保险业作为现代服务业的功能作用,补齐保险供给侧短板,解决影响政保合作的深层次困难和问题,推动政保合作项目,实现跨越式发展。

除了以上环境责任保险类型,人保财险在广州市花都区推出了"创新型药品置换责任保险"。该险种是全国的首个试点险种,花都区政府将按本项目保费的30%给予补贴。[①]

在"创新性药品置换责任保险"中,药店将与居民签订药品置换服务合同,为居民在服务期内提供过期药品优惠置换的服务,人保财险则与药店合作,承担置换服务费用,并将回收的过期药品交由具有资质的回收中心进行无害化处理,由此解决过期药品回收难、过期药品乱丢乱弃引起的环境污染问题。

以往药品回收通常由政府或者企业花费大量人力、物力来进行专项推动,"创新型药品置换责任保险"将回收主体变为保险公司和第三方合作机构,通过药联健康的移动互联网平台让过期药品回收变得更加简单、高效,减少了回收成本。相比以往将过期药品不加处理直接投入垃圾箱,

---

① 人保财险首推"创新型药品置换责任保险",置换过期药物可享优惠[EB/OL].https://www.sohu.com/a/285539859_618595.

现在拿回药店重新置换的做法,相当于获得了一盒新药价格的代金券,更实惠且环保。

作为保险服务社会治理的举措,人保财险"创新型药品置换责任保险"的推出对探索过期药品回收的市场化、建立渠道化的长效机制具有深远意义。下一步,人保财险将进一步推动这款绿色换药保险产品在全国进行试点,发挥保险在促进家庭绿色消费、建设"绿色中国"方面的积极作用。

其他地方还试验了新类型的环境责任保险。2019年1月,江西省赣江新区管委会印发了《赣江新区建筑工程绿色综合保险试点工作方案》。方案确定了首批共计5个项目进行试点,工程总造价超过66亿元,由恒邦财险牵头组建的共保体进行承保。绿色综合险是赣江新区保险业在建筑行业的重大创新尝试。建筑工程绿色综合保险保障范围包括建设工程责任、安全生产责任以及环境污染责任。与传统建设工程险相比,建筑工程绿色综合保险具有保险范围广、成本相对低、手续简便等优势。此次保险试点有几大创新亮点:一是由赣江新区内3家保险机构组建共保体,风险共担,这是赣江新区首次探索联合承保的新模式,也是赣江新区保险机构协同合作的新典范,对赣江新区金融机构从聚集转向融合聚变具有重大意义。二是优化了政府补贴机制,前期保险购买时,政府无须支付补贴费用。只有当综合赔付率高于30%时,财政补贴机制才会启动,这极大地发挥了财政资金的杠杆效用,实现了财政资金的优化使用。三是引入了第三方风险管理机构,承保机构聘请南昌大学建筑工程学院,对建设工程全流程进行风险识别与评估,免费给投保项目"全身体检",提前预警风险,提出防控建议,改善项目风险状况。[1]

四、我国的巨灾保险制度

巨灾保险制度,是指对突发性的、无法预料、无法避免且危害特别严重的如地震、飓风、海啸、洪水、冰雪等所引发的大面积灾难性事故造成的财产损失和人身伤亡,给予切实保障的风险分散制度。

---

[1] 赣江新区推出绿色综合保险试点[EB/OL]. http://www.gaxq.gov.cn/xwdt/xqlw/201902/t20190214_2259451.html.

巨灾风险是我国经济社会发展面临的重大问题。我国是世界上自然灾害最严重的国家之一，灾害种类多、发生频率高、分布地域广。70%以上的城市、50%以上的人口分布在自然灾害严重的地区，2/3以上的国土面积受到洪涝灾害威胁，东南沿海地区以及部分内陆省份经常遭受台风侵袭，东北、西北、华北、西南、华南等地均不同程度面临干旱的威胁，各省区市均发生过5级以上的破坏性地震。20世纪90年代以来，我国进入了新的灾害多发期，地震、洪涝、干旱、台风等自然灾害发生频繁。随着我国经济发展和社会财富总量的增加，各种自然灾害造成的损失呈明显上升趋势。近15年来，我国平均每年有3亿人次受灾，直接经济损失每年超过2000亿元。2008年，南方地区雨雪冰冻灾害直接经济损失达1500多亿元，汶川特大地震直接经济损失达8451亿元。2010年，西南五省市干旱、青海玉树地震及南方洪水造成严重经济损失。巨灾给经济社会发展和人民群众生命财产带来严重影响，大量居民蒙受巨大损失，因灾致贫、因灾返贫的现象比较突出。如何更好地应对巨灾风险，关系到人民群众的切身利益，是我国经济社会发展必须高度重视的问题。

巨灾对于商业保险公司来说是不具可保性的风险。主要原因在于：①巨型灾害缺乏大量同质的、独立分布的风险暴露，不适宜运用大数法则。②巨灾风险造成的损失异常难以预测，特别是几乎无法准确估计风险事故发生的频率。③巨灾造成的损失往往非常巨大，单个商业保险公司一般难以承担。④巨灾保险的保费往往也非常昂贵，普通投保人可能难以支付。正因为如此，完全依靠商业保险体系承保地震等巨灾风险十分困难，建立完善的巨灾保险制度，需要国家这个"有形之手"介入巨灾保险体系，发挥资源配置的作用。

一般而言，一国的巨灾保险制度内容包括：第一，有关巨灾保险的适用范围的规则，即要明确巨灾保险仅对财产损失予以赔付还是将人身伤亡也纳入保障范围。第二，要明确巨灾保险的定位，即巨灾保险是政策性保险还是商业保险。第三，要明确巨灾保险的实施形式，即巨灾保险是强制保险还是自愿保险，抑或两者结合的方式。第四，要建立并明确巨灾保险基金，确定巨灾保险基金的来源、运作和管理等。第五，明确巨灾保险的理赔，它要解决的是巨灾风险发生后，保险人如何履行责任的问题，如无保单理赔、被保险人和受益人均死亡时保险金的给付和理赔应急机制的建立。

国际上常见的做法是，对于灾害发生可能性比较大的地区强制投保，并限额承保。通过设置免赔额上限和下限，一方面可以减轻受灾以后的赔偿负担，降低保费，扩大保险范围；另一方面也督促公众做好防灾防损工作，减少或避免道德风险的发生。为了给巨灾保险筹措资金，可以发行半强制购买的巨灾债券。在巨灾债券交易过程中，一个特殊目的机构或者特殊目的再保险公司与保险公司签订再保险合同，同时在资本市场上向投资者发行巨灾债券。如果事先确定的巨灾事件没有发生，投资者将收回他们的本金和利息，作为使用他们资金及承担风险的补偿。反之，如果巨灾事件发生，那么投资者就会损失利息、本金或者全部，特殊目的再保险公司将筹集资金转给保险公司来兑现再保险合同。

关于建立巨灾风险基金的资金，可以从四条渠道筹集：一是通过国家财政，每年按照当年 GDP 的一定比例直接拨付，此项拨付应该优于其他需要。二是通过商业保险公司，从每年收取的保费中按一定比例提取，提取的部分可以参照保险保障基金的方法进行管理。三是利用财政拨付和从保险公司提取的资金进行投资，以促进资金的保值增值，该部分资金的投资宜集中于低风险甚至无风险的领域。四是利用财税杠杆，实施减税政策，降低现行保险公司的增值税税率或者对巨灾险部分不征或减征增值税。

目前，中国巨灾保险发展还处于起步阶段，从整体上来看，我国目前主要的地震巨灾保险制度在探索中推进，在曲折中发展。中国地震巨灾保险开始于 1951 年，经历了较为曲折的发展过程。2008 年，汶川地震给全社会敲响了警钟，也刺激了地震巨灾保险的发展。2013 年 9 月，原保监会已经批准在云南省和深圳市进行巨灾保险试点，云南省试点地震巨灾保险，深圳市试点综合性的巨灾保险。目前，我国基本形成了以各级政府为主导、以国家财政救济和社会捐助为支撑的灾害救助制度。这一制度经受了汶川特大地震、玉树地震等重大自然灾害的考验，在灾害救助和灾后重建等方面发挥了积极作用，体现了社会主义制度集中力量办大事、团结各方渡难关的独特优势。

五、我国的农业保险制度及具体实践

农业保险是国家农业风险治理的重要保障工具,也是广义绿色保险的组成部分。① 农业保险开展较早,运营较为成熟。农业自然灾害保险目前在国内是以政策性保险形式开展的。2004 年以来,黑龙江、吉林、河南、安徽、上海等省市进行了农业自然灾害政策性保险试点工作,对种植业和养殖业的农户提供政策性农业保险,对自然灾害造成的损失进行补偿。目前农业保险采用商业保险公司经营、政府政策支持与财税补贴的经营模式。2013 年,农业保险保费收入 306.6 亿元,向 3 177 万受灾农户支付赔款 208.6 亿元。我国农业保险承保主要农作物达到了 11.06 亿亩,三大口粮作物承保覆盖率平均达 65%,参保农户数达 2.14 亿户次。农业保险对稳定生产、促进农民增收起到积极促进作用。同时,也有部分地区开展了农房政策性保险试点工作。贵州、江西、浙江等省采用农户自愿投保、保险公司商业运营、政府鼓励支持的运作模式,尝试为农房可能遭受的洪水、雪灾、冰雹、泥石流等自然灾害风险投保,努力发掘农业保险新思路、开拓新渠道。

根据中国人民银行的研究,我国的农业保险保障水平以保障物化成本为主,部分涵盖了地租成本。2018 年 8 月,财政部、农业农村部、银保监会联合发布《关于开展三大粮食作物完全成本保险和收入保险试点工作的通知》(财金〔2018〕93 号),选择了 6 个省份的 24 个产粮大县开展为期 3 年的三大粮食作物完全成本保险和收入保险试点,将规模经营农户和小农户均纳入试点保障范围,中央财政对保费进行补贴。同月,财政部、农业农村部、银保监会联合发布《关于将三大粮食作物制种纳入中央财政农业保险保险费补贴目录有关事项的通知》(财金〔2018〕91 号),将水稻、玉米、小麦三大粮食作物制种纳入中央财政农业保险保费补贴目录。未来,国家将继续完善农业保险制度,建立健全市场化的农业生产风险分散机制,推动农业保险继续健康发展。

---

① 中国人民银行研究局.中国绿色金融发展报告 2018[M].北京:中国金融出版社,2019:13.

当前,我国在农业保险市场中也在因地制宜地开展具体险种的实践工作。以浙江省衢州市为例,衢州市是传统的农业大市,生猪养殖业在衢州农业产业中占据着重要地位。人保财险衢州市分公司精心制订方案,推出生猪保险与无害化处理联动机制,从源头解决了政府在食品安全和环境保护等方面的监管难题。截至2018年10月末,全市共承保生猪193.99万头,收取保费7 716万元,赔付5 918万元,综合赔付率76.7%。①

(1) 定制专属保险条款,扩大生猪保险范围。在生猪保险试点之前,只有能繁母猪及10千克以上的生猪才能参保,如果小猪病死了得不到赔偿,会被养殖户丢弃。小猪死亡率高达75%,导致承保风险很大。而且赔偿标准按照重量计算,若农户对死猪注水,保险公司和无害化处理中心必定亏本。为此,人保财险龙游县支公司起草专门的生猪保险条款,将能繁母猪和生猪全部纳入参保范围,并重新设计理赔标准,报送人保总公司批准后,在龙游县率先实施。

(2) 实行政府保费补贴,调动养殖农户参保积极性。保费按照每头能繁母猪每年60元(其中养殖户个人承担10%,仅6元,政府承担90%)、每头生猪每年27元(其中养殖户个人承担15%,仅4.05元,政府承担85%)收取;能繁母猪头数按实际存栏数计入投保数量,生猪保险按母猪存栏头数的1∶20确定保险头数,投保人将所有的生猪一次性投保,不得选择性投保。2013年试点开始,即实现生猪保险全县全覆盖。

(3) 建立冷库和无害化处理中心,集中统一对病死猪进行无害化处理,引入社会资本,建立病死猪无害化处理中心。浙江集美生物技术有限公司承担全县域病死动物无害化处理中心建设及日常运作,配备收集车辆4台、备用应急收集车1台,配备收集人员8名;设计的无害化处理设备单批处理能力18吨,满负荷运转日最高处理能力20吨,年最高处理能力7 200吨,修建暂存冷库400立方米、应急冷库200立方米。处理中心采用国内最新高温碳化处理技术,对病死动物进行集中处理。

---

① 衢州创新生猪保险与无害化处理相结合的绿色保险"衢州模式"[NB/OL]. http://finance.chinadevelopment.com.cn/sc/bx/2018/11/1400082.shtml.

（4）无害化处理前置，相互监督确保理赔真实。养殖户出现病死猪后，同时向无害化处理中心和保险公司报案，保险公司与处理中心同时到达现场实施勘察、收集工作，与养殖户共同签字确认结果，填写一式四联的收集处理凭证。保险公司凭处理中心开具的无害化处理证明进行理赔。县畜牧局和保险公司的工作人员在无害化处理中心核查单据，确认当天收集和处理数量。畜牧部门和无害化处理中心均签字确认无误后，养殖户即能拿到保险赔款，做到将无害化处理作为理赔的前提条件，从而符合《农业保险承保理赔管理暂行办法》的要求。

生猪保险与无害化处理联动机制实现了"政府得放心、农户得实惠、保险得发展、社会得满意"，是绿色金融服务"三农"、保障民生和参与社会治理的创新与生动实践，得到了中央部委、各级政府、中国人民银行、保险监管部门和社会各界的高度肯定，受到了养殖企业和养殖户的欢迎，取得了良好的社会效应和生态效应。具体表现为以下三个方面。

（1）该模式的实施切断了病死猪污染的源头，解决了政府社会管理心头之患。通过生猪保险全覆盖，以市场调节死猪流向，实现对病死猪无害化处理的全覆盖，一方面杜绝了不法商户将病死猪流向餐桌的风险，另一方面防止了养殖户随处乱扔病死小猪而导致的环境污染社会问题，从源头解决了政府在环境保护和食品安全等方面的监管难题。以前市场上收一头100千克的死猪给养殖户约200元，养殖户通过保险理赔后，能获得600元保险赔款；对10千克以下的死猪，一般没人收，但通过保险也能获得30元赔款。因此，养殖户都愿意走保险理赔渠道，不会出售和丢弃病死猪。无害化处理中心通过粉碎、高温焚烧把死猪变成生物质炭，不会对水和土壤造成任何污染，增加了土壤的磷、钾等元素。

（2）该模式的实施优化了财政资金的使用效能，推动养殖户病死猪无害化处理由被动变主动。首先，生猪统保的政保合作模式，撬动了中央和省市县的专项财政补贴，减轻了养殖户的生产成本，也为其他省市复制推广提供基础保证。其次，"政府监管、财政扶持、企业运作、保险联动"的生猪无害化处理机制运行后，以政策性农业保险为杠杆，养殖户对病死猪的处理由被动整改转变为主动配合。最后，承保全覆盖后，养殖户意识到保险的好处，投保积极性增加，保险风险得以分散，为可持续经营创造了基本条件。

(3) 该模式通过政府与保险优势合力破解难题,优化了保险公司的社会服务功能。一方面,政府主导推动和政府畜牧部门县、乡(镇)、村三级畜牧员及兽医网络优势,突破了保险公司在生猪统保过程中人力、物力缺乏和承保信息数据不对称等方面的瓶颈;另一方面,政府畜牧部门参与养殖户的防疫,有效降低了生猪养殖过程中的死亡率和动物高致病的发生概率,提高了养殖户的生产效益,降低了保险公司的赔付率。

除此之外,衢州市还试验了其他农业保险的模式。① 2014年,人保财险浙江省衢州市衢江支公司与衢江区政府等共同举行"浙江省生猪价格指数保险试点保单签订仪式",并分别与衢州市联合巨北养殖有限公司等3名养殖户签订了生猪价格指数保险保单。一般的能繁母猪保险及生猪保险主要应对的是自然风险,在应对市场风险上无能为力。对于养殖户来说,除了自然风险,损失主要体现在市场交易环节。生猪价格指数保险就是在市场风险上作出的大胆尝试。生猪价格指数保险是政策性农业保险体系从自然风险保障向市场风险保障的进一步拓展,是行业通过保险这一手段管理市场风险的一个积极探索和尝试。该险种遵循"政府引导,市场运作,农户自愿,财政补贴"的基本原则,推进衢江区生猪价格指数保险试点工作。生猪价格指数保险试点规模达4.05万头,自2014年12月1日起正式开始,保险金额达5 467.5万元。

广东省也在生猪保险等农业保险领域进行了卓有成效的努力。2019年1—7月,广东省(不含深圳)生猪保险承保数量大幅增加,保险公司共承保生猪、能繁母猪2 024.35万头,比上年同期多1 122万头,增幅达122.91%,提供风险保障108.58亿元,同比增长了121.95%。广东省银保监局表示,将联合相关部门,着手研究进一步适当提高生猪保险费率及保障水平。

第二节　绿色保险法律制度的比较法经验

国际上绿色保险法律制度的建立主要是为了防范和化解人类活动造

---

① 衢州市衢江区签发全省首批生猪价格指数保险保单,探索抵御生猪养殖市场风险新思路[EB/OL]. http://biz.zjol.com.cn/system/2014/12/02/020390234.shtml.

成的环境风险。为有效应对环境风险,当前国际上已形成以联合国为主导,政府间合作组织、各国中央银行、监管机构以及国际保险行业协会和智库等共同参与的多边合作机制,共同制定绿色保险国际公约、绿色保险行业标准以及绿色保险区域监管规定,着力于解决环境信息披露、行业标准统一、知识网络分享以及环境金融产品供给等方面的关键问题,推动构建综合灾害及气候风险管理体系,补齐环境风险敞口与在保资产的缺口。主要成果包括以下五个方面。①

(1) 搭建了全球灾害防御交流平台。在灾害及损失分布方面,联合国国际减灾署定期发布全球风险评估报告更新气候风险状况,世界气象组织持续绘制因天气、气候以及水灾导致人员伤亡及经济损失分布图。在灾害潜在威胁及预警方面,政府间气候变化委员会定量预测全球升温区间并提供精确的行业应对策略。

(2) 开发了科学的环境风险分析工具。巨灾模型公司 RMS 和 AIR 已建立了针对多灾种及单一灾种的巨灾模型体系,能够为巨灾风险定价、承保以及风险管理提供科学决策。

(3) 各国积极开展以社区为单位的灾害防御及应对研究。在美国,商业和家庭安全保险协会定期发布国内住宅安全标准评级,并为御灾提供工程解决方案。

(4) 各国针对区域灾害风险已构建了完善的巨灾风险分散机制,多个跨国巨灾机制在共担国际风险中发挥重要作用。在创新运用保险资金方面,劳合社针对新兴市场建立了发展中国家灾害风险融资基金,世界银行建立了全球指数保险基金。

(5) 保险行业探索完善环境风险管理体系。在风险认知方面,慕再和瑞再保险公司定期发布全球灾害分布地图。在风险评估方面,瑞士再保险公司设立了专门的气候适应研究组织,为定量分析区域累计气候风险提供系统分析框架,并在全球 8 个灾害高发地区开展试点研究。在风险管理方面,苏黎世再保险公司防洪联盟和红十字会洪水保险计划为各国防御洪水灾害提供风险预警以及应灾备灾支援。在风险分散方面,法

---

① 绿色保险:将资源资本引向绿色经济[N].经济参考报,2018-09-27.

国安盛再保险公司与联合国环境署合作为小微企业提供气候风险应对策略和保险方案。

目前,常见的国际绿色保险产品主要可以划分为环境保护、灾害应对以及绿色倡议三方面,几乎涵盖传统保险产品和服务的各个领域。[①]

从风险管理的角度看,环境保护重在发挥保险定价原理将环境风险外部化,灾害应对关键是发挥保险风险分担机制提高巨灾可保性,而绿色倡议则是保险积极参与国际绿色行动并提供定制化保障的重要抓手,具体表现如下。

(1) 环境保险方面。环境污染责任保险已成为国际上通行的一种市场化环境风险治理机制,同时随着"绿色"的概念逐渐渗透到社会各领域,绿色保险产品的需求主体也不再仅仅局限于企业,而是扩展到个人消费领域,此类保险产品通过对绿色产品提供费率优惠,引导人们保护环境,实行低碳消费。目前,比较成熟的"绿色保险"产品来自汽车、住宅和商业等领域。中国人民保险集团是国内绿色保险的先行者,根据其子公司人保财险最新的绿色保险产品名录,目前国内绿色产品主要服务绿色资源、绿色产业以及绿色服务三大领域,其中绿色资源主要是指国有绿色资源保护;绿色产业包含节能减排、绿色农业、绿色融资支持和绿色项目运营保障等;绿色服务涉及环境污染风险管理服务、农业牲畜养殖中的无害化处理等。

(2) 灾害应对方面。巨灾衍生品主要是通过巨灾保险的方式分散巨灾风险。它是一种结合金融工具、保险精算原理以及巨灾模型理论为巨灾损失进行融资的金融工具,是保险证券化在巨灾领域的应用。另外,常见的还有巨灾债券,即针对特定地理范围的单一或综合严重灾情进行提前融资。

(3) 低碳保险方面。2005 年的《京都议定书》建立了清洁发展机制(CDM),作为国际公认的碳交易机制,它允许发达国家与发展中国家通过 CDM 项目合作减排温室气体,所有 CDM 项目需要通过联合国清洁发展机制执行理事会(EB)注册及核证才能取得相应的碳信用额度。目前国际

---

① 绿色保险:将资源资本引向绿色经济[N].经济参考报,2018 - 09 - 27.

上碳保险主要针对 CDM 项目的运营风险、交付风险、交易对手风险和政治风险,常见的保险产品有 CDM 项目工程险/利损险/操作险、碳信用价格保险、碳排放信贷担保保险、清洁发展机制支付保险 30、碳损失保险、采碳执照吊销保险等。

各国根据自身的经济社会发展而生成了不同的绿色保险制度。

一、美国的绿色保险法律制度

在美国,绿色保险主要体现在特定行业的污染控制或者补偿保险方面。例如,针对石油污染海洋的问题,美国联邦层面自 1970 年先后颁布了《清洁水法》(Clean Water Act,CWA)和《联邦水污染控制法》(Federal Water Pollution Control Act,FWPCA),要求所有进入美国的船只必须投保责任保险。[①] 美国针对有毒物质和废弃物的处理、储存、处置可能引发的损害赔偿责任实行强制保险制度,在有关危险废物处理、储存、处置的法规中作出了强制保险的规定,要求管理者应为在该设施的运行期间内,由危险废物的管理和操作造成的对他人人身或者财产的损害购买保险,所有管理者都必须为突发性或事故性事件购买第三者责任保险。[②]

美国国家环保局局长有权发布行政命令,要求从业者就日后对第三人的损害赔偿责任包括对人身和财产的损害、关闭估算费用以及关闭后 30 年内所可能引发的监测与维护费用进行投保。投保的额度因突发性事故或非突发性事故而有区别。设施所有人或营运人必须就每次突发性事故投保 100 万美元,每年最少投保 200 万美元,同时还必须就每一非突发性事故投保 300 万美元,每年最少投保 600 万美元。在适用对象方面,并非每一设施的所有人或营运人均遵从上述规定。自 1980 年起,年营业额在 100 万美元以上者适用以上规定[③]。此外,法规还要求土地填埋设施的管理者、地面贮存和土地处理单位的管理者为非突发或非事故性事件如渗漏和对地下水的渐进性污染购买保险。当前,在美国的 50 个州中,已经有 45 个州出台了相应的危险废物责任保险制度的规定。在美

[①] 熊英,别涛,王彬.中国环境污染责任保险制度的构想[J].现代法学,2007(1):90 - 101.
[②] 阳露昭.环境污染责任保险基本法律问题研究[D].青岛:中国海洋大学,2011:130.
[③] 王明远.环境侵权救济法律制度[M].北京:中国法制出版社,2001:150.

国,环境污染责任保险是工程保险的一部分,无论是承包商、分包商还是咨询设计商,如果在涉及该险种的情况下而没有投保的,都不能取得工程合同。

二、瑞典的绿色保险法律制度

在瑞典,绿色保险的主要表现也是环境责任保险。瑞典实行环境污染责任强制保险制度。瑞典颁布的《环境保护法》第65条规定,为赔偿某些情况下受害人的损失,政府或者政府指定的机构应当按照批准的条件制定保险单,即环境损害保险。依本法或依本法发布的命令从事需要许可证和需审批的活动的人,应当按照政府或政府指定机构制定的价目表按年度缴纳一定数额的保险费。该法第67条进一步规定,缴纳保险费的通知发出30天后,义务人仍未缴纳环境损害保险费的,保险人应当将该情况向监督机构报告。监督机构可以责令义务人履行其义务,并处以罚款。对监督机构的此命令不得起诉。瑞典实行的环境污染责任强制保险制度具有鲜明的特点,即从程序上限定了强制责任保险的赔偿条件。《环境保护法》第十章规定,"将诉讼程序置于保险程序之前,要求受害人必须是在通过侵权诉讼得不到赔偿的情况下才能获得环境损害保险赔偿"。从该规定可以看出,传统的环境侵权损害赔偿诉讼成为受害人从保险人处获得保险金的前置程序,也可以理解为环境污染责任保险的强制性制度设计只是传统的环境侵权损害赔偿诉讼制度的一个补充,在受害人的救济途径中担当补充和辅助的角色。但是,这种制度设计的实际社会效果究竟如何,限于资料的匮乏,我们暂时难以开展研究,也无法得出客观的结论。不过,仅仅从理论层面看,将强制性环境污染责任保险作为环境侵权诉讼的辅助性的救济手段,无疑难以充分发挥保险手段救济受害人的功能,也难以达到环境污染责任保险设立的最初目的。

三、德国的绿色保险法律制度

德国的环境污染责任保险采取强制责任保险与财务保证或担保相结合的方式。为了使加害人履行其赔偿义务以确保环境侵权受害人能够得到赔偿,其 1990 年颁布的《环境责任法》第 19 条特别规定,特定设施的所有人必须采取一定预防措施以保障义务履行。《环境责任法》附录所规定的特定设施所有人,就其营运中的设施所引起的环境影响及由此造成的对于他人生命、身体、健康或财产的损害,必须采取保障其损害赔偿责任得以履行的措施,这些措施包括与在该法适用范围内有权从事营业活动的保险企业签订损害赔偿责任保险合同,由联邦或某个州证明免除或保障赔偿义务的履行,由在该法适用范围内有权从事营业活动的金融机构提供免除或保障义务履行的证明,但以该金融机构保证提供类似于某种责任保险的担保为限。如果设施所有人未履行或未充分履行上述法定义务,不但主管机关可以依照该法第 19 条第 4 款的规定全部或部分禁止该设施的运行,而且依照该法第 21 条的有关规定,设施所有人还将承担相应的刑事责任,可能会被处以 1 年以下有期徒刑或罚金。此外,对于已经停止运行的设施,如果该设施引起了某种特别的危险,则主管机关可以命令停止运行时的设施所有人在此后的至多 10 年的期间内继续采取相应的预防保障措施。有学者认为,在以上三种法定的预防保障措施中,"第二种方式显然仅在涉及国家设施时适用,第三种方式因实务中不会有银行愿意参与而名存实亡,因此具有实质性意义的预防保障方式只不过责任保险一种而已"。也有学者认为,在德国的实际运作中,金融机构往往对环境侵权责任保险缺乏积极参与的激励,"故强制性的环境侵权责任保险制度在德国占据了主导"。[①] 换言之,虽然从形式上看,德国的环境污染责任保险采取强制责任保险与赔偿义务保证或担保相结合的制度,实际上,发挥主要作用的是强制责任保险制度。

四、英国的绿色保险法律制度

与德国不同,英国的环境污染责任保险以自愿为原则,强制为法律特别规定的例外情况,因此,可以将英国的环境污染责任保险看作自愿与强制相结合的模式。

英国的环境立法比较零散,在污染控制方面,行政措施多于司法手

---

① 张梓太,张乾红.我国环境侵权责任保险制度之构建[J].法学研究,2006(3):84-97.

段。在英国,除了对一些特殊的污染如核污染,在法律强制规定必须投保的情况下要求强制保险,一般实行任意保险。英国的环境强制责任保险有油污损害责任保险和核反应堆事故责任保险。20 世纪 60 年代初,保险人还将由于净化设施的缺陷及排放有害积存物、烟、汽及其他污染物引起的污染责任作为除外责任,而到 1968 年,在保险合同条款中只剩下一项除外责任,即放射性物质引起的污染责任,并且事故的突然性不再是必要条件。

英国的做法实际上是将放射性物质引发的责任单独承保。1965 年,英国发布的《核装置法》规定安装者必须负责最低限额为 500 万英镑的核责任保险,实际上就是实行强制责任保险[1]。1970 年,英国政府宣布,由实验性飞机造成的声震损失必须给予赔偿,因而开办了声震保险,承保因声震等噪声污染而造成的损害赔偿责任。英国于 1974 年在伦敦保险市场推出环境损害责任保险单,对累积、继续、协同、潜伏性的环境污染事故予以承保。但在这种保险条件下,是否投保环境责任保险仅依投保人的自愿,政府一般无权强制企业投保。在 20 世纪 90 年代早期,英国保险人联合会通过公开推荐污染除外条款对保单修改并设立了赔付的最高限额。

英国作为《国际油污损害赔偿民事责任公约》和《设立国际油污损害赔偿基金国际公约》的成员国,在海洋油污损害赔偿领域实行强制责任保险。此外,英国设立了超级基金,要求承保环境损害责任保险的保险人每年拿出部分资金投入超级基金,为保险人建立大灾难风险后备资金储备库,使保险人在遭遇受害者众多、赔偿数额巨大的保险案件时能够进行赔偿。这样,既不会让保险人面临生存危机,也使受害人能得到及时、有效的赔偿。

五、法国的绿色保险法律制度

法国的绿色保险主要是环境污染责任保险,但法国并不强制企业投保环境污染责任保险,除非法律规定必须投保,否则在一般情况下由企业

---

[1] 许飞琼.环境污染、损失补偿与责任保险[J].东岳论丛,2010(8):170.

自主决定是否投保环境污染责任保险。法国在20世纪60年代之前并没有专门的环境污染损害保险。对于企业可能发生的突发性水污染事故或大气污染事故,仅在必要时以传统的、一般的责任保险单加以承保。至70年代,保险公司的一般保险单上还有将水污染、大气污染、噪声、臭气、振动、辐射、光害及温度变化等环境损害所造成的损失排除在承保范围之内的条款。

1977年,由英国保险公司和法国保险公司组成污染再保险联营,制定了污染特别保险单。至此,保险公司的承保范围不再限于偶然性、突发性的环境损害事故,对于由单独、反复性或继续性事故引起的环境损害也予以承保,这种保险的选择是出于投保人的自愿的。

污染特别保险的主要内容包括对特殊危险型企业的环境损害赔偿责任予以承保,其保险对象仅限于1976年《有害设施管制法》下的企业所产生工业和农业污染的环境公害危险。在工厂设施营运下,其污染物单独、重复或连续对环境产生的损害,包括空气污染、水污染、臭气、噪声、振动、光害所造成的损害,在无法通过民事赔偿手段得到救济时,由保险人赔偿被保险人因消除污染所支出的费用。被保险人必须遵从法律和保险单所规定的条件,充分履行不使用造成污染的设施、安装损害防止设施和维护保险标的安全等义务,且根据保险单中的控制条款,保险人或其代理人均有权不经预先通知而随时前往被保险人的工厂、设施查看,以便促使被保险人采取改进措施和避免事故发生。如果因故意或重大疏忽而违背保险合同条款,或违反主管机关制定的有关法律法规、行政命令,则被保险人无权获得赔偿。就实际运作来看,此类污染特别保险的核保及核赔是在技术委员会的控制下进行的。该技术委员会在接受保险人和被保险人的咨询和由保险人拟定的保险单关于危险种类及性质、保险费等的意见后,就意见的内容加以审查,无论是保险人所提的加强污染防治设施等要求,还是被保险人所提的修改保险合同等要求,均需作严格的核定。保险单通常均规定,被保险人未按照保险人的要求加强其污染防治设施的,产生解除该保险合同的效果。当发生环境损害事故时,赔偿额在200万法郎以内者,由保险公司自行核赔;超过200万法郎者,应交由技术委员会附加意见。对污染受害人的特别保险:其一,对存在潜伏性污染危害的工厂提供责任保险,即对造纸、洗染、啤酒及酿造业者,保险工厂外界空间的空气和水体不受工厂污染,负责赔偿净化费用以及工厂因受行政制裁而连续停业所遭受的损失。其二,借鉴英国于1994年提出的环境损害责任保险单,对累积、继续、协同、潜伏性的环境污染事故予以承保。法国是1969年《国际油污损害赔偿民事责任公约》和1971年《设立国际油污损害赔偿基金国际公约》的缔约国,因此,在油污损害赔偿方面采用强制责任保险制度,并将此写入了1998年5月27日颁布的《法国环境法》。根据该法第218/2条规定,在法国港口注册、运输2 000吨以上散装货物船舶之船主,如果无法证明其遵照上述公约规定为其船舶办理了足额保险或经济担保,不得从事商贸活动。

　　除了环境污染责任保险,法国还设立补偿或赔偿基金,向受害人提供救济。在实践中,因事故的特殊性或赔偿社会化的要求,仍有不少危险责任类型,依据《法国民法典》的有关规定,某些特别法或特别法的解释以及近邻妨害法理作为环境侵权损害赔偿的法律依据,适用无过错责任。这些特别立法大都伴随有相应的补偿或赔偿基金、责任保险、财务保证等制度作为补充,以保证在侵权行为人缺乏清偿能力时,能及时向受害人提供救济。法国《民航法》第L142-2条规定,航空公司对因飞机噪声造成的地面人身、财产的损害,应负无过失赔偿责任,且无法定最高赔偿额限制。早在1973年,法国就针对机场噪声给相邻地面居民造成的损害,通过向航空公司征收噪声特许金,设立了损害补偿基金,用于治理戴高乐机场和奥利机场的噪声公害。从1975年开始,法国还开始征收飞机降落特别税,用于补偿机场相邻地区居民的迁移、购置机场土地或设置居住房屋的隔音设施。1992年12月31日的92/1444号法令又将噪声基金制度推广到整个法国,适用于法国机场周边居民的噪声损害赔偿,要求航空公司根据"飞机重量、飞机噪声程度、机场规模和位置、起飞时间等"按起飞频次向基金缴款。[①]

[①] 张立新.法国环境损害保险模式未雨绸缪应对污染[N].中国环境报,2013-05-23(4).

第三节　完善我国绿色保险法律制度的建议

一、我国绿色保险目前存在的主要问题

在服务绿色发展方面,绿色保险的探索尚处于起步阶段。这些探索显示绿色保险在服务绿色发展方面潜力巨大。随着绿色发展支持政策的不断完善,绿色技术的创新发展,绿色生产生活方式的普及,未来还将产生越来越多新的保险风险管理需求以及对保险资金的绿色投资需求。为进一步发挥绿色保险的功能作用,应进一步加强绿色保险服务能力建设。

（一）绿色保险事业尚不成熟

据统计,我国每年由环境污染造成的直接经济损失达1 200亿元。一旦发生重大环境污染事故,在巨额赔偿和污染治理费用面前,事故企业即便赔得倾家荡产,受害者也难以得到应有的补偿,最终只能由政府和社会"埋单"。绿色保险能够减少环境污染事故发生的概率,或当事故发生时,帮企业和受害者挽回损失。[1]

以环境污染责任保险为代表的绿色保险,可以在企业发生污染事故时,就第三者受到的损害由保险人依法承担赔偿责任。有效运用这种保险工具,对促使企业加强环境风险管理,减少污染事故,迅速应对污染事故,及时补偿、有效保护受害者权益等方面,都可以产生积极的效果。我国虽然很早就开展了环境污染责任保险的试点工作,但值得注意的是,只有其中部分试点将环境污染责任保险列为"强制"责任保险。以江苏省徐州市为例,首批有108家企业参与试行,这些企业全都是涉及重金属污染物的企业,化工、焦化、热电等具有环境风险源隐患的企业,以及危险化学品生产、贮存、运输等企业。一旦企业因为污染事故造成损失,就可以通过保险赔偿的方式,将损失降到最低。但到目前为止,环境污染责任保险在总体上依然以自愿为主,环责险的自愿性大大影响了其实际运行的效

---

[1] 江帆,姚进.绿色保险:如何叫好又叫座？[N].经济日报,2015-09-09.

果。环境污染责任保险等险种应该以强制险的方式来推行,因为这些事故危害大,影响难以估量。相关强制险种推行的力度可再大一点,步子可再快一点。其他绿色保险险种,如巨灾保险等,总体开展程度依然不容乐观,可以说还处于推行的早期阶段。

(二)全社会关于绿色保险的参与度仍然不足

利用保险工具如巨灾保险、农业保险等参与环境污染事故处理,可以通过市场化的手段分散风险,对各方都有益。对于受害人来说,可以及时获得环境污染赔偿或者风险补偿;对于企业来说,可以使污染责任得到清晰的确定;对于政府来说,可以减轻财政赔偿压力,或者救灾救济压力。

环境污染责任保险等绿色保险的作用显而易见,但总体参与度依然不足。以环境污染责任保险为例,从试点情况来看,多数企业投保的兴趣并不高。很多企业风险意识差,存在侥幸心理。农业保险也是如此。当然,绿色保险险种的保险保障能力不足可能也是原因之一。有一些企业对绿色保险能否满足环境风险保障需求存在疑虑。有些公司财力雄厚,可自行解决污染赔偿问题;有些公司污染责任损害,如油污损害的赔偿限额很大,担心国内保险公司不具有承保能力;有些公司建议将环境污染责任险计入企业生产成本;还有一些保险公司希望完善相关法律,辅以必要的政府行政推进,并妥善解决再保险支持问题。

目前,一些地方的工业企业污染事故频发,污染事故受害者得不到及时赔偿,容易引发社会矛盾,尤其是涉重金属的企业,以及石化、化工、制药等行业,环境风险高,一旦发生事故,环境损害就非常严重,亟待引入保险机制。

从发展现状看,绿色保险在我国目前仍处于探索和起步阶段。目前已有中国人民财产保险股份有限公司、中国平安保险(集团)股份有限公司和华泰财产保险股份有限公司等 10 余家保险企业推出环境污染责任保险产品。2018 年,全国有 22 个省(自治区、直辖市)、近 5 000 家企业投保环境污染责任保险,涉及重金属、石化、危险化学品、危险废物处置、医药、印染等行业。从技术上来说,绿色保险损害范围的确定和评估、保险费率的核算、索赔时效等都有待探索和解决。

针对环境污染责任保险等绿色保险强制性不足、企业积极性不高等问题,有试点地区尝试,一方面进行保费补贴,如把一部分排污费作为保费补贴,另一方面把参保作为企业环境影响评价审核的前置条件。这些有益的探索值得推广。

(三)绿色保险法律制度尚未成型

事实上,2013年出台的《关于开展环境污染强制责任保险试点工作的指导意见》明确了对按规定投保的企业,环保部门可以采取鼓励和引导措施,包括积极会同当地财政部门,在安排环境保护专项资金或者重金属污染防治专项资金时,对投保企业污染防治项目予以倾斜;投保企业投保信息及时通报银行业金融机构,推动金融机构综合考虑投保企业的信贷风险评估、成本补偿和政府扶持政策等因素,按照风险可控、商业可持续原则优先给予信贷支持。

"如果政策能落实到位的话,企业还是乐于投保的。"但这并不意味着企业就可以放心大胆地污染环境。"因为环境保险收费与企业污染程度成正比,如果企业发生污染事故的风险极大,高昂的保费就会使企业不堪重负。保险公司还会雇用专家,对被保险人的环境风险进行预防和控制,这种市场机制的监督作用将迫使企业降低污染程度。"①

二、健全完善我国绿色保险法律制度的策略及建议

作为绿色体系的重要组成部分之一,未来保险应进一步争取发展绿色保险的良好政策环境,尽快在环境风险治理的事前、事中和事后等关键技术领域取得突破,构建完善的绿色产品体系,促进传统产业绿色转型,培育绿色发展动能,为绿色产业提供全面的金融服务。

1. 应该加强对绿色保险的研究工作

绿色保险的发展尚处于起步探索阶段,绿色保险研究成果较少,且多为针对环境污染责任保险所做的研究,需要加大研究工作力度。同时,要加强研究成果的交流分享,一方面,加强交流、开阔思路可以促进绿色保险的创新发展;另一方面,增进相关方对绿色保险功能作用的了解,有助于加强相关各方的全面合作。例如,中国保险学会与中国金融学会绿色

---

① 张帆.绿色保险:将资源资本引向绿色经济[N].经济参考报,2018-09-27.

金融专业委员会合作,在前期开展相关研究工作的基础上,启动绿色保险专项课题研究,进一步深入开展绿色保险研究工作,就是一个有益的尝试。除此之外,还应进一步对环境风险因素进行量化分析,将环境风险因素分析纳入投资决策研究体系中,以利于金融机构在日常经营中更加重视稳健经营,进一步加大绿色投资力度,还有助于发现绿色项目投资的长远好处,引导绿色投资。

对于这一处于国际前沿领域的研究题目,我国相关金融机构及研究机构通过积极研究,取得了一定的具有领先水准的研究成果。保险业积极参与环境风险量化分析研究工作,一方面,它有利于提升保险资金的绿色投资能力建设水平。保险资金运用期限较长的特点,决定了在投资研究中应重点关注投资项目是否具有长期投资价值。另一方面,它有助于为环境风险量化分析提供保险风险管理经验及管理方案。保险业在为投保企业提供风险管理服务的过程中积累了一定的企业环境风险量化分析经验和保险风险管理方法,同时也发展了很多与气候变化相关的巨灾风险管理技术。这些经验与方法不仅可以用于相关财产保险产品定价及产品服务,也可以进一步扩展服务领域,进行绿色投资项目评估及项目建设过程的风险管理。

这方面一个较好的例子是浙江省湖州市。湖州市在 2017 年开展环境污染责任保险试点工作的基础上,2018 年在重点行业全面启动环境污染责任保险工作,并强化了工作中的银行保险联动机制建设。银行保险联动机制主要探索在政、银、保三方对企业环境监察、环境污染责任保险投保信息、保险公司对投保企业开展的环境风险信息、金融失信行为等信息实现共享共用,银行以相关信息作为贷款管理及提供差别化金融服务的考虑因素。这是实现环境成本内部化的重要实践探索,不仅有利于引导企业不断加强日常生产经营中的环境风险管理,还有利于金融机构发挥各自优势,加强环境风险分析基础研究工作,进一步促进绿色投资。

2. 积极参与国际绿色保险政策及标准制定

一是积极争取开展绿色保险,营造良好的政策环境。在 G20 框架下开展绿色金融合作,与国际组织、各国央行、各国政府以及行业协会探索公开透明的环境信息公开机制,参与环境保护及防灾减灾相关法律法规制定,加深公众对发展绿色经济的迫切性的理解。二是明确"绿色保险"的内涵及标准,建立有效的环境风险分析框架,推动环境风险的识别、沟通和管理。

3. 通过横向联合,努力建立整体的绿色金融服务体系

积极思考与传统金融主体商业银行的协作、互补关系,参与构建完善绿色金融信息披露与服务体系,争取政策支持提高绿色金融的普惠性和可及性。一方面要推动绿色金融发展的两个转变,即从传统"输血"向自主"造血"的转变,从资产端增量投入管理向负债端存量风险管理转变。另一方面要发挥风险分散与资金融通双轮驱动优势,通过投资端支持绿色产业融资,配合承保端的运营风险管控防患违约风险,构筑企业直接融资和间接损失补偿机制,实现企业绿色资产有增量、绿色风险有保障。

4. 开拓绿色产业领域

围绕生态产业,有效提供绿色产品供给,提升绿色保险产品和服务的可及性。一要大力发展绿色农业保险,为绿色农产品提供全产业链保险服务,确保绿色农业经济、社会和生态效益的有机统一。二要积极发展绿色工业保险,服务清洁生产技术,为多层次、多功能的循环经济工业生产体系提供风险保障。三要发展绿色责任保险,推动环境污染保护法试点在全国推广,建立企业和个人环境责任溯源及追偿机制,参与构建绿色环境防护保障体系。四要处理好政府与市场的关系。首先,要充分发挥公司政策业务优势,鼓励政府发挥引导作用,严格执行环境法律法规将区域环境外部性内生化,敦促企业和组织将环境影响纳入决策中。其次,可考虑与地方政府共同建立绿色产业基金,用于绿色产业扶植、绿色保险采购、环境风险管理。最后,积极参与制定绿色产品认证规范和标准体系,支持、引导企业进行绿色生产技术创新。

5. 探索建立绿色保险专营机构

将单一的、散落在各个子公司的绿色业务进行整合提升,成立绿色保险专营机构。首先,统一制定绿色保险发展战略,加快构建绿色保险经营体系。其次,加大与政府数据对接及联合开发,建立环境风险数据体系,制定绿色保险标准及风险评估标准,探索建立绿色保险定价体系。最后,推动绿色产品体系从事后补救向引导消费升级以及支持绿色产业转变,逐渐覆盖绿色消费、清洁能源、生态修复、环境治理、生态农业、绿色建筑和绿色交通等多个领域。

6. 加强绿色保险体系建设

引导保险公司、保险资产管理公司进一步从战略高度发展绿色保险，建立健全相应的促进绿色保险发展的管理机制。一是促进公司进一步主动了解绿色发展中的保险风险管理需求，通过开发新的绿色保险产品，对已有保险产品进行改造或组合、创新绿色保险服务内容及服务流程等方式积极创新绿色保险产品和服务。二是加强公司绿色投资能力建设，进一步加大绿色投资力度。三是进一步发挥保险风险管理功能，在为企业提供保险服务及进行绿色投资的过程中，帮助企业进行绿色化建设。四是加强服务规范化标准化建设。五是加强新技术应用。六是加强绿色保险产品及服务、保险资金绿色投资的信息披露制度建设。七是加强绿色保险人才培养。八是加强统计分析研究工作，不断完善相应的管理机制。

另外，有学者建议[1]，随着中国保险法律制度体系的不断完善，加强行政法规层面的制度建设，将国务院颁布的保险业相关政策、监管机构及政府部门出台的规范文件等转化、升级为行政法规，对于促进、规范保险业发展具有重要意义。

在部门规章和规范性监管文件层面，建议优化保险业监管制度体系。建议保险监管机构对各类保险监管制度作出全面梳理，将保险条款与费率管理、保险销售、保险中介管理、保险市场准入与退出、偿付能力管理、保险资金运用等核心监管制度逐步上升为部门规章，增强法律制度的稳定性和协调性。对于规范性监管文件，应严格审查制度颁布的必要性，约束制定程序，对于能够被部门规章吸收或缺乏操作性的文件应及时予以清理。

---

[1] 李祝用,乔石.中国保险法律制度的发展:回顾、反思与展望[C].金融法苑,1995:100.

第七章 绿色发展基金制度

第一节 绿色发展基金

2016年,经国务院同意,中国人民银行、财政部等七部委联合印发的《关于构建绿色金融体系的指导意见》第二十八条指出,要探索"通过再贷款、宏观审慎评估框架、资本市场融资工具等支持地方发展绿色金融";鼓励和支持"有条件的地方通过专业化绿色担保机制、设立绿色发展基金等手段撬动更多的社会资本投资于绿色产业";支持地方将环境效益显著的项目纳入绿色项目库,并在全国性的资产交易中心挂牌,为利用多种渠道融资提供条件;支持国际金融机构和外资机构与地方合作,开展绿色投资。《指导意见》实际上强调了绿色发展基金的几个重要问题,包括绿色发展基金的设立目标、运作方式、融资手段等方面。绿色发展基金在构建绿色金融体系中包括以下几种基本特质:①它是一种与再贷款等资本融资工具相类似的绿色金融发展工具。②它的目的是推动更多社会资本投资于绿色产业。③所投资的项目应该纳入绿色项目库中。④可以通过国际合作展开。

一、我国绿色发展基金的设立

绿色基金一般是指由基金管理公司或其他专业机构管理的专门投资于能够促进环境保护、生态平衡事业发展之项目的共同基金。该基金能将投资者对社会以及环境的关注和基金投资目标较好地结合在一起,以实现特定或不特定的环境产业发展目标。[①] 最早的绿色基金——Merlin

---

① 杨姝影,文秋霞.构建国家绿色发展基金体系的思考和建议[J].环境与可持续发展,2018,43(6):11-13.

生态基金于1988年在英国诞生。此后,受20世纪80年代后期环保主义的影响,全球范围内绿色基金得到迅速发展,多种形态的生态基金、可持续发展基金、环境基金纷纷涌现出来。从短期来看,绿色基金的业绩一般比普通的投资基金收益低,但长期来看,随着政府对环境保护立法的加强,污染较严重的企业不得不为此付出更高昂的代价,绿色基金的投资效率则会相应提高。而且,由于绿色基金投资对象的特定性,投资者可以更深入地了解其投资对象,也可以更合理地选择其投资目标,因此从长远来看,其总体投资收益可能高于一般的投资基金。

在我国绿色基金主要是指绿色产业投资基金,或者绿色发展基金,它的运行模式一般来说是环境友好型产业的投资者将资金集中起来交给专业的投资机构进行管理,然后这些投资机构针对环境生态产业进行充分的调查、分析、研究,最后作出统一的投资决策。目前,国内绿色基金的资金来源主要有三个方面:一是政府,二是市场,三是政府和市场兼而有之。因此,绿色发展基金在资金来源上一般来说有三种模式:①纯政府投资的基金,就是政府通过财政拨款的方式成立一支基金用于支持当地的环保类项目,这种模式有很强的公益性质。②纯市场化模式,如信托、基金或是资管机构成立一个产品用于募集社会资金投资于一个或多个环保项目,并且有明确的产品架构和盈利模式,一般来说有较强的功利性。③PPP(Public-Private-Partnership)模式是现有的绿色基金最主要的模式。该基金主要是政府和社会资本共同发起成立一支基金,资金的来源方面政府占比较小,主要起战略引导作用,社会资本占比较大,还有专门的第三方环保机构负责所投资绿色项目的改造、运营,也就是说,除了提供资金,还会给所投资项目提供来自专业机构的技术支持。

(一)完全由中央政府出资设立的基金

完全由中央政府出资设立的基金的代表是中国清洁发展机制基金(以下简称清洁发展基金)。中国清洁发展机制基金是经国务院批准,由财政部、国家发展和改革委、外交部、科技部、原环境保护部、原农业部与中国气象局共同设立的。2010年颁布的《中国清洁发展机制基金管理办法》规定,清洁发展基金是由国家批准设立的按照社会性基金模式管理的政策性基金,其宗旨是支持国家应对气候变化工作,促进经济社会可持续发展,基金的筹集、管理和使用,遵循公开、公正、安全、效率、专款专用的原则。基金的管理机构由基金审核理事会和基金管理中心组成。其中,基金审核理事会是关于基金事务的部际议事机构,由国家发展改革委、财政部、外交部、科技部、原环境保护部、农业部和气象局的代表组成。基金审核理事会设主席和副主席,分别由国家发展改革委和财政部派出代表履行职责。基金审核理事会负责审核的事项有:基金基本管理制度;基金发展战略规划,包括资金使用年度计划;基金赠款项目和重大有偿使用项目申请;基金年度财务收支预算与决算;基金其他重大业务事项。相关事项经基金审核理事会审核并取得一致意见后,需报国家发展改革委、财政部批准。基金审核理事会相当于普通公司的董事会,而作为出资人的国家发展改革委与财政部则履行类似公司最高权力机构——股东会的职责。

相比基金审核理事会,基金管理中心是清洁发展基金的日常管理机构,具体负责基金的筹集、管理和使用工作,由财政部归口管理,其职责有:起草基金基本管理制度,制定基金具体运行管理规定;筹集基金资金;管理基金资金,组织开展基金的有偿使用和理财活动;编制并组织实施基金的年度财务收支预算与决算;监督管理基金所支持项目的运行;向基金审核理事会报告基金的重大业务事项;开展其他符合基金宗旨的活动。

清洁发展基金的资金筹集来源主要包括:通过清洁发展机制项目转让温室气体减排量[①]所获得收入中属于国家所有的部分;基金运营收入;国内外机构、组织和个人捐赠;其他来源。其中,国家收入由基金管理中心负责向项目业主或按减排量转让合同约定向减排量购买方收取。项目业主应当在取得减排量收入后的15个工作日内,按照规定比例向指定账户支付国家收入。国家收入以减排量转让合同约定的币种取得。减排量转让合同约定以外币支付,但确需以人民币支付国家收入的,经基金管理中心同意,项目业主在取得收入后的15个工作日内以人民币支付,汇率以结汇日现汇买入价为准。减排量转让合同由项目业主和减排量购买方

---

① "减排量"是指经国家批准,通过清洁发展机制项目转让的温室气体减排量;减排量收入是指转让减排量所获得的收入。见《中国清洁发展机制基金管理办法》第10条。另外,减排量收入由国家和实施清洁发展机制项目的企业(以下称"项目业主")按照规定的比例分别所有。减排量收入中属于国家所有的部分(以下称"国家收入")全额纳入基金。

签订。项目业主一般应当在减排量转让合同生效后15个工作日内,将合同副本、营业执照复印件、合同双方联系人及联系方式报基金管理中心备案。备案事项发生变更的,项目业主应当自变更之日起15个工作日内告知基金管理中心。如果项目业主缓缴、少缴、不缴国家收入的,由财政部、国家发展改革委依规予以处罚。

清洁发展基金的资金使用,主要采取赠款、有偿使用等方式。具体来说,该基金主要通过赠款方式支持有利于加强应对气候变化能力建设和提高公众应对气候变化意识的相关活动,也可以通过有偿使用方式支持有利于应对气候变化效益的产业活动。为了使清洁发展基金保值增值,基金通过银行存款、购买国债、金融债、企业债等形式开展理财活动。

清洁发展基金的费用支出,主要包括业务支出和基础管理费支出两大类。业务支出包括赠款支出和有偿使用项目开发费用支出,赠款年度支出规模根据国家应对气候变化实际工作需要确定。清洁发展基金的有偿使用项目开发费用,一般是指基金有偿使用项目筛选、调查、评审、立项过程中发生的费用。有偿使用项目开发费用按照项目使用金额的一定比例提取。基础管理费支出是指基金筹集、管理、使用过程中的日常管理费用,包括清洁发展机制项目日常管理费用。基础管理费支出按照基金上年年末资产净值的一定比例提取。有偿使用项目开发费用和基础管理费支出的具体提取比例由基金审核理事会决定。

为保障清洁发展基金的资金安全,基金管理中心应当对基金使用进行风险控制。基金的资金不得用于不符合其宗旨的赞助和捐赠支出,不得从事股票、股票类投资基金、房地产以及期货等金融衍生产品投资。另外,还要求清洁发展基金与基金管理中心财务分别建账、分别核算,实行预决算管理。具体财物管理办法由财政部负责制定,并由财政部对基金使用情况和会计记录进行监督检查。

关于清洁发展基金的赠款,主要用于支持与气候变化有关的各种活动和事项,具体包括:与应对气候变化相关的政策研究和学术活动;与应对气候变化相关的国际合作活动;旨在加强应对气候变化能力建设的培训活动;旨在提高公众应对气候变化意识的宣传、教育活动等。对于赠款的申请人有一定身份方面的要求,即赠款项目申请人应当是我国境内从事应对气候变化领域工作,具有一定研究或者培训能力的相关机构。申请赠款应当提交项目申请书,赠款项目申请书包括:申请人基本情况;项目背景资料;项目目标;项目的主要内容与活动;项目的主要产出;项目的执行进度安排;申请资金额和预算安排等。赠款项目申请书由国务院有关部门或者省级发展和改革部门(以下简称"项目组织申报单位")向国家发展改革委转报或报送,并由国家发展改革委负责组织赠款项目的评审。赠款项目的评审结果报基金审核理事会审核并取得一致意见后,由国家发展改革委、财政部批准。赠款项目实行合同管理,由国家发展改革委、项目组织申报单位、基金管理中心、赠款项目申请人共同签订赠款项目合同,在合同中明确规定各方责任、权利、义务和违约处罚办法。国家发展改革委、基金管理中心会同项目组织申报单位负责对赠款项目的实施进行监督检查和考核验收。国家发展改革委、财政部对违规行为予以处罚。

清洁发展基金的有偿使用项目管理主要采取以下方式:股权投资;委托贷款;融资性担保;国家批准的其他方式。基金以股权投资、委托贷款方式支持项目的,其年度累积金额不得超过上年末资产净值的一定比例,具体比例由基金审核理事会决定。基金以股权投资方式支持项目的,不得对投资对象控股,投资所形成股权的退出,按照公开、公平和市场化原则,确定退出方式及退出价格。基金以融资担保方式支持项目的,其担保额不得超过基金年度预算确定的限额。对有偿使用项目的申请人也有身份方面的要求,申请人应当是我国境内从事减缓、适应气候变化相关领域业务的中资企业、中资控股企业。为获得清洁发展基金的支持,有偿使用项目申请人应当向基金管理中心提交申请文件。申请文件包括:项目申请书;项目可行性研究报告;企业近3年经营状况;企业营业执照副本等。基金管理中心负责组织对基金有偿使用项目的遴选、评审。单个项目申请基金资金在7 000万元人民币以上(含7 000万元)的有偿使用项目是"重大项目"。属于重大项目的,应当报经基金审核理事会审核并取得一致意见后,由国家发展改革委、财政部批准;属于非重大项目的,由基金管理中心按照规定程序审批,并于批准后的15个工作日内报国家发展改革委、财政部备案。基金管理中心负责有偿使用项目的组织实施、监督检查和考核验收。

在清洁发展基金之外,2020年生态环境部正式启动运营国家绿色发展基金,以激发企业治污的内生动力,寻找更多解决环境问题的有效途径。[①] 生态环境部将把环境经济政策作为一项重要工作,采取经济手段、市场手段,推进产业结构、能源结构、运输结构、用地结构的调整优化。

中国绿色发展基金是由国际绿色经济协会与中国绿化基金会共建成立的,是在中国绿化基金会专项设置的由国际绿色经济协会负责运营管理的专项基金,属于针对绿色发展的公益性基金,享有国家税务总局规定的企业所得税纳税人向中国绿化基金会捐赠的优惠政策。

两家发起人中,中国绿化基金会(China Green Foundation)是根据中共中央、国务院于1984年3月1日颁布的《关于深入扎实地开展绿化祖国运动的指示》中,"为了满足国内外关心我国绿化事业,愿意提供捐赠的人士的意愿,成立中国绿化基金会"的决定,联合社会各界共同发起,经国务院常务会议批准,于1985年9月27日成立的。中国绿化基金属于全国性公募基金会,在民政部登记注册,业务主管单位是国家林业局。国际绿色经济协会(IGEA)是经中国社团登记管理机关核准登记的合法社团,是联合国经社理事会中国网络成员和联合国全球契约组织成员,专业推动绿色经济发展。

第一,中国绿色发展基金的宗旨是:凝聚社会各界力量,依法募集、管理、使用专项基金,专门为绿色发展的各项工作提供援助,大力开展多种形式的生态公益宣传、研究与交流研讨活动;协助开展以绿色发展为核心的造林绿化、生态保护建设、节能环保治理等工作;广泛发动全社会参与绿色发展推动工作,加强国际交流与合作,推进生态文明建设;扶助绿色发展的相关研究、能力建设与公益事件,加强生态文明建设与绿色发展的宣传,推动以绿色发展为特点的产业结构调整与经济转型。

第二,中国绿色发展基金的资金来源主要包括:国内外自然人、法人或其他组织的捐赠;政府资助;法律和政策允许的基金增值等。

第三,中国绿色发展基金的使用方向有:产业提升计划;生态文明与

---

① 国家绿色发展基金2020年正式启动运营[EB/OL].(2019-12-27)[2020-08-09]. http://www.cdmfund.org/zh/lsjr/24863.jhtml.

绿色发展的理论模式研究及宣传与教育活动；各产业绿色发展能力建设的考察调研、培训辅导及专家咨询活动；荒漠化、石漠化与盐碱地等植树造林与土壤生态修复治理；湿地保护与建设；以推动绿色发展与环境保护为核心的会议论坛等合作交流活动；绿色发展的国际合作交流；希望工程、生态扶贫等绿色公益项目；各类纪念林、城市绿化和部门绿化等。

（二）地方政府出资设立的绿色发展基金

除了中央政府出资设立的清洁发展基金，中共中央、国务院《生态文明体制改革总体方案》提出"支持设立各类绿色发展基金，实行市场化运作"要求，各地方政府也根据自身情况，纷纷出资设立了地方的绿色发展基金。

1. 新安江绿色发展基金

2016年12月30日，新安江绿色发展基金首笔3 000万元投放到黄山市徽州区循环经济园区拓展及综合基础设施建设项目，标志着全国首个跨省流域绿色基金——黄山市新安江绿色发展基金正式实施。该项目总投资1.36亿元，申请基金7 000万元，项目的实施将为加快促进徽州区生态保护、产业转型和绿色发展提供强劲动力。

黄山市委、市政府为探索新安江流域"以保护带发展、以发展促保护"的新路径，通过市场机制，引入社会资本服务生态建设和社会经济发展。黄山市财政局会同市信投集团、市环保局与国开证券有限责任公司、国家开发银行安徽分行、中非信银（上海股权投资管理有限公司、浦发银行合肥分行共同创立了新安江绿色发展基金。该基金首期规模为20亿元，其中新安江生态补偿试点资金4亿元，国开证券募集资金16亿元）基金首批选定项目10个，计划投资43.08亿元，主要投向生态治理和环境保护、绿色产业发展和文化旅游三大领域，其中生态建设投资额不低于20%。

新安江绿色发展基金的设立，进一步放大新安江生态补偿试点资金效应，撬动更多的社会资本参与新安江环境保护和生态建设，形成社会化、多元化、长效化的保护和发展模式，实现由原来的末梢污染治理向源头控制转变、优良的生态资源向生态资本转化，加快构筑山水相济、人文共美的新安江生态经济示范区,为黄山市努力打造生态文明建设安徽样板先行区作出积极贡献。

2. 湖北省宜昌市的绿色发展投资基金

2016年6月15日,宜昌国投集团公司、武钢集团旗下资产经营公司及长安信托公司举行宜昌市绿色发展投资基金战略合作框架协议签约仪式,共同投资设立宜昌绿色发展投资基金。[①] 宜昌市绿色发展投资基金总投资规模200亿元,将在基金旗下设立宜昌市绿色发展并购重组子基金,用于推动宜昌市重点企业在去产能、去库存、去杠杆、降成本、补短板上实现新的突破和发展。同时设立其他子基金,着力推进宜昌市相关产业项目,包括节能环保及新材料、新能源等新兴产业,对宜昌城市基础设施建设、现代物流、文化旅游等项目提供融资。

宜昌市抢抓长江经济带、三峡生态经济合作区建设的机遇,要实现"两个率先、两个进位"的战略目标,迫切需要一大批优秀知名企业的深度参与,大力支持。宜昌市的转型发展、跨越发展也将为投身宜昌市发展的市场主体提供广阔的空间。武钢集团与长安信托的强强联合,可以帮助宜昌市实现所定的目标。

3. 云南省普洱市的绿色发展基金

2016年4月,全国首支绿色经济发展基金在普洱国家绿色经济试验示范区注册成立。[②] 绿色产业发展基金(以下简称"基金"),是国家发展改革委关于云南省普洱市建设国家绿色经济试验示范区发展规划中的一项重要内容。基金设立后,将进一步提升普洱原生态与环境的保护水平,加快国家特色生物产业、清洁能源、现代林产业和休闲度假4大产业基地的建设进度,完善对外开放各项基础设施条件,吸引更多社会资本参与普洱市经济和社会事业的发展。该基金由普洱市国有资产经营有限责任公司联合中非信银投资管理公司共同设立,基金总规模50亿元,首期基金规模10亿元,由中非信银负责基金的日常运营。

[①] 湖北宜昌市设立绿色发展投资基金[EB/OL].(2016-06-15)[2020-09-18]. http://www.hubeitoday.com.cn/post/103/48397.

[②] 普洱成立全国首支绿色发展基金[EB/OL].(2016-04-19)[2020-09-18]. http://www.xinhuanet.com/politics/2016-04/19/c_128907515.htm.

(三)政府与社会资本共同出资设立的绿色发展基金

1. 贵州省工业及省属国有企业的绿色发展基金

2018年10月15日,贵州省工业及省属国有企业绿色发展基金正式启动运行。该基金总规模达300亿元人民币,将直接投资于贵州省内具有发展前景、成长性好的优质工业企业及省属国有企业。[①] 绿色发展基金是政府主导下的政府引导性基金,初步设立总规模300亿元,由贵州省财政工业专项资金、省属国有企业资金整合出资、社会资本定向募集三部分组成。

绿色发展基金采取多元化投资模式,选定多家银行作为合作方,同进同退,为基金投资对象提供信贷服务。绿色发展基金与中国工商银行、中国农业银行、中国银行、中国建设银行、交通银行以及贵州、贵阳等7家银行达成协议。合作银行已承诺为基金项目库中企业提供全口径融资支持1 100亿元,并提供高流动性和安全性的合作服务。此外,绿色发展基金由贵州省经信委、省国资委共同组建项目库,各地区、银行不定期规范推荐项目入库,基金管理人选择项目实施尽调,确保基金100%直接投资于符合投资要求的项目。基金已收集融资需求工业企业411个、项目465个,涉及电子信息、医药、装备材料、新材料等13个行业,总融资需求1 380.9亿元。

贵州省资本市场发育程度不高,在一定程度上造成了融资渠道窄、直接融资比重低、融资成本高等问题。该基金的设立,就是要更好地发挥政府资金的引导作用和放大效应,尽快建立战略联动和政银互动机制,吸引更多的社会资金同比跟进、放大投入政府支持的工业领域和产业。

绿色发展基金作为目前贵州省实际运营规模最大的政府出资产业投资基金之一,是金融支持实体经济的重要标杆和行业引领,将更加高效合理地发挥政府财政资金的引导作用,吸引更多社会资本,拓宽融资渠道,推动贵州工业企业及省属国有企业持续健康发展与转型升级。

---

① 贵州省工业及省属国有企业绿色发展基金正式运营[EB/OL]. (2018 - 10 - 15) [2020 - 09 - 18]. https://www.sohu.com/a/259790074_100253945.

2. 山东省的绿色发展基金

2018年1月,国务院以"国函1号文"正式批复了《山东新旧动能转换综合试验区建设总体方案》,山东省出台了具体的实施意见、实施规划,其中实施规划明确提出积极争取利用国际组织贷款,设立绿色发展基金。为贯彻落实国家和省委省政府的战略部署,促进全省新旧动能转换重大工程实施,山东发展投资集团创新运用国际金融组织资金,发起设立山东省绿色发展基金。基金总规模为100亿元人民币,将综合运用亚洲开发银行、法国开发署、德国复兴信贷银行、绿色气候基金等国家主权贷款资金,吸引社会资本共同参与。目前,此项工作与相关国际金融组织已达成共识,国家、省发展改革委和财政部门给予了大力支持。

为更好地管理运作基金,山东发展投资集团与同方股份公司开展战略合作。同方股份公司作为清华大学控股的高科技上市公司,是我国环保低碳领域的领先企业,拥有雄厚的科研实力、专业的人才队伍和丰富的投资管理经验。双方合作可以提高基金管理运作的规范化、专业化水平。2018年6月19日,山东发展投资集团与同方股份公司正式签署合作协议,设立山东省绿色发展基金。[①]

合作协议约定由山东发展投资集团与同方股份公司旗下唯一的金融资产管理和投资平台——同方金融控股(深圳)有限公司,共同组建基金管理公司,联合社会投资人发起设立首期绿色发展基金,规模17亿元人民币。基金主要投资山东清洁能源、绿色交通、绿色建筑等节能环保绿色产业和新技术、新材料等低碳领域新兴产业,支持山东省新旧动能转换重大工程实施和绿色产业发展。

山东发展投资集团将根据国家和山东省绿色产业发展政策,落实好全省新旧动能转换重大工程部署,依托清华大学的科研实力、同方股份的技术优势和项目实施能力,充分发挥自身专业资本运作优势,全面开启山东省绿色发展基金管理运作,深耕绿色产业、提供绿色服务、助推绿色发展,为山东省新旧动能转换重大工程贡献新的力量。

---

① 王瑞超.山东省有了绿色发展基金,基金总规模100亿[EB/OL]. http://news.iqilu.com/shandong/yaowen/2018/0619/3953909.shtml.

3. 通辽市的绿色发展基金

2019年4月3日,内蒙古自治区通辽市在北京市召开科尔沁沙地生态治理项目可研论证会暨通辽市绿色发展基金启动仪式。基金计划总规模10亿元,期限为7年,基金专项用于沙地治理、矿山地质环境恢复、节能环保等方面的生态环境建设。① 科尔沁沙地是全国面积最大的沙地,总面积7 762万亩,一半以上在通辽市境内。党的十九大以来,通辽市完成科尔沁沙地综合治理工程413万亩,其中人工造林173万亩。通辽市绿色发展基金的设立,将大大加快科尔沁沙地的治理步伐,为通辽市加强生态建设和环境保护注入新动力。

4. 甘肃省的绿色发展基金

2019年12月25日,甘肃省首支绿色生态产业发展基金——甘肃省绿色生态清洁生产产业发展基金正式授牌。同时,该基金选择的首个投资项目正式签约。该基金的授牌运行,将有效缓解甘肃省清洁生产产业发展资金缺口大、融资困难等实际问题。②

2018年1月,甘肃省委发布了《关于构建生态产业体系推动绿色发展崛起的决定》,提出要培育发展清洁生产、节能环保、清洁能源、先进制造、文化旅游、通道物流、循环农业、中医中药、数据信息、军民融合十大生态产业。随后,甘肃省组织编制了《甘肃省推进绿色生态产业发展规划》。2019年5月17日,甘肃省政府印发《甘肃省绿色生态产业发展基金设立方案》,提出要发挥财政资金引领放大效应,广泛吸引社会资本和金融资金投资绿色生态产业,促进甘肃经济绿色发展崛起。

"坚持政府引导、市场主导的原则,充分发挥市场在构建生态产业体系中的决定性作用,紧紧围绕十大生态产业规划和行动计划,正确发挥政府对资源配置的引导和支持作用。"据甘肃省财政厅相关负责人介绍,省财政出资设立引导基金,吸引社会资本,通过母基金、子基金二次放大,使基金目标总规模达到2 000亿元。按照"哪支成熟先投哪支"的工作原则,由十大行动推进牵头部门和基金管理机构向具备一定风险识别和承受能

---

① 治理科尔沁沙地,通辽市建立绿色发展基金[N].人民日报,2019-04-04(14).
② 齐兴福.甘肃首支绿色生态产业发展基金授牌[EB/OL].(2019-12-26). http://gansu.gansudaily.com.cn/system/2019/12/26/017320375.shtml.

力的合格机构投资者募集社会资本。

2018年9月28日,母基金甘肃省绿色生态产业发展基金合伙企业在省工商局注册成立。12月29日,甘肃省绿色生态产业发展基金军民融合、循环农业、通道物流、中医中药等4支子基金经省政府批准设立。母基金、子基金承担甘肃省绿色生态产业十大领域主要投融资职能。基金按照"政府引导、社会参与、专业管理、市场运作、科学决策、防范风险"的原则,与十大绿色生态产业专项行动计划紧密配套,市场化运作,以股权投资等方式支持产业发展。基金在运营过程中以保障规划实施,支持产业发展和推进工作落实为己任,体现政策意图,做到政策目标和经营目标有机统一,重点围绕10个领域投资重点和《甘肃省推进绿色生态产业发展规划重点项目表》。[①]

5. 河南省的绿色发展基金

2019年11月12日,河南省财政厅、生态环境厅与自然资源厅联合下发豫财环资〔2019〕39号文件,由省财政统筹整合资金,吸引省辖市、社会资本参与,设立河南省绿色发展基金(以下简称基金),基金规模达160亿元,带动银行等金融机构以债权方式支持不低于640亿元、不高于800亿元的投资规模。基金首期规模达35亿元。其中,省财政出资5亿元,河南省农业综合开发公司筹集5亿元,相关省辖市出资5亿元,子基金规模不低于20亿元。基金设立后,与有关金融机构通过投贷联动形式合作,带动银行贷款不低于140亿元,形成不低于175亿元的总投资规模。

(四)完全由社会出资人设立的绿色发展基金

完全由社会出资人设立的绿色发展基金的典型是"广东省绿色产业投资基金"。该基金原本是广东省的一个PPP绿色基金项目,即由政府资本与社会资本一起设立的基金项目,但后来在实际运作中,由于政府资金没有到位,转变成为完全由社会出资人设立的绿色发展基金。

2009年12月28日,在广东省政府的支持下,广东省科技厅、深圳市国融信合投资股份有限公司、香港建基国际集团有限公司共同成立了国

---

① 沈丽莉.生态产业有了资金支持:2018年全省经济工作亮点回眸:六[N].甘肃日报,2019-01-29(6).

内首支融合了科技与金融的产业投资基金。该基金初始规模为50亿元人民币,由5 000万元的政府资金和49.5亿元社会资金共同组成,而后光大银行广州分行加投了200亿元,总规模达到250亿元人民币,主要投资于广东省内的绿色低碳企业。该基金计划通过资本聚集和杠杆放大效应,为节能减排和新能源企业项目提供直接投融,是一种全新的金融工具。该基金旨在通过合同能源管理模式,对符合条件的绿色照明示范城市进行投资,投资领域包括城市道路照明、亮化工程、企事业单位公共照明节能减排改造项目等。申报成功的绿色照明示范城市不但能够获得广东省示范城市的称号,同时也可以获得基金的投资,实现社会效益与经济效益的统一,具体体现在:①该项目每年将对全省贡献3%—5%的减排指标。②当地政府不需要另外增加成本就可以完成城市公共照明系统的改造,享受节能减排带来的效益。③预期形成250亿元的LED照明设备需求市场,推动广东省LED照明产业的发展和技术水平的提升。④将带动LED照明设备上下游产业链的发展,加速GDP的增长速度。

事实上,广东绿色产业投资基金是在广东省科技厅的指导下,以推进"绿色照明示范城市"专项行动为主,针对广东省各地的公共照明系统进行全额资金投入。在此背景下,2010年1月至5月,广东省12个市、县、区(市、县)、镇开始积极申报"绿色照明示范城市"。当年3月,广东省绿色产业投资基金还与佛山禅城区签定了广东省绿色照明示范城市EMC模式投资合同,路灯改造数量50 000盏。2010年6月,广东省绿色产业投资基金代表出席在佛山禅城区"千里十万"重大专项实施工作现场会,并听取了佛山禅城区对将要实施的"绿色照明示范区"的工作规划。2010年7月,第一批符合条件的"绿色照明示范城市"获得批准,广州、佛山禅城区、中山小榄镇成为第一批"绿色照明示范城市"。

但到2013年,《21世纪经济报道》记者了解到,广东绿色产业投资基金已接近解体,项目推进基本停滞。该基金计划通过引导社会金融资本加大对城市绿色照明的投入力度,推动绿色照明产业发展。但受困于LED路灯技术、价格等瓶颈,不少试点城市工作进展缓慢。由于政府行政审批程序缓慢等原因,上述工作以及和政府签订的协议多停步于意向性进展。广东绿色产业投资基金EMC联盟常务副秘书长林昭景曾介绍说,

LED 节能灯推广过程中,由于新型的 LED 节能灯价格高昂,一次性投资成本巨大,让各地对选择 LED 节能灯非常犹豫。[①]

二、我国绿色发展基金运作的实务成果

(一) 清洁基金与银行的合作

2019 年 9 月 2 日,中国清洁发展机制基金管理中心(以下简称清洁基金)与兴业银行签署《绿色金融合作协议》,共同构建清洁发展绿色融资创新模式,支持国家应对气候变化,助力各地绿色低碳转型,并在浙江温州落地了浙江省首个兴业银行担保的清洁发展委托贷款项目。[②]

清洁基金是由国家批准设立的按照社会性基金模式管理的政策性基金,采用委托贷款、股权投资、融资性担保等方式支持国内有利于产生应对气候变化效益的产业活动,其中,通过提供低于基准利率 20%—25%的政策性优惠贷款资金是基金有偿使用业务的主要方式。

根据协议,双方将围绕国家生态环保规划和节能减排目标,发挥清洁基金的引导、撬动作用以及兴业银行绿色金融服务能力和专业优势,构建清洁发展绿色融资创新模式,共同推动绿色投融资、绿色债券、绿色理财等多方面环境友好的业务合作和产品创新,提升双方在绿色金融领域的专业能力和服务效率,为绿色低碳行业提供低成本资金。

此次合作是清洁基金首次与银行总行层面在全国范围内开展"总对总"合作,合作内容除清洁发展绿色融资创新模式的核心业务,还包括绿色金融产品服务、资金管理、专业研究和能力建设等内容。据兴业银行绿色金融部介绍,对于双方着力构建的清洁发展绿色融资创新模式,兴业银行将通过三种合作方式为项目提供融资支持:一是作为委贷行承担清洁基金委托贷款业务。二是为清洁基金的出资提供担保,在保障政策资金安全的同时支持低碳清洁项目。三是与清洁基金为企业共同提供贷款,同时银行方为清洁基金的出资提供担保。

[①] 钟良,张凤娇.广东绿色产业投资基金兴衰记[EB/OL].(2013-04-23).http://finance.sina.com.cn/roll/20130423/030115240614.shtml.

[②] 清洁基金与兴业银行达成合作,携手构建清洁发展绿色融资创新模式[EB/OL].http://www.cdmfund.org/zh/photo/24065.jhtml.

在浙江省温州市落地的温州交通运输集团新能源公交车采购项目属于第三种业务模式。清洁基金向该企业项目提供了期限 5 年、较基准利率下浮 25%、占项目总投资 29.46% 的优惠贷款 6 900 万元。兴业银行为清洁基金出资部分提供担保,同时也共同向该企业发放了 11 800 万元贷款。上述贷款用于购置 333 辆新能源公交车辆,解决温州市新能源公交车替换中的资金需求,降低企业融资成本,助力温州市蓝天保卫战。项目实施后,预计每年可减少温室气体排放 1 932 吨二氧化碳当量。

根据协议,双方还将共同推动绿色金融商业模式创新和创新产品开发,落实国家应对气候变化相关工作,合作开展绿色金融相关标准的研究与制订,不断提升能力建设,共同推进生态文明发展。

(二) 清洁基金与企业的合作

2019 年 8 月 30 日,中国清洁发展机制基金管理中心发出批复函,批准向扬州市公共交通集团有限责任公司新能源插电混合动力公交车推广应用项目、广东粤电曲界风力发电有限公司广东粤电湛江外罗海上风电项目、广东粤电新会发电有限公司新会发电厂天然气热电联产工程项目、广东粤电中山热电厂有限公司粤电中山三角天然气热电冷联产项目、上海申能新虹桥能源有限公司上海新虹桥国际医学中心分布式能源站项目、上海临港海上风力发电有限公司上海临港海上风电一期示范项目等 6 个项目提供优惠的清洁发展委托贷款。①

6 个项目共获批复金额 4.1 亿元,利率较合同签订当日人民银行同期贷款基准利率下浮 25%,可撬动社会资金 135.59 亿元,预计每年均可共同实现温室气体减排 195.78 万吨二氧化碳当量。

扬州市公共交通集团有限责任公司新能源插电混合动力公交车推广应用项目项目批复贷款金额 6 900 万元,由江苏银行股份有限公司向中国清洁发展机制基金管理中心为该项目出具见索即付的融资性保函担保。该项目主要内容是拟购置新能源公交车 242 辆,包括气电混合动力公交车 182 辆和纯电动公交车 60 辆。项目以新能源公交车替代传统柴油公

---

① 扬州公交、粤电曲界风电、粤电新会发电、粤电中山热电、申能新虹桥能源站、申能临港风电等 6 个项目获得中国清洁发展机制基金优惠贷[EB/OL].http://www.cdmfund.org/zh/jjdt/24111.jhtml.

交车,可有效降低车辆能耗,减少尾气排放,实现温室气体减排。

第二节 绿色发展基金制度的比较法研究

由于理念与投资方向的差异,绿色发展基金在各国的称谓也各不相同。在日本被称为生态基金(Eco-Fund),在美国被称为环境基金(Environment Fund),在欧洲则被称为绿色或者生态基金(Green or Ecology Fund)。根据我们掌握的资料,目前世界上的绿色产业发展基金主要有三种:国际组织设立的绿色发展基金,由某个主权国家自行设立的绿色发展基金,以及由非政府组织或者私人团体所设立的绿色发展基金。

1981年,世界上第一个社会投资论坛在美国建立。1984年,英国第一家社会责任基金设立。1991年,英国社会投资论坛(UK Social Investment Forum,UKSIF)建立,1992年,UKSIF与其他社会投资论坛采纳了"里约宣言"(Rio Resolution)。1997年,UKSIF开始聘请全职雇员。2001年,UKSIF与其他伙伴一起设立了欧洲可持续发展投资论坛(European Sustainable Investment Forum,EuroSIF)。2004年,英国的"负责任投资"基金资产超过50亿英镑。2006年,UKSIF设立了可持续养老金项目。2009年,UKSIF更名为英国可持续投资金融协会(UK Sustainable Investment and Finance Association)。2011年,UKSIF在英国上议院举行了20周年庆典,并在美国纽约召开世界可持续投资联盟大会。2012年,英国已经有1.235万亿欧元资产在进行有社会责任的投资。[1]

一、加拿大的绿色基金

作为联邦制的国家,加拿大各省的自治权力很大。各省可以根据自己的需要,或者根据自己的理念进行相应的制度建设。安大略省是加拿

---

[1] 杨姝影,文秋霞.构建国家绿色发展基金体系的思考和建议[J].环境与可持续发展,2018,43(6):11-13.

大较富裕的省份之一,它的绿色基金建设也是加拿大最早开始的,其所建立的绿色基金就是绿色投资基金(Green Investment Fund)。安大略省向绿色投资基金投资 3.25 亿美元,以支持应对气候变化、增进经济增长与创造工作机会。这些投资也是安大略省努力建设一个更加健康、清洁、繁荣的低碳未来的努力的一部分。绿色投资基金涉及的项目包括:帮助居民节约能源,帮助在安大略全省建设更多电动汽车充电站,帮助翻新社会福利住房,帮助企业减少温室气体排放,帮助地方环境组织筹集资金,为原住民提供培训、设备、设施,以应对气候变化。

安大略省绿色投资基金已经投资了 1 亿加元,用于帮助房屋所有人降低能源消耗,减少温室气体排放。该项投资将用来改造现有的房屋能源系统,帮助安大略省大约 37 000 名房屋所有人检查其房屋的节能系统,并改造房屋的壁炉、热水管道和隔热材料等,使用天然气、石油、丙烷和木材取暖的房屋也可进行类似改造,对房屋进行的这类改造可以帮助所有权人减少取暖费用。例如,每投资 1 加元用于节能措施,就可以为所有权人减少 4 加元的能源账单。这个项目将为更多的家庭提供选择,以帮助他们提高能源效率,减少能源花费,减少温室气体排放。

绿色投资基金的其他努力还有为电动汽车提供更多便利。安大略省在全省 250 个合适的地方建设 500 个电动汽车充电站,以减少温室气体排放,应对气候变化。具体的方法是,该省与 24 个公共或者私人实体合作,在城市里、高速公路边的公共场所建设一个规模空前的充电网络为电动汽车服务。500 个充电站包括 200 个三级充电站以及 300 个二级充电站。整个网络在 2017 年 3 月 31 日完成并提供充电服务。三级充电站用 480 伏充电系统为电动车充电,可以在半小时内为一辆汽车充电 80%。二级充电站用 240 伏充电系统为电动车充电,可以在 4—6 小时为一辆汽车充满电。

安大略省绿色投资基金还投入了 9 200 万加元用于改造社区房屋。安大略省的绝大多数高层公寓建设于 20 世纪 60 年代或者 70 年代,其每平方米能耗比普通别墅高 25%。安大略省改造了 150 多所这样的高层公寓。具体的改造方案包括安装节能锅炉,加装外保温墙,加装节能窗户与节能照明系统。绿色投资基金还投资于小型边远社区的独立房屋改造。安大略省住房事务部负责选择和监督项目经理,项目经理来自安大略省原住民住房服务公司,他们从基金获得资金支持,具体负责遴选合适的房屋并进行相应改造。

安大略省政府还投资了 7 400 万加元用于清洁技术的开发和改进,这些措施可以通过鼓励大型工业企业采用新技术而帮助企业家找到节能方案,减少温室气体排放。安大略省政府还投资了 2 500 万加元用于"智慧绿色"项目。该项目帮助中小型企业进行节能减排投资。符合条件的企业可以获得最多 20 万加元用于相应投资。

安大略省绿色投资基金还向 Kitchener's Sustainability CoLab Network 投资了 100 万加元,对其进行资助。Sustainability CoLab Network 是一个帮助中小型企业实现气候友好目标的组织,致力于实现低碳经济。Sustainability CoLab Network 已经帮助减少了 29 000 吨温室气体排放,相当于减少了 6 100 辆汽车的排放。有了这笔资助后,Sustainability CoLab Network 还可以进一步资助其他地方性环境组织,以帮助他们提高能效、减少排放。

安大略省绿色投资基金还投资了 500 万加元用于帮助原住民技术服务公司进行应对气候变化的努力。该项投资将用于为原住民提供培训、工具和建设基础设施,具体包括制订气候变化应对计划,提高原住民的技术能力,收集相关信息等。安大略省还投资了 800 万加元用于具体改善原住民社区的能源使用。这些措施包括降低原住民对柴油的依赖,发展稳定的能源项目等。

二、联合国绿色气候基金

绿色气候基金(Green Climate Fund,GCF)[①]是由 194 个国家和地区的政府于 2011 年在联合国应对气候变化公约框架下建立的一个金融机制。其宗旨是限制和降低发展中国家温室气体排放水平,并帮助气候变化脆弱型社会应对气候变化的不利影响。它的一个雄心勃勃的具体目标是实现国际社会的协调,将地球温度升高控制在 2 摄氏度以内,并希望发展成为支持发展中国家应对气候变化行动的一个主要多边金融机制。

---

① www.greenclimate.fund.

2016年2月,GCF从42个国家的政府筹集了102亿美元用于发展中国家的气候行动项目。① GCF主要在8个领域进行协调、展开行动:能源生产与勘探,交通,森林与土地利用,建筑、城市与工业应用,健康、食品与用水安全,居民与社区生活,基础设施与环境,生态系统及相关设施。简言之,它涉及社会生活的各个方面。GCF优先在5个领域开展行动,即能源生产与勘探,气候友好型城市建设,低碳排放与环境相容型农业,森林保护与建设,帮助孤岛型发展中国家。联合国大会的所有会员国都有权获得GCF的贷款和资金。受助国通过经其认证的国家实体或非国家实体(如NGO、国家机构、国家开发银行等能够达到GCF标准的组织)获得GCF的资金,也可以通过经GCF认证的国际或地区开发银行、联合国机构获得资金。只要满足要求,私人组织和实体也可以获得认证发放GCF的资金。GCF的资金还可以通过"扩展直接方式(Enhanced Direct Access,EDA)"直接发放给发展中国家经过认证的机构,由这些机构来自行决定如何利用这些资金。与其他方式的区别在于,如欲通过EDA方式使用资金,相应项目必须经过GCF理事会的批准。

GCF努力在8个经过基金理事会认定的广泛领域开展活动,促进绿色发展。这8个领域包括发电与电力传输,交通,森林养护与土地利用,建筑、城市与工业节能,健康以及食品与水安全,社区生活品质提高,基础设施建设,生态保护。此外,基金还对5个跨领域投资方面进行倾斜,以更好地促进环境与生态保护,实现可持续发展目标。这5个优先投资领域有改进发电效率与电力传输,创建气候友好型城市,鼓励低碳与气候友好型农业发展,加强森林保护等应对气候变化的资金,促进小型海岛式发展中国家面对气候变化的适应性。

所有发展中国家会员国都有权获得GCF的资金支持。受援助国可以通过满足GCF要求并经过其认定的国家或非国家实体,如NGO、政府组织、国家开发银行等获得GCF的资金,也可以通过联合国机构等获得。也有一些资金可以通过"增强型直接援助(Enhanced Direct Access,

---

① Green Investment Fund | Ontario.ca https://www.ontario.ca/page/green-investment-fund.

EDA)"的方式发放,EDA 资金直接由 GCF 发放给经其认定的机构。该机构可以自行决定资金援助的对象国、领域与方式,但与其他资金援助方式不同的是,EDA 资金只能给予经 GCF 理事会专门认定的项目。

2016 年 3 月,AFDB 获得了 GCF 的认证,可以担任其国际事务运作代理人。2011 年到 2015 年间,AFDB 集聚了 120 亿美元的 GCF 资金支持非洲的气候变化应对行动与低碳发展。不过,与世界其他地区相比,非洲在利用 GCF 资金建设气候友好型设施方面不太成功。目前,GCF 筹集了新的资金,非洲国家有机会获得更多的气候变化应对资金。AFDB 将集中精力与会员国合作,向 GCF 提出资金使用申请。2020 年,AFDB 将其应对气候变化的资金翻 3 倍,达到 50 亿美元。AFDB 在气候应对方面的花费将达到新投资的 40%。[①]

国际发展合作更多地开发利用可再生能源,对于降低气候变化影响、加速环境友好型社会建设、实现经济可持续发展都非常关键。瑞典政府将在应对气候变化领域进行更多更快的投资。世界需要向绿色转型方向投入资金,进行迅速而深度的转型,以应对气候变化。瑞典政府向 GCF 捐赠了额外的资金以在发展中国家和地区投资可再生能源,以抵御洪水袭击和应对气候变化。瑞典国际发展合作部部长彼得·埃里克森指出,联合国绿色气候基金对帮助实现发展中国家应对气候变化、遵守巴黎公约的承诺非常关键,可以促进发展中国家采取措施限制排放,促进能源节约。瑞典政府向 GCF 额外捐赠 5 亿瑞典克朗,2019 年,瑞典政府将向 GCF 捐赠总计 10.6 亿瑞典克朗,这些资金将用于可再生能源的开发。[②]

三、英国的绿色基金

(一)英国代表性的绿色基金——绿色投资银行

英国最著名的绿色基金是英国绿色投资银行(The UK Green Investment Bank,UKGIB),是世界上第一个国家绿色发展银行,以政策性银行为定

---

① https://www.afdb.org/en/topics-and-sectors/initiatives-partnerships/green-climate-fund.
② SEK 500 million to Green Climate Fund brought forward[R]. Release from Ministry for Foreign Affairs,Published 28 March 2019.

位,专门致力于绿色经济投资。①

英国设立绿色投资银行,是因为在 2010 年年初,英国经济受金融危机的影响深重,英国政府希望发掘新的亮点,为经济发展提供增长动力。英国政府组织相关部门提出了一项名为"绿色投资银行"的计划,旨在帮助英国经济向绿色环保发展模式转变,具体内容包括改建铁路系统、发展风力发电及废弃物的无害化处理等。当时计划提出所需资金为 20 亿英镑,建议其中一半来源于英国政府出售政府资产的所得,另一半来自私人投资者。此项绿色计划在英国引发了持续数月的争论。争论主要有两派:一方是来自气候变化部门,他们态度积极,认为英国需要成立以低碳为主题的绿色银行,它将为英国实现向低碳经济转型提供资金保障。另一方却对此计划充满忧虑,他们从财政安全和银行监管角度出发,就是否由政府监管这家新银行提出了质疑,尤其是财政部坚持要求控制银行信贷规模以及亲自监管银行。而且绿色银行投资的全新项目具有高风险性,政府需要先期投资来吸引投资者,这对财政部来说是现实的资金压力。

其实,英国政府早有设立绿色投资银行的打算,认为英国需要一个绿色银行,以实现 2020 年减少碳排放和遏制化石燃料使用的目标。英国还希望升级其电网基础设施,帮助推广电动汽车。这个绿色银行有助于英国缩小与欧盟减排目标的差距。在资金上,政府也早有考虑,提出该绿色银行的资金将来自新消费税、向企业出售排放许可的所得以及源自新型投资产品的收入。

英国前首相卡梅伦执政之后,英国联合政府试图打造一个"最绿色政府",将绿色低碳经济定为施政优先领域,也期望通过鼓励投资低碳项目、发展低碳经济来创造就业机会,最终推动英国经济走出衰退,实现增长。2010 年年底,英国政府通过了由工党提出的《减碳承诺计划》绿色法案,计划开征房屋热量散失税,筹建绿色投资银行、资助清洁能源研究等,进一步显示了当时英国政府推进环保、节能减排的决心,并成立了绿色经济委员会和以能源与气候变化大臣克里斯·休恩为首的专门小组,推动此项

---

① 佚名.英国绿色投资银行的设立[N].中国财经报,2014-11-25.

计划的实施。

经过一年多的争论和反复修改,2011年4月,英国政府承诺拿出30亿英镑筹建有借贷实力的绿色投资银行,并通过立法赋予新银行独立于政府的地位,绿色投资银行计划由此进入立法程序。按规定,一年之后英国议会批准银行正式成立。由于绿色投资银行的运营模式已经确定,投资同步进行并在11个月内到位,企业可以开始申请贷款。从2015年4月起银行有权在资本市场借款,即银行可向私营部门借款。

从2011年4月到2015年4月,借助政府投资的30亿英镑,英国绿色投资银行计划向低碳产业注入150亿英镑资金。最初阶段的业绩体现了绿色投资银行解决绿色基础设施项目市场失灵的关键作用,进一步刺激私人投资。当前,绿色银行优先关注五个领域,即海上风电、非家庭用能的能效提升、垃圾再循环、转废为能和"绿色方案"(Green Deal)。在此期间,至少80%的资金投资于这些优先领域,另外20%可投资于其他绿色领域,如生物质能、海洋能、碳捕获和封存等。绿色银行对于每个投资项目,使用三个关键准则进行评估:良好的银行原则、调动额外的私营部门资金的能力、所产生的绿色效应。

英国绿色投资银行投入运营的最初半年,项目进展较为缓慢。到2013年5月,共贷款给11个项目,总额为23亿英镑,其中GIB直接投资6.35亿英镑,相当于每投资1英镑则撬动近3英镑的私人领域资金。这些项目大多是转废为能或与之相关的管理服务。最大的项目是金额1.25亿英镑的政府"绿色方案",即帮助英国家庭改善房屋绝缘性能,进而达到节能目的。

低碳领域特别是其基础设施的建设是英国迫切需要发展的,但私人银行对低碳和可再生能源板块的贷款越来越少,而且贷款利率也越来越高,这不仅让GIB的责任更为重大,也为其带来了用武之地和发展空间。截至2014年3月末,绿色投资银行承诺投资6.68亿英镑,项目数量达到18个,和银行成立初期相比,项目数量增加了一倍,但其运营第一年的税前亏损为575万英镑,预计投资完成时可开始盈利。

由于市场失灵等因素,绿色基础设施领域一直以来都存在巨大的资金缺口。为解决资金问题并实现GIB最初设计的微盈利,银行扩大了融资模式和渠道。2014年6月,绿色投资银行为鼓励新的投资者投资海上风力发电场,计划筹资10亿英镑。此时,GIB改变了逐个投资项目的方式,而是寻找长期投资者支持其子公司管理的一份基金,通过此基金购买已在运行的风电场股权,首先募集私人资金。

到2014年9月末,GIB的资本已达40亿英镑,为绿色项目提供债务、股权等投资的数量已达20多个。GIB的目标是分阶段的:2015年年初,GIB的目标是建立公共部门的投资信誉,为吸引私人对低碳行业的投资奠定基础;2018年的第二阶段是融资加速期,这一阶段不只是公有资本的投资,还有私营部门的投资快速增长。随着主流投资者对低碳行业的技术、前景和商业模式信心的建立,从2019年到2025年是融资的主要阶段。GIB管理部门正努力推动公私部门合作投资,试图逐步建立"合作伙伴"的形式,保证更多资本投入绿色领域。

(二)英国绿色投资银行的私有化经验

英国"绿投行"在私有化之前不是严格意义的商业银行或投资银行,不吸收公众存款,也不通过发债筹资,是事实上的投资基金。而且,在英国"绿投行"设立之前,英国国会环境审计委员会对"绿投行"运作的银行模式和基金模式进行了比较分析。最终"绿投行"选择了"基金模式",并通过私有化,实现了向"银行模式"的转型。

2016年3月3日,英国政府正式启动"绿投行"的私有化进程,以吸引私人资本进入银行,潜在对象为规模较大的长期投资者,如基础设施投资基金、养老基金、保险基金以及其他战略投资者。私有化进程原计划在2016—2017财政年度完成。2017年4月20日,英国商业、能源和产业战略部宣布将英国绿色投资银行以23亿英镑的总价格出售给澳大利亚麦格理(Macquarie)集团有限公司,总成交价格包括17.5亿的英镑和对现有"绿投行"项目的继续融资承诺金5亿英镑。2017年8月18日,英国气候变化和产业部部长宣布,麦格理集团收购"绿投行"工作已经完成。收购完成后,为克服国际市场投资的法律和监管障碍,便于开展海外投资业务,英国"绿投行"已更名为"绿色投资集团"(GIG)。作为交易的一部分,"绿投行"的一些离岸风电资产将移入一个新成立的离岸风电投资公司,"绿投行"将管理这家公司并持有25%的股权,该公司的其他长期机构投资者还包括"麦格理欧洲基础设施基金"(MEIF5)和"大学超级年金计划"(USS)等。交易后,英国政府仍继续持有1.3亿英镑的原"绿投行"投资项目,委托私有化的"绿投行"("绿色投资集团")继续管理并待价而沽,目的是卖个好价钱,让政府资金得到最大回报。2012年"绿投行"成立以来,英国政府累计投入资金15亿英镑,出售合同签署的交易价格为17.5亿英镑,政府创设"绿投行"的净收益大致为1.86亿英镑。

英国政府解释,其对"绿投行"实行私有化主要有以下三个目的:一是在避免扩大政府负债的前提下,扩展"绿投行"的融资渠道。历史上,由于"绿投行"为政府所有,属于公共部门,为了避免扩大公共负债,不允许"绿投行"负债(如发债),因此在很大程度上限制了其发展潜力。银行式(私有化后)筹资可通过发行绿色债券等方式从金融市场自筹资金,筹资速度快于只依赖政府注资,并且筹资规模也不受限制。二是减轻对政府负债的影响。成为私人部门后,机构负债扩大,对政府资产负债表没有影响;而在私有化前,基金为政府全资所有,如果在金融市场发债筹集资金,负债进入政府资产负债表,扩大政府负债。三是加强"绿投行"的独立性。私有化后基金的业务范围更加广泛,机构独立性强,有利于资金长期使用,且可设立更多分支机构和网点;而私有化前,基金的业务范围受到严格限定,投资项目需通过国家援助项目标准审查和欧盟委员会的国家援助项目标准审查,因而投资期限有限,一旦项目不再符合国家援助项目标准,"绿投行"投资需退出。在撬动资金效率方面,私有化后实施资本充足率管理,撬动资金比率较高;私有化前则相对较低,只有3倍左右。[①]

"绿投行"私有化后,在运作中主要强调以下四个方面[②]:

(1) 强调项目选择标准的绿色性。"绿投行"投资的基本要求是项目的绿色性,聚焦绿色经济发展的核心领域和基础设施开展业务,英国"绿投行"利用英国的自然资本比较优势,选择了海上风电、废物和生物能源、能效、可再生能源等绿色经济核心领域开展业务。

(2) 强调建立现代金融企业制度,建立最高标准的公司治理结构。银

---

① The Green Investment Bank-Second Report of Ssession, 2010.
② 卜永祥.英国绿色投资银行的转型及其启示[R/OL].[2017-1-3].中国金融论坛工作论文,http://www.cff.org.cn.

行成立了由 11 人组成的董事会,其中股权代表董事 1 名,独立董事 1 名,非执行董事 6 名。董事会下设董事会主席委员会、审计和风险委员会、薪酬委员会、提名委员会、资产估值委员会、投资委员会、资产组合管理委员会、风险和合规委员会等 8 个专门委员会,各司其职。银行强化透明度和信息披露定期公布年报、董事会历次会议记录、专业委员会职责文件、经营支出、高管人员薪酬等信息。年报重点披露公司治理状况、绿色影响业绩和财务业绩。"绿投行"还对外公开发布其风险管控框架和政策、绿色投资原则、绿色影响报告标准、赤道原则报告标准、公司环境政策、绿色投资政策和责任投资政策等一系列政策。银行强化风险内控管理,制定了风险管理框架,建立完善了风险识别、风险容忍上限、风险评估、风险报告、风险治理的流程和标准,并把金融风险区分为信贷和交易对手方风险、市场风险、流动性风险、操作风险、绿色风险、声誉风险、行业投资风险 7 大类风险,分门别类加强管理。从风险外部监管看,私有化以前英国"绿投行"由政府全资拥有,公司总部不受英国金融行为监管局或审慎监管局监管,但旗下全资子公司英国"绿投行金融服务"有限公司须由金融行为监管局授权经营并接受其监管。

(3) 强调商业可持续性。绿色项目尽管有外部性,有时会发生市场失灵,但绿投行所选择的绿色项目本身是财务可持续的,是有盈利的。英国"绿投行"强调项目绿色和可盈利两个基本特征,努力把"绿投行"建设成为自身可持续发展的金融机构。一旦机构实现较好盈利,政府就尽快退出,充分发挥市场和私人部门在绿色经济发展中的决定性作用,市场能做的事情交回市场去做。

(4) 强调专业化和人才战略。重视机构专家队伍建设,截至 2016 年 3 月末,"绿投行"共有员工 134 人,由投资专家、资产管理人以及支持控制人员三类员工组成。在投资专家队伍里建立了投资银行团队、资本市场团队和投资战略团队,资产管理人主要包括行业投资专家和金融产品专家。金融产品专家具有结构金融、金融建模和定价、工程和建筑等专业背景。在全部员工中,投资专家和技术专家共有 85 名,占员工总数的 60%以上。为吸引和留住人才,单位建立了有效的薪酬体系。薪酬标准制定的原则是,吸引、激励和保持员工具有相应的技能和工作积极性,以实现银行的目标,同时考虑股东的利益。董事或高管人员的薪酬具有一定的市场竞争力且与绩效挂钩,除基本工资,还基于公司业绩和个人业绩制订长期(或短期)激励计划。例如,对执行董事制订的长期激励计划,总额不超过基本工资的50%,激励计划80%与公司业绩完成情况挂钩,20%与个人业绩完成情况挂钩,长期激励计划递延两年支付。

第三节 健全我国绿色发展基金制度

一、我国绿色发展基金目前存在的问题

(一)投资主体多元,政出多门

我国目前的绿色基金或绿色发展基金是由不同的投资主体投资形成的,既有中央政府投资设立的,也有地方政府以及地方政府与社会资本共同设立的。我国缺乏一个统一的绿色基金投资法,因投资的主体不同,相应主体的理念不同,所设立的绿色基金所遵循的规制和经营管理方法也有很大差异。

以中国清洁发展机制基金为例,其所遵循的规则是《中国清洁发展机制基金管理办法》(以下简称《办法》)。《办法》第七章"附则"中的第三十四条规定"基金及其管理中心应当接受国家审计机关依法实施的审计监督",第三十五条规定"经基金审核理事会批准,基金管理中心可以聘请社会审计机构对基金收支规模、基金结余、基金运行情况以及基金管理中心的支出情况进行审计"。其他有关基金审核理事会如何运作,理事如何遴选,理事的权利义务、责任如何等都付之阙如。

本书前文提到的各省市地方政府设立的绿色基金,很多没有遵循相应的规则。这可能为以后基金的运行埋下隐患。

(二)未能实现市场化运营,难以实现持续性发展

目前,我国绿色发展基金的最大弊端可能是无法实现可持续发展。绿色基金之所以不具有可持续性,主要是因为其无法盈利,从而无法保证自身造血功能。广东绿色产业投资基金的兴盛和衰落,可以成为"政府引

导型"绿色投资基金的一个研究样本。成立于 2009 年年底的广东绿色产业投资基金自一出生,可谓风头无两——总规模 50 亿元中的广东省科技厅 5 000 万元引导资金引人瞩目,它的成立甚至得到了时任广东省副省长的亲自批复。其后在 2010 年,光大银行广州分行再给予 200 亿元的贷款配套,广东绿色产业投资基金号称总规模高达 250 亿元。截至 2013 年年末,《21 世纪经济报道》记者调查了解到该基金已接近解体,项目推进基本停滞。本来,基金计划通过引导社会金融资本加大对城市绿色照明的投入力度,推动绿色照明产业发展,但受困于 LED 路灯技术、价格等瓶颈,不少试点城市工作进展缓慢。由于政府行政审批程序缓慢等各种原因,上述工作以及和政府签订的协议多停步于意向性进展。也许正是过度依靠政府,当投资基金的市场效益让位于社会效益的时候,广东绿色产业投资基金的商业模式难以为继。"产业投资基金"应该是市场上的一个投资工具,在运作机制上需要做到市场化。

广东省绿色产业投资基金所遭遇的困境可能并非个例。我国的绿色投资基金还处于设立初期,事业方兴未艾,在上升势头中,很多问题不会暴露。但如果基金的治理结构、治理模式、投资方向以及盈利或者自身造血功能不健全的话,将来都可能产生较大的问题。

(三)没有统一的绿色发展投资标准

目前,绿色基金所投资的项目尚没有国家统一的标准,实务中一般根据主管机关设立的绿色标准进行投资。

例如,国家发展改革委就陕西省发展和改革委员会《关于陕西金融控股集团有限公司公开发行 2016 年绿色债券的请示》(陕发改财金〔2016〕1340 号)的批复,陕西金融控股集团有限公司"发行绿色债券不超过 10 亿元,所筹资金 5.5 亿元用于设立陕西绿色投资基金有限公司并投资于符合《绿色债券发行指引》支持的绿色项目,4.5 亿元用于补充公司营运资金"。该笔债券期限 7 年,采用固定利率形式,单利按年计息。每年付息一次,到期一次还本。该笔债券通过中央国债登记结算有限责任公司簿记建档发行系统,按照公开、公平、公正原则,以市场化方式确定发行利率。簿记建档区间应依据有关法律法规,由发行人和主承销商根据市场情况充分协商后确定。换句话说,陕西绿色投资基金所发行的该笔债券所投资的方向应该符合国家发展改革委制定的《绿色债券发行指引》中设定的绿色项目范围。

市场对陕西金融控股集团及其设立的绿色基金比较有信心。联合资信评估有限公司通过对陕西金融控股集团有限公司及其拟发行的陕西金融控股集体有限公司2018年绿色债券的信用状况进行总和评估,确定陕西金融控股集体有限公司主体长期信用等级为3A级。

2018年,由山西国投运营公司、山西证券、漳泽电力等山西省属国企联合发起、总规模10亿元的山西国投绿色能源发展基金正式设立。这是山西省首支投向绿色发电项目的市场化产业基金。该基金的设立,是国有产业资本和金融资本探索产融结合、助力打造能源革命排头兵的重要举措。2018年7月13日,该基金首单投资已经敲定,与山西国耀新能源有限公司签署投资协议,实现了对这家生物质发电企业的控股。①

山西国投绿色能源发展基金的投资方向是大力发展清洁能源,推进能源生产和消费革命。山西省生物质资源较为丰富,单个生物质发电项目每年可替代标准煤约9万吨,减排二氧化碳10万吨以上。目前,省内生物质发电产业已经起步,并网发电或在建、筹建的项目分布在省内9个市,总装机近500 MW。该基金投资的国耀新能源公司拥有其中4个生物质发电项目。山西国投绿色能源发展基金负责人王怡里介绍,基金设立后,将调动国有资本提前布局绿色能源领域,通过增资或收购股权方式控股一批优质绿色发电项目,搭建山西首个绿色能源资本控股平台,形成以生物质发电、生物质综合利用等新能源产业为主的绿色能源集团,待条件成熟后推动上市或注入上市公司,从而实现国有资本质效提升,为"排头兵"增添绿色动能。

贵州省工业及省属国有企业绿色发展基金的投资范围是,直接投资于贵州省内具有发展前景、成长性好的优质工业企业及省属国有企业,支持贵州省"千企改造"工程项目建设,优化国有企业产业布局及战略重组,推动企业改革发展、结构调整、转型升级。②

---

① 为"排头兵"注入绿色动能,山西首设绿色能源发展基金[EB/OL].(2018-07-14)[2020-09-08].http://www.shanxi.gov.cn/yw/sxyw/201807/t20180714_463507.shtml.

② 《贵州省工业及省属国有企业绿色发展基金方案的通知》(黔经信办2018年23号文件)。

从这些披露的内容看,山西国投绿色能源发展基金所投资的方向主要是生物质能源等清洁能源项目,与陕西省的绿色投资基金就有所不同。这些在将来可能带来绩效评估、核查等方面的问题,对国家有关财政、税收优惠政策的制定和实施也可能造成困惑。

(四)治理体系模糊,没有清晰的治理框架

我国目前不同地方的绿色基金的治理结构、治理模式也各有不同。例如,前述的山西国投绿色能源发展基金采取有限合伙制模式,主要出资人有山西证券旗下的龙华启富投资公司、山西国投旗下的国企结构调整基金和晋阳资管、中合盛资本旗下晶元新能源基金、上市公司漳泽电力等。基金由龙华启富投资公司和晋信资本联合管理。由贵州省经济和信息化委员会、省发展和改革委员会、省财政厅联合发布的《贵州省工业及省属国有企业绿色发展基金方案的通知》(黔经信办〔2018〕23号)规定贵州省工业及省属国有企业绿色发展基金,包括"基金设立原则及基本要素""基金管理及运营""职责及分工""风险防控措施"四部分。贵州省工业及国企绿色基金设立的原则是"政府引导、政策指导、市场运作、风险可控",政府通过财政性资金出资、明确投资方向、划定投资范围、提供增信服务等方式引导和鼓励社会资本促进贵州省工业和信息化项目及国有企业的发展。基金按照"整体设计、分期募集、封闭运行"的总体思路实施。贵州省政府授权省经济和信息化委员会作为出资人,委托贵州省黔晟国有资产经营有限责任公司作为出资人代表,权责最终由受托管理机构与其他出资人签订相关协议确定。基金由省经济和信息化委员会、省国资委共同委托贵州省黔晟国资公司发起设立,存续期限视项目推进情况确定。资金规模达300亿元,由贵州省工业和信息化发展专项资金、省属国有企业出资、社会资本定向募集三部分组成。基金管理年费分为:国有企业及财政专项资金部分按实际投资金额的0.1%左右收取;社会定向募集资金部分按照实际投资金额的0.3%左右收取。基金管理年费最终由被投资项目方履行支付义务。工业及国企绿色基金采用公司制组织形式设立,不采用自我管理,委托专业基金管理公司作为项目管理人进行管理。"基金管理及运营部分"规定,基金募集以贵州省级财政性资金作为引导,省属国有企业资金作为补充,项目管理人向银行机构、证券机构、保险公司、资产管理公司、财务公司、社会资本等合格投资机构定向募集基金份额。有关"项目的管理",设立投资决策委员会,在贵州省政府领导下,对基金投资活动的管理、控制、运营、推出等作出审议及决策。基金投资决策委员会常任委员由省经济和信息化委员会、省国资委、省财政厅、省黔晟国资公司等共同组成。项目所在地的市州分管领导作为投资决策委员会参与人,在会议上发表意见和建议。投资决策委员会可根据项目投资对象情况由省经信委和国资委作为主召集人。基金设立风险控制委员会审核项目投资风险,完善风控措施,为投资决策委员会提供关于项目投资风险控制的客观意见。基金管理人根据自身市场资源优势主动寻求优质项目或在贵州省经信委、省国资委所建立的项目库以及各市州推荐的项目中挑选项目,组织尽调及评审,出具投资方案,报风控委员会及投资决策委员会审议决策。投资金额低于1亿元的单一投资项目(不含社会募集资金)在通过风控委员会及投资决策委员会审议同意后方可实施;投资金额达到或超过1亿元(不含社会募集资金)的单一投资项目经风控委员会及投资决策委员会审议,报省政府备案同意后实施。

该基金的投资模式基于"股权投资、债权投资、股债结合、投贷联动",投资具有较好的发展前景、成长性好的优质工业及国有企业,改善被投资企业的财务结构,充实被投资企业的流动性。该基金通过上市、并购、协议等方式推出。

风险防控措施包括"项目风险""市场风险""管理风险"的认定以及"投资限制"。"项目风险"的控制由基金各关联方在政策指导、优质项目匹配、资源对接、产业运营等方面给予支持,管理公司发挥在项目尽职调查、投资判断上的优势,筛选、判断并投资于质地优良、管理有序、财务规范的优质项目。"市场风险"通过引入第三方机构定期进行风险评估,实时了解项目推进情况和市场环境变化,并及时反馈到投资人和相关部门。对单个企业的累计投资不超过项目投资总额的一定比例和对单个企业投资不超过基金规模的一定比例。"管理风险"的规避通过将受托管理资金与基金专款专用,分别记账来实现,并由贵州省经济和信息化委员会派员对基金投资决策流程及运营情况进行监督,参与项目尽职调查,监督基金管理人工作,参加重要决策会议,对基金重大事项及违法违规事件向受托管理机构与省经济和信息化委员会报告。委托第三方机构对基金进行独立审计,对用款企业资金进行专项监管等。"投资限制"包括基金原则上不得从事高风险的担保、抵押、委托贷款等业务,也不得投资二级市场股票、期货、房地产、证券投资基金、信托产品、非保本型理财产品、保险计划及其他金融衍生品等,也不得吸收或变相吸收存款,不得向第三方进行赞助和捐赠等。[1]

广东省的绿色基金多采用PPP模式,即政府、金融机构和企业实体之间开展合作,共同维护一支绿色产业基金整个生命周期的运作。其中,政府主要承担规避政策风险的责任,并且提供一部分引导资金帮助基金发起,吸引社会资本投资;项目建设、运营、管理的企业实体主要负责技术创新、商业模式的设计、产业链的延伸来提高项目的收益;而金融机构负责设计产品结构、规避融资风险、保证项目在长期运营过程中尽量少受到金融市场风险的冲击。PPP模式的绿色发展基金以政府为先导,引入社会资本,精选环保领域细分行业或是龙头企业进行投资。2017年1月出台的《广州市人民政府关于创新重点领域投融资机制鼓励社会投资实施意见》提到,社会资本投资建设环保领域城市基础设施项目时,可以按规定免收城市公用事业附加收入,如市政配套费、污水配套费等费用。这表明了该市对于PPP模式的认同和推动。PPP模式的绿色基金可能会遇到相应问题。首先,如果政府占比较多,则政治色彩较浓,审批流程慢,效率较低,且容易成为政府财政拨款的工具。其次,这种模式主要还是依靠政府引导甚至强制性参与,没有形成内生动力促进这种模式的扩散,经济效益较低,缺乏成熟的盈利模式。最后,政府资本和社会资本的退出机制不完善,项目没有明确的到期期限,也没有明确的盈利标准和盈利模式,并且运行过程中信息披露不完整,没有做到公开化、透明化,让社会公众对这种项目参与方式心存疑虑。

二、健全我国绿色发展基金制度的建议

绿色基金作为绿色金融的一种创新方式,其理念已经得到了中央政

---

[1] 《贵州省工业及省属国有企业绿色发展基金方案》(黔经信办2018年23号文件)。

府的认可和重视,并且已在全国有了一部分实施案例,但也同时面临着一系列风险和阻碍,针对绿色产业基金的一般性特点和全国目前的发展现状,我们给出了以下五点建议。

(1) 从绿色发展基金的组织模式上来看,建议采用政府财政和私人资本合作的 PPP 模式,这可能是目前最合适的绿色产业基金模式,可以整合各方资源,各取所长。具体做法是由省级或者地市级政府先期出资成立引导基金,以此吸引金融机构和民间资本共同投资。各地申报的生态环境项目,通过金融机构的审核后,自行解决后续资金,最终杠杆比例可以为 1∶4,甚至 1∶10。PPP 模式可以有效解决政府行政命令干预过多,效率低下等问题,同时也可以扩大基金的规模,通过杠杆效应增加绿色发展基金的社会影响力。

(2) 完善绿色发展基金相关法律法规体系,建立有效的信息交流体制。目前,全国的绿色产业发展基金都只有一个大体框架,具体的法律法规指引非常匮乏,这就导致绿色基金在实际操作过程中存在着大量的问题。各地应该加快制定和出台相关法律法规,统一市场行为规范,使得发展绿色发展基金做到有法可依,引导社会资源流向环境友好型企业。此外,还应该构建良好的信息交流平台,让市场上各个参与主体都能够全面、真实地了解交易对手的真实情况。当然这又进一步为信息披露制度的构建提出了要求,促使企业在申报项目时对自身的状况进行完整而真实的披露,并且对项目实施过程中可能出现的各种风险作出谨慎的评估,不得隐瞒和虚报,在项目实施过程中定期向投资者出具进度报告,实现管理的透明化和公平化。

(3) 大力发挥非政府组织在推动和监督绿色投资方面的作用。民间资本由于缺乏专业知识,很难在大量的生态环境节能项目中作出可靠的投资选择。一般会由金融机构出面设立一个金融产品,再将大众的资金募集起来做统一规划。非政府组织可以作为重要的社会力量,从外部监督金融机构是否投资污染企业,对生态环境行业的支持力度如何,跟踪绿色发展基金的用途并且可以就具体资金的使用状况提出疑问、质询,给金融机构施加一定的压力,迫使其在选择投资项目时更加谨慎。

(4) 对于某些能够产生长远生态环境效应但是短期内没有经济回报

的项目,政府可以采取担保、增信等措施。很多节能环保企业规模较小、成立时间短,没有什么抵押物或者内部增信措施来获得大众的认可,这就限制了一批本来很有潜力的中小企业的发展。政府可以提供担保,在企业无法还本付息时由政府承担兜底偿付责任,金融机构则更加有信心和动力来支持环保产业的发展。这种政府担保的重要前提应该是,相应投资必须是发展前景比较明朗的优质项目,并且要求项目风险可控。

(5) 环保项目产业链的商业运营模式应该发育成熟。现有的绿色基金公益性质明显,大多数绿色基金没有明确的盈利模式,也很难像真正的市场化基金一样给出明确的业绩基准或者存续期限。很多情况下,社会资本的参与并不是为了获得经济利益,而是来自社会压力或者是为了给自己树立良好的社会形象,增加无形资产。所以通过开发商业全产业链,发展诸如观光旅游业、休闲度假业等不同产业,形成有效的盈利模式,再用这些盈利去反哺绿色基金,努力实现其可持续性运作。在完成环境目标的前提下还可以给投资者分红,甚至实现投资权益出让等,满足投资者资本退出意愿,真正地实现完全的市场化运营。